陇上学人文存

LONGSHANG XUEREN WENCUN

陇上学人文存

毕可生　卷

毕可生 著　沈冯娟　易　林 编选

甘肃人民出版社

图书在版编目（ＣＩＰ）数据

陇上学人文存. 毕可生卷 ／ 范鹏，陈富荣总主编；毕可生著；沈冯娟，易林编选. -- 兰州 ：甘肃人民出版社,2019.8

ISBN 978-7-226-05466-6

Ⅰ．①陇… Ⅱ．①范… ②陈… ③毕… ④沈… ⑤易… Ⅲ.①社会科学－文集②人口老龄化－文集③老年学－文集 Ⅳ．①C53②C913.6-53

中国版本图书馆CIP数据核字(2019)第163376号

责任编辑：王建华

封面设计：王林强

陇上学人文存·毕可生卷

范鹏　王福生　陈富荣　总主编

毕可生　著　沈冯娟　易林　编选

甘肃人民出版社出版发行

（730030　兰州市读者大道 568 号）

兰州新华印刷厂印刷

开本 890 毫米×1240 毫米　1/32　印张 10.375　插页 7　字数 265 千

2019 年 8 月第 1 版　　2019 年 8 月第 1 次印刷

印数：1~1000

ISBN 978-7-226-05466-6　定价：60.00 元

（图书若有破损、缺页可随时与印厂联系）

《陇上学人文存》第七辑

编辑委员会

总　序

　　陇者甘肃，历史悠久，文化醇厚。陇上学人，或生于斯长于斯的本地学者，或外来而其学术成就多产于甘肃者。学人是学术活动的主体，就《陇上学人文存》（以下简称《文存》）的选编范围而言，我们这里所说的学术主要指人文社会科学研究。《文存》精选中华人民共和国成立以来，甘肃人文社会科学领域成就卓著的专家学者的代表性著作，每人辑为一卷，或标时代之识，或为学问之精，或开风气之先，或补学科之白，均编者以为足以存当代而传后世之作。《文存》力求以此丛集荟萃的方式，全面立体地展示新中国为甘肃学术文化发展提供的良好环境和陇上学人不负新时代期望而为我国人文社会科学事业做出的新贡献，也力求呈现陇上学人所接续的先秦以来颇具地域特色的学根文脉。

　　陇原乃中华文明发祥地之一，人文学脉悠远隆盛，纯朴百姓崇文达理，文化氛围日渐浓厚，学术土壤积久而沃，在科学文化特别是人文学术领域的探索可远溯至伏羲时代，大地湾文化遗存、举世无双的甘肃彩陶、陇东早期周文化对农耕文明的贡献、秦先祖扫六合以统一中国，奠定了甘肃在中国文化史上始源性和奠基性的重要地位；汉唐盛世，甘肃作为中西交通的要道，内承中华主体文化熏陶，外接经中亚而来的异域文明，风云际会，相摩相荡，得天独厚而人才辈出，学术思想繁荣发达，为中华文明做出了重要贡献。

　　近代以来，甘肃相对于逐渐开放的东南沿海而言成为偏远之地，反而少受战乱影响，学术得以继续繁荣。抗日战争期间作为大后方，接纳了不少内地著名学府和学者，使陇上学术空前活跃。新中国成立之后，人文社会科学领域的专家学者更是为国家民族的新生而欢欣鼓舞，全力投入到祖国新的学术事业之中，取得了一大批重要的研究成果，涌现出众多知名专家，在历史、文献、文学、民族、考古、美学、宗教等领域的研究均居全国前列，影响广泛而深远。新中国成立之后，人文社会科学几次对当代学术具有重大影响的争鸣，不仅都有甘肃学者的声音，而且在美学三大学派（客观派、主观派、关系派）、史学"五朵金花"（史学在新中国成立之后重点研究的历史分期、土地制度史、农民战争史等五个方面的重点问题）等领域，陇上学人成为十分引人注目的代表性人物。改革开放以来，甘肃学者更是如鱼得水，继承并发扬了关陇学人既注重学理求索又崇尚经世致用的优良传统，形成了甘肃学者新的风范。宋代西北学者张载有言："为天地立心，为生民立命，为往圣继绝学，为万世开太平"，此乃中华学人贯通古今、一脉相承的文化使命，其本质正是发源于陇原的《易》之生生不已的刚健精神，《文存》乃此一精神在现代陇上得到了大力弘扬与传承的最佳证明。

《文存》启动于中华人民共和国成立六十周年之际，在选择入编对象时，我们首先注重了两个代表性：一是代表性的学者，二是代表性的成果，欲以此构成一部个案式的甘肃当代学术史，亦以此传先贤学术命脉，为后进立治学标杆。此议为我甘肃省社会科学院首倡，随之得到政界主要领导、学界精英与社会各界广泛认同与政府大力支持，此宏愿因此而得以付诸实施。

为保证选编的权威性，编委会专门成立了由十几位省内人文社会科学领域著名学者组成的专家指导委员会，并通过召开专题会议研讨、发放推荐表格和学术机构、个人举荐等多种方式确定入选者。为使读者对作者的学术成就、治学特色和重要贡献有比较准确和全面的了解，在出版社选配业务精良的责任编辑的同时，编委会为每一卷配备了一位学术编辑，负责选编并撰写前言。由于我院已经完成《甘肃省志·社会科学志》（古代至 1990 年卷，1990 至

2000 年卷）的编辑出版工作，为《文存》的选编提供了坚实的基础和基本依据，加之同行专家对这一时期甘肃人文社会科学发展的研究，使《文存》能够比较充分地反映同期内甘肃人文社会科学的基本状况。

我们的愿望是坚持十年，《文存》年出十卷，到 2019 年中华人民共和国成立七十周年之际达至百卷规模。若经努力此百卷终能完整问世，则从 1949 至 2009 年六十年间陇上学人以"人一之、我十之，人十之、我百之"的甘肃精神献身学术、追求真理的轨迹和脉络或可大体清晰。如此长卷宏图实为新中国六十年间甘肃人文社会科学全部成果的一个缩影，亦为此期间甘肃人文社会科学学术业绩的一次全面检阅，堪作后辈学者学习先贤的范本，是陇上学人献给祖国母亲的一份厚礼。此一理想若能实现，百卷巨著蔚为大观，《文存》和它所承载的学术精神必可存于当代，传之后世，陇上学人和学术亦可因此而无愧于我们所处的伟大时代，并有所报于生养我们的淳厚故土。

因我们眼界和学术水平的局限，选编过程中必定会出现未曾意料的问题，我们衷心期望读者能够及时教正，以使《文存》的后续选编工作日臻完善。

是为序。

2009 年 12 月 26 日

目　录

编选前言

1927 年 12 月,毕可生先生出生于山东文登一将门之家,其父毕庶澄曾任渤海舰队司令、澄威将军等职。1949 年,毕可生先生从北平辅仁大学社会学系毕业后,于 1950 年考入清华大学社会学系攻读硕士研究生,师从我国早期社会学家、人口学家陈达先生。1952 年院系调整中,社会学学科被取消,毕可生先生先是被分配到中央劳动部工作,两年后又下调至西安、兰州等地的劳动部门工作。1958 年 4 月,在时代洪流席卷之下,毕可生先生以错案被发往河西监督劳动,20 年间命若浮尘,旋转于甘肃玉门县蘑菇滩农场和安西县小宛农场等地。1978 年年底,"没有任何帽子"的毕可生先生重返金城,在"兰州市教师进修学校"教授英语课程。两年后,历经多艰,54 岁的毕可生先生终于回到专业队伍,调入了甘肃省社会科学院,开始从事社会学研究工作。1983 年起,出任该院社会学研究所副所长,主持所务工作,同期兼任甘肃省社会学会副会长、中国人口学会甘肃省分会副秘书长等职。1988 年年底退休。退休后,毕可生先生仍笔耕不辍,力作迭出。2011 年 12 月 9 日,因突发心血管疾病医治无效,毕可生先生溘然长逝,享年 84 岁。

毕可生先生一生命运多舛,但他对国家对社会却始终保有一颗赤子之心。无论身处何种境况,他始终将观察和解读社会、维护社会的良性运行、建设更加美好的社会作为自己身为知识分子的天然使命。早在青年求学时代,目睹动荡社会中民生之多艰,他毅然选择了

"社会学"作为自己的专业,参加社会调查、分析社会问题,试图用专业的力量寻求救国救民之路。在远离书斋、生存条件极其艰难的20年农场生涯中,他保持着学习、阅读和思考的习惯。即使不被人理解,依然通过阅读英文小说、查阅英汉词典的方式坚持自学英语,他深信,总有一天,他可以用这些才能回馈社会。茫茫草滩上,他发挥知识分子特有的专长,通过观察、思考和反复实验,改进了育羊、牧羊的技术。在终于回到专业队伍后,面对我国人口结构出现的转型,面对社会上的种种误解和担忧情绪,毕可生先生又迅速投身于人口老龄化和老年学的研究,从理论到现实问题,用自己的专业贡献,为学界、为社会作出了积极而有力的回应。在社会学学科重建过程中,他响应时代召唤,发挥着自己的"社会学的想象力",一边从理论上高屋建瓴地为中国社会学的发展勾画蓝图,一边披荆斩棘,在实践中一步一个脚印,探索多种路径展开学科重建的具体工作,为甘肃的社会学学科发展奠定了扎实的基础。退休后的二十余年间,他依然始终坚守并践行着学者的天然使命:他关注学术议题的讨论,拓展自己的研究领域,开创性地将抽样调查的方法运用到汉字研究中,提出了关于汉字发展规律的独特观点,呼吁学界建立和发展语言文字社会学;他关注学界的健康发展,针对学术界的不良风气,他公开发文质问;他深知教育对少年儿童成长的重要性,与妻子孙亚英先生一起,在家里免费教授周边的学生;他发现当时市面上兼具文采和思想性的青少年课外读物不多,而自己青年时代喜爱的读物《人猿泰山》在国内译本不全,便毅然与孙先生一道,耗时多年,分两次翻译了《人猿泰山》全套,希望通过"泰山"这样一个充满正义感、责任感的角色,帮助青少年树立积极向上的人生观和价值观。(2001年,《人猿泰山》8本系列由译林出版社出版。10年之后,耄耋之年的两位老先生再次翻译《人猿泰山》后4本,工作接近尾声时毕先生去世,孙先生独自完成了最后的工作。12卷本

《人猿泰山》译本最终于 2015 年由中国青年出版社出版。)

正如孙正英先生后来回忆毕先生时所言,毕可生先生的一生,是一位赤诚学者的一生,无论顺境逆境,从不改变"学而不厌,诲人不倦"的精神,一直用自己的知识为社会为人类服务,鞠躬尽瘁,死而后已!

一、矢志不渝投身学术研究硕果累累

(一)致力于人口老龄化和老年学研究

人口老龄化和老年学的研究是毕可生先生回归专业队伍后倾心投入的第一个研究领域。他从对老年人生活状况的实证调查开始,进而反思"人口负担系数"概念的具体含义,并以此为出发点,为当时的人口学界澄清了几种疑难和谬误。他对"人口老龄化究竟是一种什么性质的社会现象"的回答,增进了学界内外对人口老龄化问题的认知。与此同时,毕可生先生还积极投入《老年学辞典》的编撰工作,并为《中国大百科全书–社会学卷》(1991 年版)撰写了"老年社会学"等词条。随着研究的深入,他发现新中国成立后我国虽在改善老年人生活状况方面做了大量的具有中国特色的实际工作、取得了显著成绩,但能反映现状又具有完整理论体系的老年学学科研究成果却付之阙如。因此,他先是组织翻译了美国克伦塔尔著的《老年学》,随后又主编了《老年学基础》,为国内老年学研究的奠基事业屡献其力。

1984 年和 1986 年,毕可生先生与中国社会科学院社会学所研究者凌仪真合作发表了两篇调查研究论文:《七〇九例城市老人调查》和《上海市的老人家庭》。两文不仅对老年人的家庭状况、工作状况、健康状况、生活状况等多个方面进行了统计描述,还如实反映了受访老年人的想法和要求。在《七〇九例城市老人调查》一文中,两位研究者根据统计资料的结果注意到了人口老龄化的发展趋势,并指出了由此可能带来的社会问题。文中提到,就调查所在地区而言,关于未来老年人口发展趋势"最应引起有关方面重视的一个问题"是"出现老年人口突然增加的可能","大量职业工人先后在相当短期内接近于同步退休的状况,必然带来职业劳动力突然面临更新的严重问题,与此同时人口的赡养比也会发生急剧变化。"①在《上海市的老人家庭》一文中,两位研究者又在调查研究的基础上呼吁,为改善老人处境,社会和家庭应该共同携手,解决老年人的住房问题、医疗问题,满足老人精神生活的需要等。

随着我国老龄化进程的加快,当时社会上出现了对人口老龄化现象的不解和对"白发浪潮"的担忧情绪。为此,毕可生先生先是发表了《人口老龄化究竟是一种什么性质的社会现象》一文进行了回应,此后,又在其主编的《老年学基础》中,详细阐述了自己的观点。他认为,人口学界相沿已久的人口负担系数公式[人口负担系数=(少年人口+老年人口)/劳动人口]是导致人们对人口老龄化产生误解的原因之一。在这个公式里,老年人口被视为劳动人口的负担,而事实上,随着时代的发展,这个状况正在发生变化。一方面,随着老年人寿命的延长和体质的增强,大部分老年人除患病者外,仍然可以从事力所能及的劳动,可以养活自己,甚至还可以为劳动人口提供各种支持和帮助;另一方面,把老年人口视为劳动人口负担的说法实际上是忽略了养老金的实质:老年人口在其工作年龄段中曾经向社会提供大于自己生活所需的劳动贡献,在现代社会保障制度中,这一点部分地以养老金等形式体现出来,因此,养老金可以被视为一种养老的储蓄,即在人们年轻、劳动能力强盛时,向其征收一定的税金,以待其年老时支付其赡养费用。因此,旧的人口负担系数公式已经"不能反映人口年龄结构变化的社会经济效果";相反,"如果完全按照这个公式去套

①凌霄、毕克:《七〇九例城市老人调查》,《社会科学》1984 年第 6 期。

用当代的人口实际,就会或者得不出结论或者导致错误的结论。"①

澄清了误解之后,毕可生先生呼吁,全社会都应该做好迎接老龄化社会的准备。比如,建立和完善社会保障体系,设立养老保险基金,保障"老有所养";建立健全法律法规,保障老年人合法权益;设立各种企业或组织,向老年人提供社会参与的机会,实现"老有所为";解决与"老有所乐"相关的各种设施、活动组织和经费问题,等等。②从今天的视角来看,当年毕先生所关注的这些老年问题,都成了如今快速老龄化的中国社会需要迫切聚焦并着手解决的问题,更成了中国社会学和人口学界越来越重视的重大社会议题。

(二)拓荒汉字社会学研究

向来陶醉于汉语的博大精深并孜孜不倦研习英文的毕可生先生,在耳顺之年,逐渐将学术旨趣移焦于语言文字现象。

在多次参与编写《英汉大学辞典》《英汉辞海》以及翻译国外社会学著作、为社会学各类辞典撰写专业词条的过程中,毕可生先生注意到了语言和文字在社会中的重要性。然而他发现,当时相关的研究基本都集中在语言学领域,名之曰"社会语言学(sociolinguistics)";在社会学领域,语言文字长期以来处于被忽视甚至被遗忘的状态。欧美学术界虽有"语言社会学(sociology of language)"这个概念,但也因鲜有学者涉足,而常常被混同于"社会语言学"。因此,要将语言文字纳入社会学研究的范围,就必须首先将"语言社会学"与"社会语言学"这两个概念区分开来。

在 1988 年出版的由王康主编的《社会学词典》"社会语言学"词

---

① 毕可生、李晨主编:《老年学基础》,甘肃人民出版社,1991 年,第 279 页。
② 毕可生、李晨主编:《老年学基础》,甘肃人民出版社,1991 年,第 287—288 页。

条中,毕可生先生旗帜鲜明地提出,社会语言学和语言社会学是两个不同的学科。社会语言学研究社会是为了了解语言,因此归根到底仍然是语言学的研究;而语言社会学研究语言是为了了解社会,属于社会学研究。与社会语言学把社会当作语言变异、差别的因素不同,社会语言学认为语言是社会的一项十分重要的功能因素。因此,两者不能混淆。而在同一部词典的"语言社会学"词条中,毕可生先生又进一步指出,社会语言学和语言社会学的分野在于,前者对社会和语言文字间关系的研究,始终只限于考虑社会因素对语言的影响,而后者则是从社会学角度研究或考察语言和文字对社会生活、社会发展的影响和关系。这一区分,为语言社会学的研究界定了概念空间。

在具体的研究过程中,毕可生先生又意识到,与口耳相传的声音符号——语言相比,文字的出现突破了人类社会信息传递的时空局限,在漫长的历史过程中,文字逐渐成为文明传承与传播的主要载体。因此,在《中国大百科全书—社会学》1991 年版中,他结合自己的研究发现,更新了"语言社会学"这一词条,将"文字"与"语言"以中间加顿号的形式并列呈现,认为它们同为社会交往、社会互动的符号体系。

【语言社会学】(sociology of language)

研究影响语言、文字发展规律的社会因素以及语言、文字社会功能的一门社会学分支学科。语言和文字是社会交往、互动的符号体系,语言社会学把它的社会因素和社会功能作为研究对象,探讨它与社会的关系,对社会的存在、发展的作用,如何适应社会发展的要求,等等。

——《中国大百科全书——社会学》,中国大百科全书出版社,1991.12,第 467 页

从此,语言社会学研究前路豁然开朗。毕可生先生马不停蹄,从批判自 19 世纪末期兴起的汉字拉丁化、简化汉字等文字改革风潮入

手,开启了对汉字发展规律的社会学研究。发表于《汉字文化》1993年第2期的《汉字的社会学研究》是毕可生先生在这一研究领域中的第一篇重要论文。文中他旁征博引、气势恢宏地提出:(1)文字不是记录语言的书写符号;(2)拼音文字不是全世界文字发展的共同方向;(3)文字是文化的基础;(4)文字改革对全民族文化的发展不是促进而是促退;(5)文字的发展趋势不是简化;(6)汉字难学难认远非定论;(7)普通话应该推广,方言和方音却根本不可能取消;(8)文字改革可以休矣。

这些鲜明的观点迅速引发了学界的讨论,其中既有喝彩叫好声,也不乏相异的见解,特别是在"文字的发展规律到底是简化还是繁化"这一问题上,学界提出了针锋相对的观点。

对此,毕可生先生并没有立刻回应。他认为,争鸣有助于问题的深化探讨,各种质询恰恰可以促使自己从多角度开始探索。当时已年近古稀的他坐定下来,在两年时间中,"一方面补充自己的语文知识;一方面也做了点力所能及的小小的研究"①。他开创性地将社会学定量研究的方法运用到汉字笔画的研究中,一丝不苟地建立抽样框、抽取样本、调查、建立数据库、统计、分析……最后,他以翔实的实证材料论证和细化了自己的观点,发表了《汉字发展规律社会学考辨——兼答聂鸿音先生》一文。文中,他详细列出了调查统计后的结果:在3657个有效样本字中,小篆隶变后增笔的共2671字,占有效样本总数的73%;隶变后减笔画的共426字,占12%;笔画不增不减的占15%。据此他认为,从小篆到隶书的发展,作为一种趋势来说,起码不能说是笔画的"简化"。他进一步推理认为,许慎对小篆隶变的"以趣

---

① 毕可生:《汉字发展规律社会学考辨——兼答聂鸿音先生》,《汉字文化》1995年第3期。

约易"观不做"笔画简化"解,此处的"约"应指规范划一,"易"则指书写容易便捷。因此,"总括说来,汉字发展在楷书以前,是以繁化为主,每次大的文体变化与调整时,大约只有10%的字是简化了的。至于楷书以后,至少字数的增加是与笔画的繁化成正比例发展,而不是相反。"①由此他得出结论:自古以来汉字的发展总趋势是由简到繁。

在前述对汉字问题的具体研究的基础上,毕可生先生一边高声呐喊,呼吁社会学界关注文字领域的研究,一边披荆斩棘,开启了建立"汉字社会学"的拓荒之旅。

沿着瑞士语言学大师索绪尔对汉字的认识路径,②毕可生先生指出,正因为汉字不是拼音文字,因此,最初建立在对拼音文字认知和解读基础上的西方语言学基本理论——"文字是语言的书写符号"——并不完全适用于对汉字和汉语之间关系的认知和解读。语言和文字都是人表达思维的工具,是交流信息或社会互动的符号。语言取其便捷,而文字则求其久远;语言组成了社会,而文字则把社会带进文明,产生与该社会相依存的文化。③对于拼音文字来说,形是次要的,它们主要是由声达义,而对于汉字来说,声是次要的,它主要是由形达义。④汉字凝聚着中国人几千年的智慧,是华夏文明的载体。汉字之所以能够传承华夏文明,是与其作为表意符号的特点直接相关的。

---

①毕可生:《汉字发展规律社会学考辨——兼答聂鸿音先生》,《汉字文化》1995年第3期。

②索绪尔认为,"对汉人来说,表意字和口说的词都是观念的符号","汉语各种方言表示同一观念的词都可以用相同的书写符号。"——(瑞士)费尔迪南·德·索绪尔著,高名凯译:《普通语言学教程》,商务印书馆,1980年,第51页。

③席群、毕可生:《社会学研究的新领域:汉字社会学》,《兰州大学学报》1996年第2期。

④毕可生:《东方明珠——汉字——异彩重光》,《东方文化》1996年第1期。

从文体来看,自甲骨文始,由于书写工具的原始,汉字自然而然地形成了一种字简意赅并与语言(发音)脱离的书写形式。三千多年来,尽管历代文体皆有演变,如所谓诗、辞、歌、赋、词、曲、记传、骈体、近体以至书信、日记等,无一是当时口语的直接记录。[1]从字体来看,在几千年的历史进程中,汉字的字体虽然经历了不同的发展阶段,但并没有发生根本性的改革,而是以其特有的方式解决了在发展中遇到的一些矛盾,保证了文明传承的可能性。同时,正因为汉字是一种表意文字,它与拼音文字最大的区别在于其拒绝随语音的地域改变而改变、随时间的流转而变化,因此,尽管不同地域方言语音纷繁复杂,却能因使用共同的汉字而保存和发展共同的文明。从这个意义上说,汉字的影响力并不局限于国内,而是辐射到整个相邻的文化圈(即今天的汉字文化圈)。因此,他提出,从国家发展战略的角度来说,"建立一个包括亚洲使用汉字的各方、各民族,在平等协商的基础上,对汉字的发展、应用,进行沟通、协调、咨询和合作的机构,是重建汉字文化圈的最为迫切的要求。"[2]

学术研究讲究创新,在理论积累的基础上大胆假设并提出新的观点是推动学术进步的重要环节;与此同时,创新又必须遵守学术规范,进行有理有据的求证,满足逻辑自洽。这一"大胆假设、小心求证"的治学之道,在毕可生先生对汉字发展规律的研究中得到了近乎完美的践行。学术研究又总是在批判、继承与扬弃中发展。在今天看来,或许毕先生的有些观点还有待进一步推敲,有些观点需要学界进一步论证,但这种探索的精神却值得发扬,探索的脚步也值得学术史记载。

----

[1]毕可生:《让文字回归伟大与光荣》,张朋朋《文字论》代序,华语教学出版社,2007年。

[2]席群、毕可生:《社会学研究的新领域:汉字社会学》,《兰州大学学报》1996年第2期。

二、扎根陇原致力学科重建功载史册

毕可生先生对学术界的贡献不仅体现在他的研究成果上，也体现在他为社会学学科恢复与重建作出的巨大努力之中。

20世纪70年代末，中断了30年的中国社会学迈开了学科恢复与重建的步伐。春雷一声万物苏，当时平反后被安排在兰州教师进修学院教授英语的毕可生先生，感受到了春天的召唤。他立刻将30年蕴积之力倾注笔端，既放眼世界社会学发展之大局，又深深扎根于当时我国现实的社会发展状况，发表了《社会学前景刍议》一文。与此同时，他又不断探索"归队"之路，在多次努力遭遇失败之后，他将自己的经历发给了《人民日报》。①

他充满困惑：

"从去年我就陆续看到报纸上呼吁恢复社会学研究，和关于社会学人才是个空白的谈论，于是我就着手进行归队的探索。先是给社会学会、社会科学院和社会学研究所写信，后来，又给上海复旦大学写信，但结果都答复说：目前无法解决归队问题。一方面报纸上大声疾呼社会学人才是空白，一方面我千方百计探求归队，却又无门而入，思想起来真令人困惑不解。"

他深信自己的能力：

"……这30年来，英语和日语也没丢，所以一回来就担任起英语专业课的教师。相信如果能够归队，哪怕是搞社会学资料翻译，也是能胜任的。"

"自信还能工作一二十年，可以为刚刚恢复的社会学勤恳奋斗一

①毕可生：《社会学人才是空白，对口归队谈何易？》，《人民日报》1980年8月24日。

番。"

他发出心底的呼声：

"我多么期盼能回到研究社会学的工作岗位上来！"

字里行间，一个学者对自己专业矢志不渝的热忱溢将而出。

最终，在1981年，毕可生先生历经坎坷，调入了甘肃省社会科学院社会学研究所开始工作。从此，他扎根陇原，上下求索，与其他学人一道，为甘肃的社会学学科发展打开了局面，奠定了良好的基础。

(一)倾三十年蕴积之力，展望社会学前景

在刊发于《兰州学刊》1980年第3期上的《社会学前景刍议》一文中，毕可生先生满怀深情地回溯了自满清末年严复译介《群学肆言》始，社会学在中国大地取得的成就和发展的坎坷历史。他指出，在中国大地上，社会学之所以"昨日春风才破土，今朝庭内竹萧森"，是因为它已非"婴儿"，"按年龄说它已经是一个青年人了"；因此他痛惜道："啊！祖国的社会学呵！原来它就是这样一位早熟的经历曲折道路的年轻人。"[1]

环顾世界社会学发展的局势，他意识到中国社会学发展面临的紧迫现状。当时世界各国社会学的发展已是生机盎然，而中国社会学在经历近三十年的断裂之后，在很多方面已经与世界社会学研究的进展拉开了距离。形势逼人！他擂响战鼓："新长征路上的中国人毕竟不是悲观论者，逼人的形势往往就逼出一个崭新的天地来。不是吗？起步的枪声已经鸣响，健儿在突奔，后来居上！美国曾经如此，我何后人！"[2]

那么，恢复后的中国社会学该何去何从？在回溯中国社会学发展中曾经发生的覆车之痛后，他指出，中国社会学恢复后不应该效仿美

---

[1]毕可生：《社会学前景刍议》，《兰州学刊》1980年第3期。

[2]毕可生：《社会学前景刍议》，《兰州学刊》1980年第3期。

国,更不能照搬苏联,而应该走自己的道路,发展出自己的理论。应该说,直到社会学恢复重建三十多年后的今天,这一问题依然是中国社会学学科发展的核心问题;毕可生先生的这一认知,也依然是中国社会学界几代学者一直为之努力的方向。

"社会学具体的研究领域有哪些?"社会学恢复之初,社会上对这一问题存在不少误解。比如当时比较常见的一种误解认为,社会学是一门研究走后门、拉关系、徇私情、搞夹缝活动的学问。对此,毕可生先生单刀直入,明确指出:社会学并不是"关系学",但"关系学"的存在却可以为社会学研究提供发现问题的线索:社会学可以研究关系学产生的症结所在,从而提出解决的办法,推动社会,造福人民。

破除误解后,毕可生先生又立足于当时社会发展的现状,提出了当时以及未来社会学研究涉及的一些较为迫切的应用性课题。这些课题包括:(1)农村社会学和农业现代化的道路;(2)人口问题;(3)社会保险与劳动保险;(4)人才问题;(5)劳动社会学;(6)地震社会学、环境保护社会学、能源社会学、生态社会学等跨学科问题;(7)访贫问苦和系统工程学,等等。毕可生先生提出的这些学科研究方向,将社会学融入时代发展的宏大叙事之中,既关切当务之急、民生之需,又关注人类发展的长远问题,兼具现实性、开拓性和前瞻性。

此外,毕可生先生还在文中指出了社会学研究方法的重要性。他认为,没有社会学方法也就不存在社会学研究。他注意到,在中国,相比于社会学学科的发展状况,社会学方法有它独特的发展道路:即使是在中国社会学一度中断的二三十年中,社会学方法仍然为社会科学其他门类所广泛应用,并得到了很好的发展。但他同时也指出,随着科学的进步和电子计算机的广泛应用,国外社会学方法已经从传统的调查和统计方法步入了新的时代。由此,他呼吁我国的社会学者必须虚心学习,以完善我国社会学研究方法,为社会学研究提供可靠的、全面的、准确的社会情况。

（二）为恢复和重建甘肃社会学上下求索

社会学学科在甘肃的起源，可以追溯到 20 世纪三四十年代的李安宅先生和谷苞先生。此后，在时代洪流的冲击之下，社会学在甘肃也甫兴即逝了。1981 年，当毕可生先生终于来到甘肃省社会科学院开始社会学研究工作时，与全国其他地方一样，甘肃的社会学界也几乎是一片空白。面对此状，三十年魂牵梦萦终得一朝梦圆的毕可生先生争分夺秒，全身心地投入了学科的恢复和重建之中。在他的牵头努力下，甘肃社会学的重建工作逐渐打开了局面。1983 年，甘肃省社会科学院社会学研究所正式成立，毕可生先生成为第一任副所长（无正所长），主持所务工作。1983 年 9 月，甘肃省社会学会成立，毕可生任副会长。在学会的成立大会上，时任中国社会学学会会长费孝通先生应邀参加，并专程赴甘肃省社科院作了"关于社会学研究与边疆开发"的讲话。良好的开局鼓舞了学界。陇原大地对社会学感兴趣的各种相关专业人才源源不断地汇入到社会学学科的大家庭中，各大高校和科研机构也纷纷开展了社会学教学和/或研究活动。1985 年秋，考虑到当时社会学界专业学者青黄不接、跨专业学者又渴望得到社会学专业知识熏陶的现状，毕可生先生又牵头组织了由甘肃省社科院社会学所联合甘肃人民广播电台举办的"社会学 60 讲"学术讲座。该讲座既包括社会学理论方面的探讨，也涵盖社会学实践方面的议题，内容丰富且深入浅出，满足了多层次社会学研究者、教学者和爱好者的需求，对在甘肃传播社会学知识，起到了有效的启蒙和普及作用。[1]可以说，毕可生

---

①甘肃省社会学学会：《〈社会学广播讲座〉介绍》，《社科纵横》1986 年第 3 期。

先生是甘肃乃至西北社会学学科恢复和重建的领军人物之一①。

关于这段经历,孙亚英先生曾回忆道:

"首先,他与所内同志商酌,给每个人定下了科研方向,大家齐心协力共同开展工作。他自己则与全国各地社会学名家建立了联系,如北京的费孝通、王康、折小叶、杨雅彬,甘肃的谷苞,上海的邓伟志、胡申生,武汉的雷洪,后来还有南京的姚兆余等等。于 1984 年 9 月 16 日在他的策划组织下,创建了甘肃省社会学会,可生任秘书长。与省老龄协会、省老龄委都有联系,协同工作。把被取消了几十年,刚恢复起来的社会学,搞得风生水起、有声有色。"

——孙亚英《此情已待成追忆》

三、求实创新治学精神薪火相传

毕可生先生硕果累累的学术生涯,既体现着其导师陈达先生讲求实证的风范,又以实际行动诠释着"大胆假设、小心求证"的治学之道。作为民国时期清华社会学的创始人之一、受过良好社会学专业训

---

① 关于甘肃社会学重建的这些成就,著名社会学家王康也曾提及:"从社会学来说,兰州也有突出的表现。记得 1979 年 3 月中国大陆的社会学恢复重建后,没有多久,《人民日报》就刊登了历尽坎坷的毕可生同志从兰州发出的呼吁加速社会学建设的文章。随后甘肃省社会科学院成立了社会学研究所。这不仅使从牧场归来、自青年时期就专攻社会学的毕可生同志有发挥所长为国效力的机会,而且改变了西北历来是社会学空白的状况。……在成立了西北地区第一个社会学所后,又建立了西北的第一个社会学会,使这门为适应改革开放而恢复重建的学科,能团结和发动许多社会学的爱好支持者,共同为甘肃也为西北的改革开放事业服务。在党的领导下,所、会的同志们进行了多项社会实际问题的研究和实地调查,为有关领导部门提供了可信的资料和决策依据。"——王康:《西部的足音》(宋超英、曹孟勤主编:《社会学原理》,警官教育出版社,1991 年)。

练的陈达先生,聚焦于人口、劳工等研究领域,强调社会调查与数据分析,被视为"社会调查运动"的先驱和代表人物之一。①毕可生先生对人口学、老年学的关注,对社会学调查和统计方法的运用,以及在人口老龄化研究中始终坚持从时代发展的实际情况出发去发展理论而不局囿于学科传统概念的限制这些做法,可以说都是直接师承陈达先生的产物。在语言和文字领域,他仍然坚持实证取向,开创性地将社会调查、统计分析的方法运用到了汉字的研究中,提出了汉字发展的"繁化论"。这一承接和发展,体现了学术体系的薪火相传、生生不息。

如今,甘肃社会学界人才辈出、学术昌盛,农村社会学、灾害社会学、民族社会学、旅游社会学、西部社会学等分支学科百花齐放,走出了一条具有西部特色的学科发展之路。这些成就,都让我们更加深切地缅怀毕可生先生等老一辈社会学界学者为甘肃社会学的恢复和重建所作的巨大贡献。此次借"陇上学人文存"编撰之机,我们将毕先生文稿集萃于此,一则为更好保存先生学术观点以供后学参考、思辨、继承;二则为重温先生严谨治学之道、心怀天下之宏德,以继学风延传;三则为缅怀先生致力社会学学科恢复重建之功,以勉励我辈后生继续为学科大厦添砖加瓦。先生身已去,功业永流传!

附:

---

①闻翔:《陈达、潘光旦与社会学的"清华学派"》,《学术交流》2016 年第 7 期。

陇上学人文存·毕可生卷 | 016

毕可生简历

山东文登人。

生于1927年11月26日。

清华大学1950年社会学系硕士研究生毕业。

先后供职于中央劳动部、西北劳动局、兰州市劳动局。

1958年至1978年下放至内黄牛河农场、安西十宪农场劳动。档案上收有任何帽、或处分。

1978年调回兰州。先后供职于技师进修学院、兰州市岳等俱乐、甘肃省社会科学院。任社会学所副所长（无正所长）。

1988年退休。

2011年12月9日病逝。享年84岁。

毕可生简历

山东文登人。生于 1927 年 11 月 24 日（农历——编者注）。

清华大学 1952 年社会学系硕士研究生毕业。先后供职于中央劳动部，西北劳动局，兰州市劳动局。

1958 年至 1978 年下放玉门黄羊河农场、安西小宛农场劳动。档案上没有任何帽子或处分。

1978 年调回兰州。先后供职于教师进修学院、兰州市委宣传部，甘肃省社会科学院，任社会学所副所长（无正所长）。

1988 年退休。

2011 年 12 月 9 日病逝。享年 84 岁。

这是孙亚英先生（毕可生先生的妻子）在毕先生去世后为他写的简历。彼时，孙先生再三嘱托：若有一天为毕先生出文集，就以此作为生平简介列入书内。如今文集将成，孙先生却已于 2016 年的夏天随毕先生仙去。目及孙先生这份手书中端秀俊逸的字迹，怎不痛极！

——愿二老在天国再叙圆满！

沈冯娟　易　林
2018 年 12 月

社会学前景刍议

历史的回潮——一个年轻人

去年在国内的一些报刊上突然出现了一个似乎是崭新的名词——社会学。它带着新生婴儿呱呱坠地的吵闹声引起了社会上各方面的关注。奇怪的是这个婴儿成长得那么迅速,转瞬间中国社会学学会成立了,科学院设立了社会学研究所,上海复旦分校筹设了社会系并开始招生,人大、北大等高校都在考虑恢复社会学系,一些省、市也在筹建社会学会,费孝通先生出国接受了马林诺夫斯基奖学金,真是"昨日春风才破土,今朝庭内竹萧森"了。其实社会学在我国是有一段痛苦的经历,按年龄说它已经是一个青年人了。

早在满清末年,著名的翻译家严复就译介了英国斯宾塞的《群学肆言》(它的通俗译名应该是《社会学研究》)。新中国成立前,我国的社会学界已经逐步取得了一些奠基的成就,不少综合性大学如上海的复旦,南京的金陵,四川的成大、重大,北京的清华、燕京、辅大等学校都有了师资比较完备的社会学系,也涌现了一些有国际影响的社会学家,如民族人类学家费孝通和林跃华先生,人口劳动社会学家陈达先生,优生社会学家潘光旦先生,乡村社会学家李景汉先生,工业社会学家吴景超先生等等。那时中国的社会学研究偏重于社会调查,正向实用社会学的方向发展。可是到了1952年正当我国新的社会主义社会学开始向马克思列宁主义的方向进行探索的时候,在学习苏联经验的形势下,以院系调整为名,全国各大学社会学系全部撤销,社会学人才遂至风流云散。1958年一个反右,原来残存的社会学人才也大部难逃厄运。就以清华大学原有社会学者来说,老一代的潘光旦、吴景超、陈达、费孝通诸先生无一幸免,就连中年社会学家讲师袁方、张荦群同志也被划成右派反党集团收入网罗。从此虽然涉及社会学范围的一些研究与工作尚在进行,但社会学却已不复自成体系,处于支离破碎的状态了。

粉碎"四人帮"以后,社会学开始复活了。首先是1979年哲学研究杂志发表了评论员文章《历史唯物主义与社会学》,《人民日报》作了转载为社会学平了反,许多社会学者廿年的沉冤也得到了改正,于是才出现了前述当前社会学再生的那种突然起步迅跑的情况。啊!祖国的社会学呵!原来它就是这样一位早熟的经历曲折道路的年轻人。

世界社会学形势逼人

社会学在社会科学的各个门类中据说也是一门年轻的学科。世界社会学界公认最早的社会学创始人是法国哲学家A.孔德。在他的名著《实证哲学》里首先出现了Sociologie(社会学)这一名称。从那时至今社会学已有140多年的历史了。140年比之早在柏拉图进行知识分类就已存在的社会科学各类学科,自然是极短暂的了。但是从第二次世界大战前后,社会学的研究从原来囿于理论争持,流派纷纭的状态,一跳入实用社会学的领域就有了极为飞速的发展。美国在这方面是后来居上。现在从事社会学研究和进行社会学工作的人粗略估计已有15万人。美国社会学的研究经费在社会科学研究经费的总开支中竟占了三分之一!社会学的各个分支学会和分支门类也繁复到39个之多。其次日本、加拿大的及欧、澳国家紧步后尘,不少第三世界国家也兴意盎然地开展了社会学研究。就连我们曾引为榜样的苏联,从 1960 年也建立了社会学研究组织,1972 年成立了苏联社会学研究所,大力向应用社会学突进。目前在莫斯科就有 300 名工厂社会学家,而全国从事社会学研究的已有 3 万多人了。1949 年联合国教科文组织筹建了世界社会学协会,每三四年召开一次世界大会。1978 年 8 月在瑞典的乌普萨拉举行了国际社会学协会的第九届世界社会学大会。世界各地有 111 个国家的约 4000 名代表参加了大会,遗憾的是中国却没有派代表参加。这样一个世界社会学发展形势还不够让人火辣辣的吗?而且今年夏天在北京举办的社会学讲习班上,来自香港的中年社会学者引用现代数理分析讲解社会研究方法时,连我们老一代的社会学家也感到茫然不解。从 20 多年以前一刀砍掉社会学以后,再加十年浩劫中的闭关锁国,出现一场沉酣香梦、醒来难认旧时人的情景。我国的社会学研究竟与世界社会学形势出现了如此之大的差距。这个形势又是多么逼人啊!是坐地悲叹?还是像"四人帮"那样继续自欺误国?不!新长征路上的中国人毕竟不是悲观论者,逼人的形势往往就逼出一个崭新的天地来。不是吗?起步的枪声已经鸣响,健儿在突奔,后来居上!美国曾经如此,我何后人!

马克思也是社会学家

列宁曾经指出"马克思第一次把社会学置于科学的基础上"(列宁全集第一卷 122 页),就连资产阶级学者荟萃编纂的美国百科全书上也写着说:"孔德和马克思可被看作理论社会学的两大鼻祖……孔德提出了保守和独裁的观点,而马克思则提出了激进和自由解放的观点。至于恩格斯的"英国工人阶级状况"的社会调查报告却又是千真万确不折不扣的社会学研究典范著作。所以革命导师们除了是政治经济学家、哲学家以外,也是社会学家。然而,号称马列主义信徒的苏联,30 年代却取消了社会学,据说是历史唯物主义研究就可以代替社会学,遂使革命导师开创的马克思主义社会学事业,中道崩殂,而我们一时也学了人家的样样,这真是令人索然费解的咄咄怪事。30年代苏联的马列主义水平竟至低到不如一部美国百科全书,可确实是一出徒招后世哂笑的历史悲剧。

好了!现在我们终于恢复了社会学,摆在我们面前供选择的道路有好多条。仿效美国吗?不可能!这是毋庸赘言的,借鉴与参考则可。照搬苏联吗?20多年以前覆车之痛未为远也。而且翻开苏联的社会科学著作,那种教条式的、僵死的、呆板的语言;零乱的、拼凑的、前言不搭后语的逻辑思路;言之无物、东抄西拉、懒老婆裹脚式的内容与章节,读得人心烦意乱,茫然不知所云。它们与"四人帮"时的帮八股又何其相似,可谓异曲同工。我们辛苦的翻译家是无罪的。这正说明在那里生龙活虎的、日新月异的历史唯物主义已经失去生命的活力,唯物辩证法已经不是行动的指南而成为牧师嘴上唯唯诺诺的说教。所以西方既不能仿效,苏联又无可照搬,只有走我们自己的道路!粉碎"四人帮"以后,马克思列宁主义毛泽东思想已经焕发出它原有的光辉,依仗这一锐利思想武器进行社会学研究,中国未来的社会学必将异军突起跻足于世界社会学之林,成为一支真正继承马克思社会学传统的大军。中国的理论社会学家们!尤有望于诸君的努力!

关系学? 社会学?

什么是社会学?

这个问题随着我国社会学的恢复就被提到需要立即回答的日程上来。尤其是一些怀着探索新险区的青年同志,他们对社会学几乎一无所知,更是到处要求解答这一问题,介绍有关的书籍让他们阅读。

因为社会的生活、各种社会现象、社会生活的各个方面的相互关系、社会生活的发展都是社会学研究的对象,所以像德国的 M.维贝尔就给社会学定义说它是一门研究社会活动的科学。也有人说社会学就是研究社会上人与人的关系的科学。这样一种界说固然不错,但却往往引起了人们的误解。于是不少人认为社会学就是一门研究走后门、拉关系、徇私情、搞夹缝活动的学问了。其实这种在"四人帮"时期,猖獗发展起来的可意会而不可言传的"关系学"和社会学根本是两码事。它倒是和资本主义或旧社会的什么《处世哲学》《相人有术》《幸福之路》等闯江湖、走码头、生财有道的生存招数一脉相承的。但是社会学也可以说和"关系学"有点关系。什么关系?那就是研究关系学,借以发现关系学所以产生的症结所在,从而提出解决的办法,推动社会,造福人民。比如说吧:社会学工作者可以调查商业部门走后门的各种原因,从而发现究竟是产品种类单调、商品流通渠道阻塞,还是价格核定偏高偏低,抑或是计划工作不周等等原因;对人事工作劳动调配上的走后门拉关系的研究也可以发现我们在人事工作与劳动调配上的许多问题。总之"关系学"的存在正为社会学提供了研究发现问题的线索。说这两者根本是两码事,是社会学研究的目的在于解决问题,而关系学的目的则在于利用关系,推波助澜,游刃于垃圾腐朽之间,如蝇逐臭以达个人沽利之目的。这就是两者既联系又矛盾的辩证关系,两者研究目的既不相同,所牵涉的人生观亦复迥异。在此也应该附带一句的就是,社会学的研究目的本身也向社会主义的社会学家们提出了一个崇高而严肃的要求:社会学工作者至少应该是处泥污而不染、身体力行《准则》的模范,否则浪迹流俗还有什么社会学研究可言?

这些也许可以使一些青年同志略为了解什么是社会学的梗概了吧!以下将粗略论及当前社会学研究可能涉及的一些较为迫切的课题。主要是应用课题对社会学研究作进一步探讨。

农村社会学和农业现代化的道路

农村社会学在国外,在欧美国家和第三世界许多国家中,它有一个最便利的条件,这就是农村以至小城镇的社会结构几乎是稳定的,很少变化的。这就使得农村社会学的研究坐落在一个固定的范围内,无论是长期和短期的研究以至使用的术语内涵都有一个稳定的基础。但是在我国,农村社会学的研究基础却是极不稳定的,这是因为我国农村的社会结构,从新中国成立几十年来一直处于动态变革之中。解放初期我国农村的社会结构还是维持着以村、乡、区为体系的个体农户的社会结构,土改以后实行合作化,农民开始走上集体化的道路。1958年"大跃进",人民公社彻底改变了几千年农村社会结构的面貌,一阵"共产风"吹来,连家庭这个社会最基本的细胞也开始出现了绽裂。锅砸了入了公共食堂。等到低标准时期,某些地区,某些社队的农村家庭中,被极"左"路线斥之为封建余毒的温情脉脉的亲族关系也几乎消失了。父母老小,夫妻男女,在口粮低的压力下,各自保命求生,难以相顾。后来幸而到了三年恢复时期,公共食堂解散了,农村人民生活逐步恢复,生产上去了,经济活跃了。可是接着而来的又是十年动乱、十年浩劫。它给予农村的破坏,使得敬爱的周总理逝世前,也为农村的某些情况感到痛心疾首、念念难以开释于怀。当然,30年来农村进步是巨大的,但生产的发展并未臻于理想,经常是马鞍状起伏。不过实际与"四人帮"的估计结论相反,不是"大斗促大干、大干促大变",而是安定团结与生产上升相联系,而斗来斗去一团乱斗与生产下降结善缘。在这样一个激烈变动的社会结构上,又让农村社会学家从哪里插手进行研究呢?

粉碎"四人帮"以后先是恢复了市场,制止了乱割"资本主义尾巴",保护了个体经济、副业生产,实行了大包干、包产到组,大大活跃了农业经济,提高了生产。现在包产到户又引起了激烈的争论。考虑到美苏两国农业道路的不同,加上我们自己的经验,农业现代化的道路究应如何? 不是很值得有识之士探讨,研究吗? 集体? 个体化? 还是闯出自己的道路?

这就给中国农村社会学研究者提出了一个几乎与任何国外农村社会学研究截然不同的情况。中国农村社会学不可避免地要与中国农业现代化的道路的研究发生联系,回避是不行的。中国农村社会学不等于研究农业现代化的道路,但却必须是从社会学研究的角度,研究发现中国农业现代化道路所引起的农村社会的变化,从而提供农业现代化道路所必需的探讨依据。

这样一种农村社会学研究课题是多么令怯懦者望而却步,却令英勇者奋发献身!

人口问题的社会学范畴

中国人口问题近年突然地显出了它极为严重的面貌,它使得沉迷于"人多是好事,人多力量大"的观点的人,使得过去好以"中国人口众多"而自豪鼓吹的人陡然地从南柯梦中醒来似的,感到了它无比沉重的压力。这个压力是如此巨大,它使人们不得不对马寅初先生廿年前的远见卓识进行重新再估价再认识,它使得对"新人口论"几乎是铁板钉钉的批判结论一下子土崩瓦解。有人以旗帜鲜明的标题《错批一人误增三亿》著文为马寅初先生平了反。它使得计划生育,节制生育的工作被提到国家最重要的议事日程上来。最近党中央、团中央致全体党团员的公开信中,以生动的行文描述了这一压力的沉重性。同时它也使得人口问题的研究蓬勃开展起来。目前,人口问题的研究,还基本上囿于经济学的范畴,多是由经济学家,经济部门去担任。但是,在国外在过去,人口问题又同属社会学的研究领域。那么,人口问题的社会学研究应该有哪些具体内容？大略说来社会学的人口问题范畴应该偏重于人口增减对社会生活所造成的影响。例如劳动就业与人口的关系问题，独生子女的问题，老年人的扶养问题，计划生育工作所引起的家庭生活与社会生活的变化问题，人口质量的提高问题，等等。此外，中国是一个多民族的国家。全国各地区各少数民族的人口问题，从历史的情况到人口的现状，从风俗习惯到婚姻与家庭特点所给予人口问题的影响，以至于少数民族人口出生率的大致指标的确定（即既不致影响全国人口总的出生率又保证少数民族的存在与适当的发展）等等，也应该纳入社会学人口问题的研究方面。

总之，人口问题是一个牵涉到多科性研究的大课题。经济学研究人口与生产、经济的关系；社会学研究人口对社会生活各方面所产生的影响；环保学研究人口与环保关系；生态学研究人口给生态平衡造成的变化；资源学研究资源对人口数量的容纳限度；能源学也可以研究人口变化所带来的能源开发与分配中的问题。这样殊途同归，百川汇海，既分工又联系地共同完成人口问题的解决。所以，人口问题也是社会学者决不能忽视的一个方面。

社会保险与劳动保险

在国外大量的社会学工作者从事着两项饶有意义的社会工作，它们就是社会保险和劳动保险工作。

北欧的丹麦和瑞典是较有名的社会福利国家，那里的年老职工和失业职工可以从社会保险与劳动保险基金中领取一定的津贴以维持生活。此外残废者、贫弱者、孤寡者也有一定的救济。可以说那里的社会学工作者正从事着悯老存弱、恤死抚孤的十分有意义的工作。

在我国社会保险工作基本上没有进行。前一向社会上老年人失养的事时有所闻。近一两年来由于个体经济的发展，不少缺乏生活经济来源又丧失劳动力的老年人很多找到了生活出路。但毕竟还不是一项彻底的解决办法，因此开展社会保险工作就十分必要了。使一些人有收入时缴纳一定的保险金，以为无收入时的补救，既减轻国家的负担，又消除了社会问题，这是一举数得的好事。

至于劳动保险在国有企业中基本上全按国家规定执行，而在集体企业里则只是根据各个企业本身生产发展与利润情况参照国有企业规定执行。这就出现了"铁饭碗"与"磁饭碗"之争。其结果是铁饭碗单位人浮于事，而集体企业的职工又不能安心工作，因此，不能不在一定程度上影响集体企业的发展。同时随着生产的发展，机械化程度的增强，新技术的引进，劳动生产率的提高，必然会在一些企业中出现劳动力过剩的现象，由于生产发展所引起的实际上的失业现象是客观存在的，统包统揽反而不一定是好事。所以对集体企业的职工的生、老、病、死的保障加以研究，对社会上待业、失业人员的生活给予津贴，都有待于劳动保险工作者的研究并把这项工作负担起来。

因此，对未来的我国社会学工作者，这两项关系着千百万人的生活的大事，也成为他们责无旁贷的迫切有待从事的任务了。

伯乐相马的后事

这两年报纸杂志上伯乐相马的故事是讲得太多了。这是因为我国人才的缺乏与浪费的现象是相当严重的缘故。科技方面的人才，外语方面的人才，已经引起了重视，也做了一些发掘与安排使用的工作。如去年科技与外语人才的普查与归队。但是社会科学方面人才的浪费与缺乏现象实际上还更为严重，至今才在高等院校中引起了人们的初步关切。而且即使是科技人才与外语人才的使用安排也不是没有问题的。上海制冷专家被迫外流就是突出的一例。所以当前人才问题的症结已经不全是相马的问题，而是要考虑给千里马一片驰骋的疆场的问题。这就把伯乐相马的后事安排提到社会学家的重要日程上来了。

社会学是一门牵涉门类广泛的科学，社会学者在这个意义上说也该是一个"百事通"，所以，由社会学者去联系各行各业，为它们发掘人才，输送人才，安排人才的使用将有更为便利的条件。当务之急应该是建立一个由社会学者主持的经常性机构，发掘、审定、推荐与输送各类人才，发行出版推荐、招聘、征聘、待聘人才及有关各行各业人才情况，使用报刊，以广为交流人才的情报。从而使得人才的使用更合理，更能发挥专长。

对于为祖国四化推荐、发掘人才，做一名光荣的伯乐，大概社会学家们一定会欣然从命的吧！

劳动社会学

劳动社会学并不见于国外社会学分支门类的名称中，它实际上是我国特有的社会学研究分支。原来我国社会学研究在新中国成立以后，在寻求新方向中，无形中与新成立的政府劳动部门发生了联系。许多本来从事社会学工作与研究的人，转而专门研究或从事劳动部门的业务，遂发展成为劳动社会学。虽然多年并不以劳动社会学名之，但实际的工作是存在的。

劳动社会学所包括的范围，就目前看来，几乎都是不仅引起人们极大兴趣，而且发展前途开阔的课题。首先是工资问题。我国的现有工资制度，一个突出的特征就是它缺乏对提高劳动生产效率的刺激性。这种纯固定等级工资制，在某种意义上说，既不能很好体现按劳付酬的原则，又在产生着怠惰、"当一天和尚撞一天钟"的思想、拖拉作风、官商作风和官僚主义。因此，新的工资制度的探讨已经引起了人们极大的兴趣。

其次是工时问题。随着大城市交通的拥挤现象的出现,其措施之一就是错开工作时间,以减少同一种上下班时间所造成的对公共交通的巨大压力。但是若对关系密切的工作部门缺乏研究,势必造成严重的联系工作失调。此外生产部门工时的变动也必然引起相应部门如商业、饮食、服务部门以至托儿所、医疗、文化部门工时的变动,真是扯一发而动全身。再有如近期对"午休"的争论,一方面有人根据一些国家的习惯认定午休是一种浪费,另一方面又据中国传统坚持午休有益健康、恢复精力、提高工作效率,真是针锋相对。所以,专门的工时问题研究,必定会发展成为一门有极大实际生活与工作意义的课题。

应该纳入劳动社会学的另一非常重要的课题就是劳动就业与劳动力调配介绍问题。远在十年动乱之初,劳动就业问题的压力就已经隐隐存在,粉碎"四人帮"以后,随着经济的恢复与发展,劳动就业问题的严重性突然显露出来。按照人口方面的统计我国城镇每年平均就约有350万新增加的需要安排的升学和就业青年,这是一个多么庞大的数字!所以当前的劳动就业问题已经不是解放初期的情况,而是由于人口增加和生产发展比例失调在十年动乱大破坏的直接影响下所产生的必然后果。

近年来,做父母的为儿女奔走工作调动、安排而搞得焦头烂额,已成为许多家庭的严重苦恼问题。劳动调配部门,招工部门突然成为社会上最有实权的单位。这也是人所共知的事实。它正说明我们的劳动调配制度还存在着较为严重的问题。解决劳动就业问题,现在的办法不外是开源、节流与调整。所谓开源就是发展生产广开就业门路,节流则是控制人口的恶性发展,而调整则是改变或修订现有的劳动调配制度、招工办法等等。这些问题的解决有赖于经济学者与社会学者的共同努力。经济学研究发展生产,扶持集体企业、劳动密集行业等等,而社会学则应研究劳动调配、雇佣与招工办法、艺徒的培训等方面的问题。

这些就是劳动社会学的大体内容。

自然科学还是社会科学?

随着自然科学与人类社会生活的日益密切，在研究社会学的分支门类中，必然地出现了一些跨越社会学与自然科学的社会学研究分支。这些是：地震社会学、环保社会学、能源社会学、生态社会学，等等。这些社会学分支或则由有关自然科学家从事该领域的社会学研究；或则由涉猎一定自然科学知识的社会学者进行。

此外，也还有一些这样跨学科领域的社会学正处于开创阶段如未来社会学、医药社会学、军事社会学等等。但有一点是清楚的，尽管跨学科的社会学分支门类在多起来，它正预示着社会学研究领域的前途开阔，却不会使社会学淹没在自然科学之中，这是有志于社会学的青年学者大可放心的。

访贫问苦和系统工程学

社会学研究和社会学方法是并存的孪生子，没有社会学方法也就不存在社会学研究。因为社会学必定要分析社会现象，必定要调查社会问题，没有十月怀胎的调查也就得不出一朝分娩的结论。所以历来的社会学专业中，社会学方法都是最基本最重要的必修课程。

20多年来我国社会学虽然一度中断，但社会学方法却仍然为社会科学其他门类所广泛应用。在我国，社会学方法有它独特的发展道路。远在第一、二次国内革命时期毛泽东同志的湖南农民运动考察报告，兴国调查，以至抗日战争时期的农村调查，都为应用社会学方法进行社会调查树立了典范。新中国成立后土改中的访贫问苦，实行三同，不仅是一种群众工作方法而且实际上也是一种带有我国独创性的社会学调查研究方法。特别是由于马克思列宁主义的普遍传播,唯物辩证法、实践论、矛盾论等马克思主义的基本观点应用于社会调查,大大提高了我们分析社会现象,研究调查结果的思辨能力。这一点是任何国外社会学方法的研究与发展所望尘莫及的。

但是科学的进步,电子计算机的广泛应用,国外社会学方法已经从传统的调查和统计方法步入社会系统工程学方法的时代。把系统工程学引入到社会学方法中来,实在是社会学方法上的一次飞跃。可以想象如果在未来的人口普查中使用系统工程学的方法,必将节省很多人力物力和资金而大大提高普查结果的及时性与准确性。在这一方面,我国目前的情况是落后了。因此,我们在社会学方法的研究上既要总结与发扬我之所长,又要虚心学习国外先进技术以补我之所短,充分利用现代科学成果以完善我国社会学研究方法,而为社会学研究提供可靠的、全面的、准确的社会情况。

社会学人才的出路

以上主要是对应用社会学未来的前景课题和研究范围提出了一个大体的规划与轮廓。社会学毕竟是一个分支门类庞杂的学科。这个规划与轮廓还极不完备,也只是就当前现实已有的基础和考虑到最近的可能提出的。未来的社会学研究所涉及的领域必然还将扩大,也有待社会工作与研究者们进行新的探索。

是的!未来社会学发展前景是广阔的。预期不久的将来社会学专业全面恢复以后,各地综合大学将有不少会开设社会学系培养这方面的专门人才。经济系、法律系、政治系也应该开设社会学课程,使各该系的学员同时具备一定的社会学知识。各有关的中等专业学校、职业学校、干部学校,都应该考虑社会学专门人才的培养。总之,在国家重视了社会科学人才的培养训练之后,重视了提高现有在职干部业务水平之后,社会学的教育与训练必将占有相当重要的地位。

未来是会出现大量培养与训练社会学人才的机会的。这样就在准备从事社会学学习的青年面前,准备选择从事社会学工作的人们面前出现一个问题,"我的出路何在?"人事部门也会提出一个问题,"社会学人才向哪里输送?哪里是社会学人才的对口单位?"这个问题不解决,就会发生社会学人才的堵塞现象,打击准备选择从事社会学工作的人的积极性,反过来也必将影响社会学研究与工作的开展。

要解决这一问题首先就要改变已有的社会学工作岗位的工作人员如劳资干部,民政干部,人口问题工作人员,计划生育干部等由"万金油"干部充任的现状。改变不懂业务但只要是党员或具有一定资历的干部就可以调到那里掌权、当官、指手画脚一气的这种现状。所以凡不懂业务的,不称职的,又不肯为人民事业潜心学习钻研社会学业务,经过一定的考核达不到要求的就应该从这样的工作岗位上调出去。同时,更要改变社会学人才社会科学人才是"万金油"干部的看法。只有首先解决这一问题才能初步打开社会学人才的出路。

也要对现有社会学工作岗位的干部与工作人员实行轮训、培养与提高他们的社会学业务知识。

同时,要逐步建立有关社会服务,社会学研究机构。对于这样的机构特别要学习国外的经验,它们应该是自足自给或者是企业性的;不要依赖国家,不要给国家造成不断背庞大的机关包袱的困难。例如可以成立社会学咨询服务机构,社会保险公司、人才公司、婚姻介绍所、职业介绍所、社会调查服务部等等。

这就是解决社会学人才的出路问题现在可以考虑到的一些措施与可能。

(《兰州学刊》1980 年第 3 期)

社会学人才是空白，对口归队谈何易？

我是 1949 年北京辅仁大学社会系毕业生。当年曾考入北京燕京大学社会系研究所，1950 年再考入清华大学研究所，跟陈达、潘光旦教授研究城市社会学。那时，我觉得研究社会学有无限前途。有的同学还说我是新中国第一批社会学研究生，自己也认为毕生从事这方面的研究将是毫无问题的。谁知 1952 年院系调整，一声霹雳，社会学成了资产阶级的东西，从此打入冷宫，我也只好转业了。1958 年我被错误处理下放农场。这 20 年中我大部分时间是当羊倌。我非常喜欢这项工作。一方面放羊是一门学问，一方面我又有充分的读书时间和自由，尽管不时被点名说："有人放羊还看书，这是阶级斗争新动向"，或者听到"别看你是研究生，还抱着书本不放，我们就是不用你"的警告，但我一直未丧失信心，仍然每日至少读书五六个小时不辍，直到去年，我恢复了工作，被安排到教师进修学院教英语。

从去年我就陆续看到报纸上呼吁恢复社会学研究，和关于社会学人才是个空白的谈论，于是我就着手进行归队的探索。先是给社会学会、社会科学院和社会学研究所写信，后来，又给上海复旦大学写信，但结果都答复说：目前无法解决归队问题。一方面报纸上大声疾呼社会学人才是空白，一方面我千方百计探求归队，却又无门而入，思想起来真令人困惑不解。

就 30 年前我的业务水平来看，能先后考入燕大和清华社会学研究所，应该说还是可以的。这 30 年来，英语和日语也没丢，所以一回来就担任起英语专业课的教师。相信如果能够归队，哪怕是搞社会学资料翻译，也是能胜任的。

我离开学校时还是 24 岁的青年，如今已年过半百，可是身体还健壮，又独身一人，无家庭拖累，自信还能工作一二十年，可以为刚刚恢复的社会学勤恳奋斗一番。然而要想归队，还是困难重重。首先就是难于找到对口单位；即使找到了对口单位，那面还要考虑有没有调入名额；有了调入名额，又得看有没有迁户（尽管单身一人）名额。这些问题都解决了，还要看学院放不放人（学院不放的理由也会是一大堆的），侥幸学院放了，上级机关还要卡一下，而这一层层你都要找熟人、走门路，去疏通、说情。如果自恃这是归队对口，自以为理直气壮，大概还是只能碰得鼻青脸肿，以失败告终。

我多么期盼能回到研究社会学的工作岗位上来！我衷心期望各方面大力呼吁，使以后千千万万的人才各得其所，人尽其才，发挥其专长，则国家幸甚，社会主义幸甚，人民幸甚，各行各业幸甚，各种专业人才幸甚！

（《人民日报》1980 年 8 月 24 日）

《社会学原理》序

"后来者居上"。西汉汲黯的这句话，原本是帝王用人而发的牢骚。现在用来作为评价人们成就的成语，结果却道出了一个真理。因为，就物种来说，假如不是经过更新复壮，难免一代不如一代。然而，就人类的种种发明、创造、研究和成果来说，总结前人的得失，有所创新、有所改进，有所补充，有所取舍，那么后来者，较之前人也就必然有所超越和发展了。由兰州大学宋超英、曹孟勤两位社会学教师主编的这本《社会学原理》，在截至目前的 10 余本这类名之曰概论、简论、大纲、纲要等的著作中，据我所见，相比之下，不能不说是一本有针对性的不凡之作。我这里并无意贬损其他同类作品，本书之能有所突破也只是因了我上面所说的那个道理。可以肯定，他们的这部力作确为全国和甘肃的社会学发展，作出了可贵的贡献。

谈到甘肃的社会学发展，可以追溯到抗战时期的著名社会学家李安宅先生。1938—1940 年，李安宅先生夫妇在甘肃夏河拉卜楞寺做了艰苦长期的开创性工作。当时，李先生深入从事藏族宗教的调查研究，李夫人则在极其困难的环境下从事小学教育。1947 年李先生到美国教授人类学时，终于将他这一时期的宝贵成果《藏教史之实地研究》一书出版。此后，1949 年西南联大的谷苞先生，借到甘肃从事社会调查的机会，在当时的兰州大学讲授过"社会学概论"课程。这大约是甘肃教授社会学的开始。此后，和全国一样，社会学在甘肃甫兴即逝了。80 年代初，随着社会学的重建，社会学在甘肃也开始复苏，其中值得再次提出的是 1985 年秋由省人民广播电台理论部和省社会学会联合举办的社会学 60 讲。这一讲座是当时甘肃省内开办的各类知识讲座中规模最大,历时最长的一次讲座。这次讲座对在甘肃传播社会学知识,起到了有效的启蒙普及作用。但可惜的是这次讲座文稿,虽然获得了全国理论广播奖,却得不到出版的机会。此后,甘肃省内社会学研究因某种原因一直处于低潮,但令人兴奋的是社会学教学活动却日益发达起来。至 1990 年,兰州地区已有 8 所高校 11 个科系开设了社会学课程。而且,有的科系已积累了五六年的教学经验。本书实际上也就是这些高校教师多年教学实际经验的总结。

本书的两位主编和几位撰稿人是兰州地区五所高校的中青年教师。他们就学历来说,都非社会学本科生,而是其他学科学有成就的学者和教师,经过短期社会学进修和持续自学,转入到社会学学科中来,在几年的钻研和教学实践中,已经对社会学具有了充分的发言权。这类情况,真可以说是社会学界重建以来一种特有的现象。原来自从社会学界重建开始,老的社会学人大都风流云散,新手的培育又尚需时日,在这种青黄不接的困境下,大量其他学科的学者转入社会学科研和教学领域遂成为一种必然的趋势。从当代对人才知识结构的要求来说,这种跨学科的学者,无疑是一种最难得的理想人才,而且这也实在是社会学界一桩求之不得的大好事。因为,这类社会学者的其他学科基础和多元视角,必然会给社会学研究和教学都带来一些新的突破。一般来说,他们最少社会学传统框框,却又具有最多的跨学科的融合。这种情况不仅是甘肃,而且就全国来说也是如此。这就是十余年来,社会学在中国得以迅速发展和别具异彩的一个重要原因。

跨学科人才新血液注入社会学界,所产生的效益,也正是本书的一个重要特点。读者将不难看到,本书并没有墨守社会学"概论"这类书籍常有的三大块那种体例,亦即保持"原理、方法、问题"的三分模式,而是将社会问题这一部分,有机地纳入社会学原理的各分章之中。例如,将家庭问题归入初级社会群体;将都市问题归入社区一章之中等等。这就使原理和问题形成有机的结合,恢复了社会客观实际的本来面目。至于社会学的调查研究方法,则由于它现在已经成为一种值得专门系统讲述的学问,所以编撰者只在绪论中指出其在社会学学科中的重要性,而不复做详细的论述。这也许可以说是对于把注意力集中到原理部分上来的一种名副其实的合理取舍吧。

本书与甘肃省当年的 60 讲社会学讲座相比,当然是更为成熟,更为提高了。这和全国社会学的发展水平有关。同时,必须指出的是,本书对于社会学原理范围内,社会学界存在着争议的一些问题,一些讲课中遇到的难点,也都根据他们的多年教学实践和研究结论,提出了独到的见解和论断。对此,我不可能在此一一具体指出,只好由读者亲自去体会和搜求了。

1990 年 9 月 25 日

(宋超英、曹孟勤主编:《社会学原理》,警官教育出版社,1991 年)

(《兰州晚报》1991 年 4 月 22 日)

语言社会学

【语言社会学】(sociology of language)研究影响语言、文字发展规律的社会因素以及语言、文字社会功能的一门社会学分支学科。语言和文字是社会交往、互动的符号体系,语言社会学把它的社会因素和社会功能作为研究对象,探讨它与社会的关系,对社会的存在、发展的作用,如何适应社会发展的要求,等等。

简史　19世纪西方社会人类学家很关注语言的社会性质问题,美国的 L.H.摩尔根在《古代社会》(1877)一书中,从称谓的变化研究人与人之间的社会关系。19世纪末与20世纪初,瑞士语言学家 F.de 索绪尔第一次把语言和言语分开,并指出语言是社会的大系统。20世纪初,法国语言学家 A.梅耶、J.旺德里埃等人从 E.迪尔凯姆的社会学理论出发,把语言看作是社会事实和文化,认为语言与社会、文化密不可分。他们认为,语义、文字的变化最根本的原因在于语言社会集团的环境、社会关系等的变迁,语言、文字的变化不能仅从语言、文字本身的结构中去寻找原因,应从社会结构的变化中去探讨。20世纪30年代,功能学派的 B.K.马林诺夫斯基把语言看成是发音的风俗和整体文化的一部分,认为它在不同文化情境的布局中发挥着不同的功能;一个人语言知识的成熟显示着他在社会文化地位中的成熟。20世纪50年代,结构主义人类学家 C.列维—斯特劳斯把语言看成是人类相互联系的网,是人类整个社会结构体系的纽带。符号互动论者在更高的层次上揭示出语言、文字的社会本质,认为社会是人际符号互动的产物,人类社会最典型的特征是符号互动。该理论过分强调符号互动作用,但把语言放到社会互动过程中去研究它的发展及其社会功能,具有首创性。

马克思主义者对语言与文字的社会性质具有较明确的认识。K.马克思曾经指出:"把语言看作单个人的产物,这是荒谬绝伦的"(《政治经济学批判》)。F.恩格斯认为文字与铁的冶炼一起带来了人类的文明。

中国传统文化理论对语言文字的社会性质和作用历来非常重视。《文心雕龙·原道》称"言之文也天地之心哉",是这种认识的代表。这是中国发展语言社会学的文化传统与基础。

语言社会学与社会语言学的区别 语言社会学主要研究语言、文字发展规律的社会因素及社会功能;社会语言学研究"社会人"的语言,研究社会语境与语言运用之间的关系,语言的社会变异或称社会方言是其研究的中心课题。

关于语言的社会性质与作用的论争 语言的社会性质与作用问题,是语言社会学研究的一个重要课题,对此问题的探讨,曾引发过重大争论。俄国十月革命后,苏联语言学家 H.Я.马尔提出语言同许多别的社会现象一样,是上层建筑,有阶级性。他断言,语言变化与经济基础的变化是步调一致的。他主张阶级的语言、语言的"革命"。他的语言"革命论"在 50 年代初受到斯大林的批评。语言不是上层建筑、属于社会全体成员及超时代的观点,已为人们普遍接受。80 年代末中国仍有人提出"现代人及其语言革命问题",主张"某种语言形态总是和某种社会形态同构",呼吁"确立一种崭新的现代语言形态的革命"。自 19 世纪末在中国兴起的汉字拼音化主张,也经历过近一个世纪起伏曲折的论争。这场论争以肯定汉字优越性渐趋结束。论争虽属语言学问题,但它引发了关于语言和文字的社会性质和规律的语言社会学研究,对语言社会学的发展起了促进作用。

（中国大百科全书总编辑委员会《社会学》编辑委员会中国大百科全书出版社编辑部编:《中国大百科全书社会学》,中国大百科全书出版社,1991年,第467页）

汉字的社会学研究

　　1982年初,著名美籍华人唐德刚先生在纽约唐人街华人联合会上发言否定了汉字拉丁化的一些理论。当时,他对于汉字拉丁化的最后一种理论依据——"汉字难于进入计算机"批驳说:"我主张从改革电脑着手,切不可去改革文字,且改革电脑较快也容易成功……"在他发言后不到五年,王永民的五笔字型汉字输入系统就首次取得成功。自此以后,从汉字字形出发的几种汉字输入系统相继问世。推广经验证明其输入速度与质量甚至比拼音文字还优越。汉字难以进入计算机的滥言,终于永远被进步的科学抛入历史的垃圾堆。但是,文改所遗留的一些错误理论,仍未得到彻底的戳穿,它仍能以其似是而非的面貌在语文领域肆其淫威。唐先生在这次讲话中还指出:"文字自有它的社会作用,还有历史作用。"因此,唐先生认为社会学家、文学家和史学家在文改上的意见还"较重要"。作为一个社会学者,我负欠唐先生的这一期望已有十年,然而,对于用社会学的观点去论述文字、语言和评论文改中的理论,却是经常萦回于我脑际的问题。对此,我也有如骨鲠在喉,一吐为快。

文字不是记录语言的书写符号

　　西方的语言学家和现今中国的"语言学"家,一直都把文字定义为只是"记录语言的书写符号"。而且,以此确立语言(本文所用"语言"一词,只指有声语言)和文字的基本关系。然而,语言和文字关系的这一界说却是根本错误的。其实,语言和文字都是人表达思维的工具和交流信息或社会互动的符号。文字并不从属于语言,而是与语言平行从属于人的思维和社会信息的互动。《易·系辞》称"上古结绳而治,后世圣人易之以书契……"许慎《说文解字》也说:"及神农氏结绳为治,而统其事……黄帝之史仓颉,见鸟兽蹄远之迹,知分理之可相别异也,初造书契。……仓颉之初作书,盖依类象形故谓之文……"尽管这里所讲的文字的起源并不很多,可再清楚不过的是,不论是神农的结绳记事,还是仓颉的创文造字都不是声音的记录。那么辨明此点的意义何在呢? 语言与文字产生的先后,其实无关紧要,但它们产生的根源却与其各自的社会功能紧紧相连。语言虽然较为便捷,但是它致命的弱点是受到时间和空间的严格限制。而文字正是为了突破思维表达和社会信息互动的这种时空限制,才应运而生。所以,语言和文字虽同源出于人的思维和社会的信息互动, 但它们的社会功能却完全不同。语言取其便捷,而文字则求其久远。用语言学的术语来说,就是文字要达到最大的历时和共时效应。如果文字只是记录语言的书写符号,那么,文字的这种历时性和共时效应就必然受到语言的约束,特别是受到语言本身局限的约束,如语言随时间及种种社会因素(如外族入侵等)而变化极大,因地域方言方音的影响而发生庞杂的歧义等等。这样一来文字也只是语言的有限度的时、空延长,它无法摆脱语言本身固有的缺陷。所以,一种文字,越是能摆脱语言的局限与羁绊,直接与思维沟通,它就越能发挥文字的历时性与共时性的社会效应,从社会功能上说它也越成熟越先进。而汉字就是当今世界上独一无二的这样一种文字。

拼音文字不是全世界文字发展的共同方向

文改中的又一个重要理论错误,就是说"拼音文字是全世界文字发展的共同方向"。这个理论后来被吴玉章冠以"毛泽东说"这样的桂冠,于是成了神圣不可侵犯的金科玉律。然而,拼音文字并不是全世界文字发展的共同方向,相反它与摆脱了语音约束的直接表达思维的符号或表意文字相比,它是一种从属于语言的、二手的思维表达工具,甚至可说是一种半路的、不成熟的人类发明。许慎在《说文解字》中说:"……其后形声相益,即谓之字……"这里可以明确的是,形声字根本不是拼音字,所谓形声"相益",它首先是"形"的指示,其次才是"声"的提示,两者"相"得益彰,才产生了形声字。这种字较之表音或拼音文字的好处是因为它有形的制约和仅止于是声的提示,它基本上也不再受语言的干扰,它仍是属于表意或符号文字系统的东西。正是因汉字从其创始,就充分实现了文字的最理想的社会功能,所以,它才能够在曾经是一千多万平方公里的中华大地上,不论是讲哪种方言、哪些方音或哪种民族语言的中国人中间通行无阻。而且,自中国汉字产生的四千余年间,不论是哪个民族入主中原,也不论她们是否已有文字(如蒙古族有拼音的蒙文,满族有拼音的满文),都不得不遵奉汉字为通行文字。与中华大地相比照的欧洲也有一千多万平方公里,然而,却有拉丁、日耳曼和斯拉夫三大语系三十多种语言和二十多种拼音文字。据说中国之能获得统一要归功于秦始皇,可实际上秦二世而亡,以后分分合合,尽管有五胡十六国,蒙、满入主中原达数百年之久,但终于能维系一个统一的中华民族,这其中汉字的统一维系作用实在比政治与武功远为强大得多,特别与欧洲相比恐怕是再清楚不过了。而且,值得人们,尤其是文改先生们反思的是,自从文改提出以后,汉字拉丁化的呼声甚嚣尘上,一度甚至加上了最强的政治助力。然而,三十年的"拼搏",却始终找不到一种合适的可以记录汉语的拼音文字。他们先是想在拉丁字母拼音上加四声符号,继而又要以标准化词的拼写和推广普通话来建立这种拼音文字,但是,几十年的努力终于在汉字优越性逐步为有识之士所揭明的形势下，一蹶不振。这是很明显的，一种成熟先进的文字体系是不能被一种落后的文字体系所代替的。历史上蒙、满文没有能取代汉字，今天的拉丁拼音字也不可能取代汉字。如仍不信，那么被视为拼音文字的英文，也已在某种程度上与语音脱离，而成为一种不查字典就常会难于拼读的文字。这就是英文这种拼音文字的迫不得已地向符号文字的转化或进步。所以，拼音文字决非世界文字发展的共同方向，如果有，拼音文字也只是一个中间阶段，文字的真正发展趋势是向直接表达思维的符号化文字转化（这种转化首先是性质的转化，而不一定是形式的转变）。而汉字就是目前人类所能达到的最好的符号化表意（思维）文字。

文字是文化的基础

语言学家不论哪个学派都共同承认，语言是人类社会所特有的交际工具。但是，至今语言学家对人的语言和动物的叫声根本区别的界说，却是不能令人满意的。然而有一个千真万确的事实是，只有人类才具有作为思维和社会交往高级工具的文字。而且，历史学家和社会学家都肯定地认为，自从人类有了文字以后，就从一个蒙昧的时期进入了文明的时代。这样一个时代的核心就是由文字产生的广泛文化成果（这里所说的文化当然是指狭义的文化而言）。有声语言不能产生这种文化，因为，文化是人类经验和知识的积累与传授的成果，有声语言的可怜的历时效应和共时效应都无法完成这一人类的伟大任务。所以，只有文字才是文化的基础和载体。就文字与文化的关系来说，一种文字的历时效应越长，它所涵载的文化内容越丰富；一个民族和社会越发达，这种民族文字所包含的科学技术信息量也越巨大，那么这样文字的社会价值也越高。中国自周秦以降，数千年间由汉字所积累的文化典籍车载斗量、汗牛充栋,无法计数,它是中华民族最丰富的文化宝藏。我们学习汉字的目的,不光因为它是一种传递信息的工具,更重要的,还在于它是打开中华民族文化宝库的金钥匙,它是掌握和运用这种文化的唯一不可或缺的工具。今天,英文已经成为最接近世界性文字的一个文种,虽然使用英语的民族约只有七亿人口,但是,英文所涵载的文化科技信息却是十分庞大。这就是一切外国人都愿意首先学会英文的根本原因。相比之下,那虽然叫作"世界语"的人造语文,却远远不能达到被作为世界性语文的水平,这是因为它的文化基础太单薄,它所涵载的文化科技信息量太贫乏的缘故。

文字改革对全民族文化的发展不是促进而是促退

将近一百年前,那个创制切音新文字的卢戆章就是打着普及全民识字率,提高全民族文化的旗号,而推行文字改革理论的。那么文字改革是否会获得这种效果?事实证明恰恰相反。因为我们知道,一种民族文化的基础越丰厚,它就越易于发展。而丰厚的文化基础是由文字的历时性和民族文化发展所奠定的。一个民族的文字如果改来改去,将无法积累丰厚的文化基础。从汉晋之际汉字楷书出现以后,汉字已经固定了两千年。如果就汉字的造字体系而言,甚至可以上溯至殷商的甲骨文字。所以,中国的古代文字和文化才能易于为今人所接受。不错,随着社会生活的发展和丰富,文字也在不断发展,《说文解字》收字九千余,《康熙字典》已收字四万九千余。但这是创新却非改旧,而且是秉承汉字造字规律的一种增新。如果真有一种全"新"文字能代替已经传承了数千年的汉字,那么毁弃传统文化基础,创立"新"文化基础,也远非一蹴而就,而且这个"新"文化基础将比前述那个"世界语"的文化基础更贫乏更单薄,要想在这样一个基础上推进全民族文化将是一种痴心妄想。所以，这种"新"文字推行之日，也就是中华民族文化倒退之时。因为，一个民族文化是无法只靠有限的教科书和时下的报刊而得以提高的。十年"文革"的实践，那时学生只读有限的课本，人民只看小红书或四卷宝书，图书馆藏尘封，书店里空空荡荡，书籍被焚烧，杂志被停刊，结果是文化的大滑坡，就是最现实的证明。西方的汉学家们对这种社会规律是远比中国的文改家和某些自称的"文字学家"要了解得多。瑞典的高本汉先生早就指出："中国人抛弃汉字之日，就是他们放弃自己的文化基础之时，汉字拼音化如果实行，结果首先将是民族文化水平的倒退！"

文字的发展趋势不是简化

自从人类脱离了蒙昧时代以后，社会生活日见其丰富多彩，人的思维也日见其复杂深刻，社会上人的交往互动更是日渐频繁。为了反映这种社会现实，原来有限的文字已经不够了，只好增加字数。字数越来越多，要彼此易于分辨就得增加笔画，所以，最常用、最古老的字，笔画大都不多，相反非常用字，现代字笔画就不得不多起来。这与拼音文字由单音节字向多音节字发展，其规律是一致的。然而，据说中文汉字的发展趋势就是"简化"，这真是令人迷惑的理论。试想如果只用几笔就能清楚明确代表思想含义的字，为什么还要外加许多不必要的笔画呢？当然，人类为了文字书写的省力，尤其在书写条件困难的时候，也在追求省力和简化。在中国的汉语文中，这种求简求省，首先表现为文言文的产生和发展。因为，汉文字不是语言的书写符号，而是思维的表达符号，所以，就可以使用言简意赅的文言文来达到书写便捷的目的。这就是刘勰所说的"心生文辞，运载百虑"。古文人是以文辞来进行思考的，所以才使文言文在其表达方式上达到登峰造极的地步。其次，才是在书写上使用简笔字。但是，必须指出的是,简笔字只在便捷手写时使用,根本不是文字发展的一种趋势。我们只要回顾一下书写的历史,就可以得到证明。正书或称楷书出现之前是中国文字的演变时期,但自正书于汉晋之间出现以后,尽管行书与草书相对于楷书来说是一种简笔字或简化字,而且其出现的时间均略晚于正书,但却一直无法取代正书的地位。这种情形就是袁晓园先生概括的"识繁写简",手书便捷可以用简、用行、用草,一切正规场合包括手写和印刷均使用正体字亦即繁体字。为什么要如此?这是我国古人的一种非常明智的创造,手写用简为其省力,正规场合用正、用繁为其便于传承,便于辨认。便于传承是因为古人远比现今的文字改革家们更明白,文字的传承一贯更有助于文化的积累与发展。现在人们一提繁体字,就被指为"复古"。可是,我们知道,现在的书写条件毕竟比远古时代已经进步得很多了。人们手书文字的活动已经开始逐步为更方便的书写机械所替代。在这样一个时代,有什么必要为了推行手写简化字而去破坏文字的一贯传承性? 去割断历史,去割断文化(包括港台和海外汉字文化)的历史与地域的联系呢? 强硬推行简化字的结果,不但使1949年以前的中国近代文献资料,就是五十年代的文献资料,现在的青年人阅读起来也有一定困难。巴金先生说得好:"难道我们真要把我们光辉的、丰富的文化遗产封闭起来不让年轻人接触吗? ……文字的发展总是为了更准确地表达人们的复杂思想,绝不只是为了使它变为更简单易学……我们目前需要的究竟是提高人民的文化水平,还是使我们的文字简单再简单,一定要'斗''鬥'不分,'面''麵'相同?"是的!使得现代中国人在文化上孤陋寡闻起来,正是文改先生们所创造的一种社会悲剧。如果说"复古",使人们归于愚昧,这顶帽子还是奉还给文改先生们自己为好!

所以,我赞成实行中国传统上数千年行之有效的"正繁便简"或袁晓园先生的"识繁写简",并认为这是解决中国文字统一的最好的工作方针之一。

汉字难学难认远非定论

约在 20 世纪 60 年代，日本人上田万年从德国学了点语言回国后就倡议说："欧洲比日本先进，因为他们只使用 26 个字母，日本使用的汉字字数过多，是一个巨大负担，以致影响到日本文化的提高。"这个谬论，以后就被当初的文改先生们引申为使用拼音文字的民族，只要学了廿六个字母，就学会了文字。遂一度成为汉字拉丁化最有力的根据之一。这种近似幼稚无知的猜想只要懂得外文或在海外生活过的人，都会不屑一驳。它就像有一则笑话所说，傻少爷学字，学了一、二、三之后就以为已经学会了文字一样。以后，主张汉字拉丁化的先生们又由此而进一步提出以文盲率来证明汉字的难学难认。但是，现代完备的社会统计资料证明文盲率的高低根本不能表明汉字难学难认。于是，文改先生们只好在许多场所反复重复一句梦呓："汉字难学难认已成定论！"那么什么时候成了定论？又由什么人做出了定论？在他们都是可以不加说明的。正像他们现在动不动就扣人以"复古"的大帽子，和声嘶力竭地要以"法"来维护他们的错误主张和做法一样。其实文字就整体来说，尤其对本民族来说无所谓难易。因为，英文对英国人来说，并没有另外一种英文可资比较，同样中文对中国人来说，也没有另外一种可资比较的中文来证明方块字难。即使退一步说汉字和拼音文字有个比较，那么根据汉字和拼音文字产生的根源，方块字直接来源于思维，而拼音字却直接来源于语言，即间接来源于思维，因此，在辨认过程上方块汉字就比拼音字要简捷得多，拼音字要先返回到语言，再由语言返回到思维。如果有人不信，那么请读读文改先生办的《汉语拼音小报》，就会产生这种间接识字的感觉。这就是为什么阅读汉字可以"一目十行"，而拼音字就未必有这种可能的原因。其实汉字"好学好用"是 1984 年就由华东师大曾性初教授做出了科学的论证的。只是文改先生偏组织文章围攻人家,闭目塞听不听忠言,不看客观现实而已,而已!

普通话应该推广,方言和方音却根本不可能取消

推广普通话,这是宪法规定了的,应该推广。但是,如果像文改先生们所梦想的那样,以为可以达到最终以普通话取代全国七八种方言,数不清的地域方音,以便为实行一种拼音文字奠定基础,这也是违背客观事物规律难以实现的。因为,语言的变异是不以人们意志为转移的。中国俗话说"十里不同音"。乡音和方音的变化和歧异是什么人也无法扼止的。从而进一步可以推论,如果真有一种拼音汉字出现,那么随着乡音方音的差别而引起的拼写歧变将难以禁止。汉字终于能避免这种混乱,不能不说是汉字这种表意符号文字的优越性所在。

推广普通话,既然不是为给建立一种统一的拼音文字做基础,那么,允许方言和方音与普通话并存,就是合理的。这也就是说,中国人既能听懂普通话又能继续说自己的方言或带有方音的语言,这是合乎社会客观实际的一种设想和要求。从社会学的观点说,方言和方音是一种十分重要的社会心理因素。它和热爱家乡、热爱祖国的情感与理念紧密相连。同时,人们的乡音母语往往是非常难于改变的,对于某些"n""l"不分的方音,要使其分辨清楚几乎是不可能的了。不过由此,可以了解文改先生们推广普通话的目的何在,他们的做法是如何的极端,如何的强人所难,如何违背社会常规!而他们自己又有几人能说不带方音方言的普通话?

文字改革可以休矣

倡导文字改革已有一百年历史，推行汉字拉丁化的实验也有半个世纪，紧锣密鼓地搞汉字改革也有三四十年。然而，除了《汉语拼音方案》是较为成功以外，其他的设想和努力，都不成功或有待存疑，甚至是一种错误的文化破坏。这恐怕就是政府终于取消文字改革委员会而代之以文字工作委员会的重要原因。这一决定就如恢复社会学一样，都是十分正确的。

社会学的基本原理认为：语言是人类社会得以存在的基本条件之一。如果没有语言这种表达思维，进行社会交往的工具，人类就不能结成为社会。有声语言是社会存在的前提。可是，如果我们不像语言学家那样把语言和文字混为一谈，那么我们还会进一步发现，语言维系的是一个小社会，是一个没有历史的短期社会。而只有有了文字，才能维系一个大社会和一个有历史的久远社会。这是当今世界上成千上万个民族社会所反映的客观现实。因此，我们是不是可以得出这样的推论，假如一旦中国汉字拉丁化得以实行，那么，中国这个社会就将从一个包括海内外华人的大社会变成一个只有大陆华人的小社会，甚至会缩小到只限于会说普通话的社会；中国这个历史悠久的社会也就会缩短为只有拉丁化新汉字历史的短期社会！同时，原来的知识分子一律将变为文盲，原来用方块字书写的文献将全部变为废纸，原来的历史、书籍都将用新文字加以重印！这是一幅何等悲惨的景象！真是"一片白茫茫大地真干净"！它比之红卫兵的抄没和焚烧还要彻底，还要干净！我这里毫不耸人听闻。只看汉字简化的初步结果，不就是把海内外的华人大社会变为只有大陆小社会了吗？不就是把连五十年代的繁体字文献文化也加以割断了吗？不正在考虑用简化字重印古籍文献了吗？不是现在的年轻人已经难于辨认繁体字资料了吗? 须知这还只是实行了汉字的简化,而现行的两批简化字大部分都是过去人已有的手写的简笔字。据说是还要简下去呢! 一直要简到什么地步? 要简到现在的非文盲都变成文盲才为止吗?

我还记得 80 年代初,文字改革工作委员会更名的前夕,曾经提倡过文字改革而又比较明智的倪海曙先生曾慨叹过,"人们的习惯势力太强",以致使文字改革难于推行。其实,倪先生对客观现象虽然有所认识,但他总结的原因却并不准确。这不能不说是受到多年极"左"思潮那种思辨方法的影响。它就是凡遇行不通的事,绝不查诸己,而硬要诿之于客观,求之于他人,自己则是百分之百的正确,并且还要诉之于种种强制手段去推行错误的东西。现在,文改先生们的所作所为可说是变本加厉地推行这种做法。远的如围攻曾性初先生的《汉字好学好用论》,近的如阻止电视片《神奇的汉字》的发行放映和围攻袁晓园先生的科学建议"识繁写简"等等。总之,只能任文改先生们去破坏中国的文字,破坏中国的文化,而他们却是老虎屁股摸不得,不要说触犯,就是意见不同也会遭到污泥浊水当头泼来。现在,实在是到了重新检讨文改做法的时候了。至少文改的一些错误理论与设想可以休矣! 不能再使我国的文字和文化受到破坏了。

至于说到仁人志士对文改过去所做的努力,那么,成功是一种成就,失败也是一种教训。在历史上,科学发展上,失败的次数总要比成功多得多。失败教训一样是对社会发展的一份贡献,我们不能因为是鲁迅、吴玉章提倡过的,错了也不去改正,否则还叫什么马克思主义者呢!

附：本文作者给本刊编辑部的来信：

《汉字文化》编辑部：

编辑们好！

我是一个退休的社会学者。

我曾是《中国大百科全书·社会学卷》分支学科副主编之一，《语言社会学》词条即为我所撰写。我又是大型《英汉辞海》的执行编委。因此，语言与文字问题一直是我注意与关切的领域。近读《汉字文化》第二期有关文章，对文改先生们所作所为实在是忍无可忍，故写此文。现寄上，请审阅。

此颂

编安

毕可生　启

九二年七月一日

（《汉字文化》1993 年第 2 期）

汉字应否改革
——文字改革的社会学考察

（摘自《汉字文化》第 18 期毕可生文）

文字不是记录语言的书写符号　语言和文字都是人表达思维的工具和交流信息的符号。文字并不从属于语言，而是与语言平行从属于人的思维和社会信息的互动。语言取其便捷，而文字则求其久远。一种文字越是能摆脱语言局限，直接与思维沟通，它就越能发挥文字的历时性与共时性的社会效应，从社会功能上说它也越先进越成熟。汉字就是当今世界独一无二的这样一种文字。

拼音文字不是全世界文字发展的共同方向与摆脱了语音约束的直接表达思维的符号或表意文字相比，拼音文字是一种从属于语言的、二手的思维表达工具，甚至可说是一种半路的、不成熟的人类文明。而汉字则是目前人类所能达到的最好的符号化表意文字。

文字是文化的基础　一种文字的历时效应越长，它所涵载的文化内容越丰富。学习汉字是打开中华民族文化宝库的金钥匙，是掌握和运用这种文化的唯一不可或缺的工具。

文字改革对全民族文化的发展不是促进而是促退　一个民族的文字如果改来改去，将无法积累丰厚的文化基础。瑞典的高本汉先生说："中国人抛弃汉字之日，就是他们放弃自己的文化基础之时，汉字拼音化如果实行，结果首先将是民族文化水平的倒退！"

文字的发展趋势不是简化　推行手写简化字破坏了文字的一贯

传承性,割断了历史和文化。使得现代中国人在文化上孤陋寡闻。

汉字难学难认远非定论　文字对本民族来说无所谓难易。在辨认过程上方块汉字比拼音文字要简捷得多,因拼音文字要先返回到语言,再由语言返回到思维,而汉字则直接来源于思维。

普通话应该推广,方言和方音却根本不可能取消语言的变异是不以人们意志为转移的。中国人既能听懂普通话又能说自己的方言,是合乎客观实际的设想和要求,而且方言和方音又是和爱国爱乡的情感与理念紧密相连。

(《上海教育科研》1994 年第 8 期)

商榷的商榷

——也与吴世富先生商榷

1994 年的《汉字文化》第 1 期发表了杜常善先生关于提倡继承文言文活的部分，提高现代人语文表达力的文章。杜先生的建议在我看来是颇为切中时弊的一家之言。尤其在高中阶段，增加语文课中的古典文学作品的分量，是大有益于语文科发展的一项改革。我记得1958 年以前一个时期的高中语文课本完全是按照文学史发展脉络，由古到今进行选文。这一做法是十分可取的，可惜此后，极"左"思潮越来越盛，多少年都难以恢复从前的好做法。杜先生的文章恰好道出了我很久的认识与愿望。

到了《汉字文化》第 3 期却又看到了吴世富先生与杜先生商榷的文章。读了吴世富先生的文章，反倒觉得颇有些值得商榷的地方，也特提出来讨论，并就正于方家。

在杜先生原来的文章中明明白白提到的是全面继承文言"活"的部分（引号是为了提请吴先生注意为笔者所加）。其实，这也不太难理解。例如，今天常用的近万个成语中，大约百分之九十五以上都是来自文言文。此外，尚有更多的不常用的成语也几乎完全是来自文言。例如在吴先生的大作中，信手拈来的两个文言成语："开宗明义"和"苍白无力"就是一字不改地全面继承了"活"的文言词汇的绝好例证。所以提倡多读一些古文，以便在我们的白话文体中灵活自如地运用这些"活"的文言，以增加今日文章的表现力，又有什么不好？但是，杜文中的这一基本命题到了吴先生的文章评述中却被无故删掉了一个"活"字，于是杜先生就成了提倡"全面继承文言文"的罪人。从而大受振振有词的批判。对于这种断章取义，篡改别人原意，然后锻炼人罪的大手笔，对我们这把年纪的人是太不陌生了。而且，"文革"以后对于像姚氏文元和梁效的大作也都没有采取一火焚之的"革命"方法，年轻人会很容易地找到实物参考的。

吴先生的文章中义正词严地说："辩证唯物主义历来的观点都是扬弃，而不是抛弃。……还是让事实来说话吧！"那么，还是让事实来说话吧！照我的浅见看来原先杜先生的文章中所提的全面继承文言文"活"的部分，正是一种对文言文的扬弃，也就是说既有继承也有舍弃。继承其"活"的部分，而舍弃其古奥的部分。但是，到了吴先生文章中提倡的对于文言文的态度所举的实例，却是"1926年苏、浙、皖三省师范学校附属小学"焚毁小学文言文教科书的行动和那篇文、理不通的宣言。其实吴先生尊崇的对于传统文化的这种"扬弃"，完全不必远溯到20年代一所横跨三省（？）的小学里去寻找，60年代末红卫兵对于传统文化书籍和遗产的焚烧和毁坏无论是规模还是彻底性都比这所小学的成就要巨大得多，就连那些宣言和口号都比那所小学的宣言要"雄壮"得多！不过，这并不是扬弃而是砸烂！所以，辩证唯物主义还主张："不光要听他说什么，还要看他的行动上提倡什么，反对什么。"

吴先生文章中还有两句质问杜文的话。问得语调铿锵、理直气壮。文曰："我们的培养目标是什么？是'面向现代化，面向世界，面向未来'，还是'面向古人，面向死人，面向生僻'？"这里如果吴先生说的是现代科技人才的培养方向，我是不敢有什么意见的。但从吴先生的下文看却又专指中小学的语言和文字教学而言。这叫我也"倒疑惑了"。90年代初曾有一个口号，叫作"语文现代化"，我想来想去不知何所指。是指汉字的电脑输入吗？那么，今天以千年不变的汉字字形为基础的电脑输入法，其输入速度之快，是当今世界上任何一种拼音文字望尘莫及的。而且，可以预言，只要拼音文字不改变，那么，千百年后这种局面仍然不会改变（虽然，有位曾经力主汉字拉丁化的老先生在他最近的什么文字学大纲里，仍然咕咕噜噜地说，汉字的电脑输入要记 130 个部首啦等等，但是他不知道拼音文字的输入也要有一个熟练指法和键盘的相当长过程，两者的难度相差并非很大）。是指在语言和文字中加入一些新词汇？如：侃、大腕、模拟、博奕、混沌、主体……但这些字和词却是古已有之，不过随现实生活和知识的发展赋予新义而已。那么，什么又是面向世界？是在汉语和汉字中加一些外来语，像日本那样将来也要出一本外来语字典？例如：因士披里顿、支那、爱摸狗因吐白的（I AM GOING TO BED）、吐痰也是杀头的（TODAY IS SATURDAY）等等，还是中国人都改学世界语？而面向未来的语言和文字教育就更有点令人高深莫测。未来的语言和文字是不是模糊语言和宇宙语？但前者只是一种原有语言的新分类，而后者不过是张香玉的独家功夫。所以有些豪言壮语说起来容易，做起来却让人如坠五里雾中。

中国的文字是这样一种神奇的文字，它历时千年而不变。在它向近代的发展中只有创新却并不改旧，用它撰写的文章虽有文言与白话（或称语体）之分，但后者于前者却是血肉相关有着千丝万缕的联系，完全是舶来品的"语言学"彻底弄错了语言和文字的关系。它的那个狭隘而肤浅的关于语言和文字的基本定义——文字是语言的书写符号，就像地心说的托勒密体系一样地维护着一个错误的假说。许多人从这一点出发否定了汉字的优越性和先进性；许多人也是从这一点出发弄错了文章和说话（洋的语言学称之为言语）的关系。吴先生的文章中就说"儿童的言语能力在 12 岁以前容易得到发展，过此言语发展的最佳期,以后培养也较难。……错过中小学生言语发展的最佳期,实在是一种严重的失误"。那么,按吴先生的这种意见是不是就可以把中学的语文课取消,而代之以更"面向世界、面向未来"的什么文化课?因为吴先生说得清楚,12岁"过此……以后培养也较难"。那么,过此教授中国语文还有什么意义?然而,我认为"语文"就是指语言和文字,通过学习中华文化学习运用语言和文字的能力,并非学习语文只是学习说话,更重要的还是学习运用文字的能力。被吴先生倍加推崇的新加坡华语辩论赛究竟如何?仁者见仁、智者见智。但是,我看那位帮着捧回冠军的女士,自从当了主持人以后,除了经常歪着头发愣外,其语言的风趣、思路的敏捷比之她前后左右的主持人无不相形见绌。所以与思维能力密切相关的不光是言语(说话),更重要的还有文字的运用能力。王婆骂鸡、姑妇勃豀尽管滔滔不绝,却不能缀句成篇,这不光是因为她们不会写字,而是因为文字不是语言(有声言语)的书写符号,文章也并不就是写话。虽然它们都是思维的表达工具和社会互动的符号。但为文主要依靠文化的熏陶,而说话则首先来自生活的锻炼。文字和语言、文章和说话它们都是人的思维的表达工具,它们在思维上统一,却在方式、作用、性质上有别。语文、语文,怎么能说重点只在教语言(说话)而忽略为文写作呢?

　　文、白之争已经是陈年旧账,但是当时并没有顾及说清的事,后来的人却在实际的实践之后和冷静的反思中提出来了。这就是杜先生文章中所摘引的张翼健的话"古今汉语(此处实应为'文')一脉相承,血肉难分"。这其中一个重要原因是汉字传承一贯的不变性。古今的白话文作者和提倡者如:兰陵笑笑生、曹雪芹自不待言,就是胡适、陈独秀、鲁迅的文言文功底也都很深厚,只看鲁迅先生为曹靖华父亲所撰的教泽碑文便可知一斑。即使使用拼音文字的民族,说话和写文也不是一回事。丘吉尔的回忆录中就说到他在哈罗公学中没有花时间去学拉丁文和希腊文，而是跟他后来感恩不尽的索麦维尔先生学英文习作课,从而使他一生获益匪浅。就是当代诸多散文大家,也无不深受中国古典文言的恩泽。更何况中国几千年的传统文化绝大部分都积淀于古典文言之中,它正是爱国主义教育的重要内容,不知古焉能知今,怎么能说这是"面向古人,面向死人"? 提倡全面继承文言"活"的部分(在吴先生的文章中在这里是把杜文中这个"活"字删了)的说服力也就在此!

(《汉字文化》1994 年第 4 期)

汉字发展规律社会学考辨

——兼答聂鸿音先生

两年多以前,《汉字文化》1993 年第 2 期上发表了拙文《汉字的社会学研究》,当年《语文建设》第 10 期上就发表了聂鸿音先生与我论辩题名为《评"文字的发展趋势不是简化"》的文章。去年,12 月《东方文化》总第 5 期,又发表了江枫先生的题名为《文字改革不妨暂停》的长文,针对我与聂先生两人的不同意见进行了深刻的分析和评论。而且,值得一提的是:北京的《文摘报》在"学术版"先后摘发了我们的文章,并加了编者按语,以期引起注意。江枫先生在他的文章中指出:"他们争论的却并不是一个专家圈内的纯学术问题,而是全体中国人民及其子孙后代文化生活命运攸关的现实大事。"《文摘报》的重视,江枫先生的评价,不能不使我感到惶恐和肩上的沉重。所以,两年来,我一方面补充自己的语文知识,一方面也做了点力所能及的小小的研究。因此,才拖到今天来回答聂先生的问题和对聂先生的一些观点提出商榷。不过,争鸣毕竟有助于问题的深化,聂先生的质询促我做多角度的探索,江先生的宏博给我以很多启迪。但是,我也不无遗憾地发现我将要触及的,并不只是聂先生一人,但这又有什么办法呢?只好先行谢罪了。

聂先生既然曾把拙文的题目改成"文字的发展趋势不是简化",也就不妨从这里谈起吧!

小篆隶变的"以趣约易"不做"笔画简化"解

拙文中曾举《说文解字·叙》中的话,以证明文字不起源于作为"语言的书写符号"。于是聂先生趁机说:"不知毕先生注意到没有,就在这段话以下不远,许慎说了这样的话:"'……初有隶书,以趣约易,而古文从此绝矣。'是不是毕先生认为从大篆到小篆,从小篆到隶书的变革也不代表汉字的发展趋势呢?如果真是这样,我希望在不久的将来能看到毕先生对此的论证。""不久"被拖了两年,时间是长了点。从大篆到小篆到隶书的变化也代表汉字的发展趋势之一,这些我与聂先生都是一致的。可是,这个趋势是什么?我却与聂先生大相径庭。我的结论是聂先生早就知道的,"不是简化"是繁化!那么"以趣约易"又做何解? 对此我的"论证"如下:

第一,从行文上说,许慎这里概括的是隶变的具体情况,所以,如果隶变字的笔画有增有减,那么许慎只说一种现象,而不提另一种现象,这种文章就叫不通!所以,从行文上说,许慎这里的"约易"二字显然不指笔画的增减。

第二,如果"约易",指的是笔画的简化,那么按聂先生的也包括

许多文改先生的结论,汉字的发展趋势只是笔画的简化①,那么从甲骨文到大篆,由大篆到小篆也都该是"约易"那么一下子了? 但是,为什么从甲骨文到小篆的简化不叫"古文由此绝矣"(当然,甲骨文许慎当时还未见到),从大篆到小篆的简化也不叫"古文由此绝矣",偏偏隶变的简化被叫作"古文由此绝矣"? 显然"约易"当另有所指,而且,指的是与以前的文字变化完全不同的一种变化。因此"约易"二字不做笔画的增减解,这又是我的第二个"论证"。

第三,也许是社会学者的职业病,总要搞个抽样调查才放心,虽曾被斥为"庸俗唯物论"也九死而不悔。所以就选用《中国书法大字典》里的字来做样本。我之选用这本书,首先是它太普及了,不是什么孤本秘籍,读者随便就可以找来核查,由不得我信口雌黄的。其次,它既收有《说文》的小篆,又收有(清)顾蔼吉的《隶辨》中隶字和(清)吴大澂的《说文古籀补》中的古籀(大篆),所以,进行比较研究起来是很方便的。还有,合格样本(即字典中可用的每种字体的字数)数和总体(现存的各该种字体总数)之比很高,即抽样率很高,有足够的代表性,当然也就有充分的根据可以说明问题了。那么,就先谈小篆隶变

---

① 早在周有光先生的《汉字改革概论》(文字改革出版社,1961 年修订本)中他就说:"文化符号发展的一般规律主要是简化。"(2 页)又说:"在历史上,汉字每当传习扩大,应用频繁,就发生简化。隶书的产生就是如此。"(11 页)

蒋善珠《汉字学》(上海教育出版社,1987 年版)汉字的简化史则说得更肯定。他说:"在汉字学史上,不论什么时候,简化总是占优势的。汉字的繁化现象,只是极少数的例外,不但是局部的,而且是暂时的。"(185 页)又说:"简化是和一种文字的演变相始终的。汉字的金甲文、古籀和小篆的笔画繁多,结构重叠的字如:……字到了真书出现笔画都变少了(此处的实例从略——引者)。这是汉字简化的实证。……简化不但决定了文字的演变,并且决定了文字改进的途径;文字形体如没有简化这个主要方向是无法改进的。"(184—185 页)

的调查结果①：

在该字典中可用为样本的共 3657 字，占全书首字的 83%。其中，小篆隶变后增笔的共 2671 字，占有效样本总数的 73%；减笔画的共 426 字，占 12%；笔画不增不减的占 15%。

结果如此，从小篆到隶书的发展，作为一种趋势来说，起码不能说是笔画的"简化"的！

第四，《说文》是许慎用隶字编的小篆字典②，所以他对这两种字体必定非常熟悉。如果他说的"约易"就是笔画的"简化"岂非是在瞪着眼睛说瞎话？所以，"约易"不应做"简化"解，其义甚明。而且，"约易"并非成词，应各有所指，此处的"约"指规范划一，"易"则指书写容易便捷。具体说来，则是一改古文与篆书的图画式的、圆曲纷乱、上而又下、左而又右、逆顺倒笔、杂沓多变的笔画，而规范为：横、竖、撇、点、捺、折等六种基本笔画所组成的部首偏旁，完全改变了圆曲的笔画走势，因此，被说成"古文绝矣"，从此奠定了以后两千余年汉字的基本字形。同时，也自然形成了由上而下、由左而右的书写笔顺。例如：将一笔的圆、椭圆、方圆、长圆、扁圆，增为三笔的方框；将上曲线、下曲线增为两笔的左撇右捺；将两笔的口，增为三笔的口；将两三笔的日、曰增为四笔的日、曰；将一笔的左右下弯，增为两笔的折；将一长画弯曲，截为两三短直笔；将一两笔的蛇形弯、迷宫弯、胎儿弯和蝌蚪弯分别增为三笔的弓、厶、巳和已；将一笔的上、下、左、右开口框均增为两笔的框；将一、二、三笔的纽丝和绞丝增为三和六画的纽丝和

---

① 这里对所选用的样本的操作定义略加说明。《书法字典》共收首文提头字 4392 字。字典中引用《说文》小篆的首文字大多只有一字。但引用《隶辨》中的隶字每字却有时有数个。在此情况下，只选与《说文》小篆形体相近的字为准。

② 许慎著《说文》时，隶书已通行 300 年，因未见善本，此为估计。

绞丝;将两笔花瓣样弯曲的虫增为六笔;将三笔弯曲的木、禾增为四、五笔的木、禾,凡此种种不胜枚举,恕不一一概述,有前列统计数字为证①。笔画虽然增加了,但却好写多了。这也就是"约易"而不是"简化"的实情。此外,当然也有少数部首偏旁是减笔,如:水旁由五笔改为三点;皿旁由七笔减为五笔等,唯其数量不过十之一二,但恰恰就是这十之一二却被某些文改先生用来当作汉字简化的例证,而绝口不提十之八九的汉字繁化的总趋势。这只能说是以偏概全,任意取证了。至于聂先生是人云亦云,还是望文生义地误解"以趣约易",天晓得!

第五,对于小篆变隶书的隶变其性质如何?古人作正确阐释者大有人在。如《说文》夹注引班固的话说:"今之隶书而无点画俯仰之势。"这个无点画②俯仰之势,实在是道出了隶书易写的三昧。又如《晋书卫恒传》称:"秦既用篆,奏事繁多,篆字难成,即令隶人佐书,曰隶字,汉因之,隶书者,篆之捷也。"将篆书的圆笔曲笔与弯笔的俯仰逆顺说成"难成",而将隶书的直笔顺行用一"捷"字概括,也可说是一语中鹄。此外,如近人(清)赵翼的《陔余丛考》称:"时以篆字难成,乃用隶字,以为隶人佐书,务趋便捷,故曰隶书。"也不将隶变的"以取约易"理解为笔画的"简化",可见误解古文和别有用心者远不像今天这样多的。不知聂先生和大讲汉字发展趋势"就是简化"的先生们对此有何论驳?

大篆被"省改"为小篆其总体变化也不是"简化"

大篆被"省改"为小篆,现在已经成为汉字"简化"趋势铁定的例

①为避免排字工人的麻烦,对篆、隶书的笔画、部首、偏旁的举例,不列实形,只用文字描述,篆书笔画的名称也是我杜撰的,希不致引起误解。
②点画即笔画结构。(见《辞海》3582页)

证。尤其因为许慎在《说文》中说得十分清楚：秦初并天下，六国文字异形，李斯奏罢其不与秦文合者，于是李斯作仓颉篇、赵高作爰历篇、胡母敬作博学篇皆取史籀大篆或颇省改所谓小篆是也。一个"或颇省改"就成了盖棺论定。

但是，我认为这个定论还有很大的商榷余地。原因是清末民初的小学家之间，曾引起过一场论争。这场争论主要虽是谈论古文籀文和大篆是一是二，但其实质却是古文籀文较小篆为"简"引起的人们的疑惑。原来《说文》附古籀重文1100余字，其中一个明显的现象是小篆比古籀文笔画简省的少而增繁的反多。殆金石文实有之字日众，这一情况又更为清楚。但可惜的是，竟无人考虑"或颇省改"四字既可能指笔画的简化，还更可能另有所指。最后，罗振玉在《殷虚书契考释》中说"古人文字本有繁简二体"，接着王国维又在其《汉代古文考》中做出了令当时小学家们普遍认同的结论。他说："秦之小篆本出大篆，六艺之书行于齐鲁爰及赵魏，而未尝流及于秦。其书皆以东方文字书之……而秦人所罢之文皆此种文字，是六国文字即古文也，观秦书八体有大篆无古文……凡东土之书用古文不用大篆籀文，是可识矣。是古文籀文者，乃战国时东西二土，文字之异名。"当代文字学家郭绍虞先生在赞赏了王国维先生的创见之后，进一步阐释说："……盖后人既称简体为古文，遂名繁体为籀文耳。东土行简体，秦域行繁体，此所以秦于兼并六国之后，遂有文字异形之感，而不得不罢其不与秦文合者矣"。[1]这也就是说小篆是在秦籀繁体上"颇多省改"而成。（小篆既已替改去秦籀大篆，则秦籀大篆是简是繁，也就"死无对证"了。）现在所见许多古文所以比小篆为简，原来是由于它们是东土本来所行的简

---

　　[1]以上罗振玉、王国维诸人引文及郭绍虞先生引文均见郭绍虞《照隅室语言文字论集》中《晚周古籀申王静安先生说》一文。

体古籀之故。郭先生因此总结说:"综上所言,然后知许书(指《说文》)之古籀为晚周之古籀,而古籀之异即在于体之繁简……"这些卓越的见解虽然解决了古文籀文大篆是一是二之争,但是,我认为它并未解决文字发展的趋势问题。因为:

第一,东土行简体,西土行繁体,并没有说明文字发展的趋势是简化是繁化(当然,这并不是小学家们原本讨论与论辩的目的)。

第二,郭绍虞先生在《晚周古籀申王静安先生说》一文中说得好:"……周宣王时,太史病简体之易于混淆也,遂辑录繁体,定为《史籀》一篇以作准的……"郭先生在这里虽讲出了文字繁化的一个重要原因,可是如果说用繁用简只是任意选择,这也难令人释疑。

第三,史籀大篆虽被改并入小篆,但当时秦籀必在金石文中留有实字,所以不妨也做一实地考察,何况古籀较小篆为简是一些小学家已有的疑虑,只是碍于"或颇省改"的定论,只好另找解释理由。所以,我也用《中国书法大字典》中的《说文古籀补》之古籀文字与所收之小篆作一比较。比较的结果是:共用《大字典》中可用之古籀 808 字,与相应的小篆相比,其中小篆较古籀增笔的共 488 字,占 61%,为减笔的 72 字,占 8.9%,不增不减的共 248 字,占 30.1%①。

我认为这一结果还是符合古籀(大篆)改为小篆的改变的实际情况的。所以许慎才用了"颇""改"来概括这种改变,而对于小篆到隶书的改变却用了"古文由此绝"来界定其改变的巨大。那么,许慎的"或颇省改"又何所指?其实"或颇省改"是就古籀到小篆改变的总体情况而言。它实际上包括了两个方面:一是字数的省减;另一方面才是指笔画的增减和字形的改变。1934 年徐文镜编《古籀汇编》之凡例中称

---

①《中文书法大字典》中所选的《说文古籀补》中的古籀文,每字大多只有一体,但也有少数有数体的,我只选用与小篆近似的一体为比较样本。

"本编说文提行字为 2445 字……古籀重文为 27772 字……"[1]这也就是说当时每个字平均可有 10 个字的异体重文，即使当时，许慎没能见到如此多的重文，但起码五六个是有的，而这些重文都在确定小篆时必须省减之列。所以许慎才说"颇多省改"，而其中的"多""省"实在是指大量异体重文之省减。其实，这种重文的省减，从《说文·叙》中"或颇省改"几个字的上文已经说过了。他说："七国……文字异形……罢其不与秦文合者……皆取史籀大篆，或颇省改所谓小篆是也。"这里明明是说罢去大量不与秦文合者之六国文字而依秦籀字形统一为小篆。小篆之形成既是"颇""省"七国异体重文，又是取秦籀为范本加以"颇""改"的共同结果。许文明明是一气呵成，不知为什么偏要在"罢其不与秦文合者"之后，读的人大喘一口气另起一段？而且，在"或颇省改"前该加逗的地方不加，结果就成了或颇省改的只是秦籀的笔画了。

自古以来汉字的发展总趋势就是由简到繁

拙文《汉字的社会学研究》曾说："……最常用，最古老的字，笔画大都不多，相反非常用字，现代字笔画就不得不多起来。这与拼音文字由单音节字向多音节字发展，其规律是一致的。"于是聂鸿音先生就反驳我说："被称为代表了美洲最古老文化的玛雅文字，字形之繁复是世界所公认的，不知毕先生是否对古玛雅人的思维进行过研究，能够证明他们的思维的'复杂深刻'远胜于现代人？"这真是牛头不对

---

①《古籀汇编》1980 年武汉市古籍书店据 1934 年商务印书馆初版本影印。凡例中尚称："说文重文为七百二字，说文所无提行之字为五百九十字，说文所无古籀重文一千二百五十二字。"均因数目不大，不改变《说文》提行字与大量古籀重文的基本情况，故从略。（作者）

马嘴,我讲的是汉字的发展,由于字数的增多笔画也随之增多,可聂先生一来就讲玛雅文字创始的复杂,请问汉字今天的繁化现状和古玛雅文是可比的吗?而且,自称是能"综合世界上各种文字的事实"的大文字学家,您知道16世纪的玛雅文是怎样的吗?它比它自己上古时的文字是繁是简?其实如果找本来就复杂的文字,何必用玛雅文吓人,中国的西夏文就够复杂的了,但这与文字发展规律的繁化完全是两回事。而且,玛雅文是拼音文字,它的发展规律是音节的增加和变化,不是笔画的繁化。逻辑学里最普通的原则是"不同类不相比",像聂先生这样"拉郎配"似地把不同类的事物拉来乱比一通,我看"违背逻辑学基本常识的论证"(聂文责我语)这个断语还是留给聂先生为好!

聂先生将我的"文字的发展趋势是繁化",斥为"古怪的命题",可是找来三个字例,恰恰证明了文字是由简变繁的发展规律。他说:"还想到了这样一个事实:《说文解字》中部首如艹、勹、囗等,已经只用几笔就能清楚明确代表思想含义了,可是人们却偏偏习惯写成草、包、围,如有人要把它们简化为艹、勹、囗一定会遭到……激烈的反对吧?"(原意如此)聂先生自己举的实例,自己却说不出原因,只好由我来解答。在《说文》的时代,这三个符号既是部首又是字,《说文》分别对它们注释说:"艹、百艹也凡艹之属皆从艹",但是,后来草之属的字越来越多,于是将艹加了声旁成为草本字,以区别于偏旁的艹;"勹、包也像人曲形有所包,凡包之属皆从勹",但后来也许是为了追求字的方正,加了意旁巳(胚胎)成为包本字以区别于部首勹;"囗,回也像周匝之形,凡囗之属皆从囗",但后来明显是为了避免混淆,将囗加了不同的旁成为回、围本字,并与口字相区别。类似的例子还很多。这也就是汉字繁化一部分发展规律。可是聂文对此先是反对,接着又对自己反对的原则举例赞成,真是一张嘴怎么用都可以的。

所谓"化"是一种变化的过程,即由"不是某"变为"是某",所谓"规律"也不应具有任意性。所以,我对聂先生的反对"繁化"却又从不变的角度赞成"繁字"以及小学家们的"东土行简,西土行繁"的古人任意性选择文体的说法都不敢苟同。那么,古代文字体系又是怎样的呢?

研究甲骨文有年的陈炜湛先生对古代文字的发展有着精辟的论述。他说:"甲骨文是正在发展变化中的一种文字体系。我们不能用形而上学的观点来看待甲骨文,而必须用发展的眼光去分析它。……就单字而论,在 273 年之中甲骨文字逐渐趋向繁复,是由简到繁,而不是由繁到简。……应当着重指出的是,甲骨文字的发展变化,是长期积累的结果,并不是一朝一夕突然发生的。我们既要承认它的阶段性,同时又得注意其渐变性。""……甲骨文中富于变化的异体字,有些是同时并存的,也有相当一部分是由于时代先后的不同而产生的……"[①]陈著并附有一干支各期发展变化字形表,极具直观性,特附于下:

干支字	庚	子	寅	辰	巳	午	未	酉
早期								
中期								
晚期								

陈先生古代文字繁化的结论是正确认识汉字发展规律极有价值的论证,它也给"东土行简,西土行繁"不是任意选定的一个可能的合理解释。这就是说,它们所以如此,是由于地域广阔,文字发展阶段差异造成的。

---

①陈炜湛:《甲骨文简论》,上海古籍出版社,1987 年,第 73—75 页。

但是,令人奇怪的是,有人竟举了"车"的例子证明古文就是由繁而简[1],是简化。那么,也只好把所有可能找到的例子(即样本)来调查一下。我选用了李圃选注的《甲骨文选注》后附"正文所收甲骨文字检索表"。调查结果是:该表共收 269 字(约占已认知的甲骨文总数的 1/5)。与今字相比今字繁化的计 214 字占 80%,简化的计 17 字占 6%,不繁不简的计 38 字占 14%。由此,可以知道原来这些"学者"的研究就是如何用少数例证去掩盖大多数的实情。学术上的假冒伪劣产品也就是这样出来的!

总括说来,汉字发展在楷书以前,是以繁化为主,每次大的文体变化与调整时,大约只有 10%的字是简化了的。至于楷书以后,至少字数的增加是与笔画的繁化成正比例发展,而不是相反,否则汉字如果一路简下来岂非只剩下一、二、三了。在楷书定型的近两千年间,行、草和手头字、简化字始终作为楷书的辅助字体而流行于世,而且,古人一直以"识繁写简"或"正繁便简"这一聪慧做法来协调"保持正体楷书传承一贯利于表现辨认"和"行草简手写方便"之间的矛盾。

汉语文"字词同一"的优越性

聂先生在反驳我的论点时说:"我们知道,作为人类社会生活发展的直接反映的,是语言中的'词'而不是写下来的'字'。"聂先生真是洋泾浜的西方语言学用得连中国的"说也不会话"了。说聂先生是

---

①见邓雪琴《关于汉字简化规范化的历史回顾与思考》,《西南民族学院学报·哲社版》1994 年第 4 期。作者说:"甲骨文和金文里的一些文字都是由简到繁,且繁简不一。比如'车'字最早就写成带车厢、车辕、车轭、车衡和车轮的繁体,后来有省掉车厢的写法,有省略车辕和衡、轭的写法,也有只写车轮部的简体。"(118 页)

"洋泾浜的西方语言学"是因为聂先生用了西方语言学的概念,却不知道按照西方语言学的基本常识来说中文是 "词符和音节文字"(见《中国大百科全书·语言文字卷》401 页)。这就是说中文除了少数联绵词中的字外,绝大部分的中国字都是"词符",中国的字和词是不分的。中国语文的基本表意单位是字也是词。而西方的文字是字母文字,字词是不同的。不屑于"只对汉字和拉丁字有一点非理性印象"(聂文批我语)的聂先生,却连索绪尔和乔姆斯基所用的基本词汇lettre,letter;vocable,word 的含义也没弄明白。说得通俗点,在这里lettre 和 letter 的中文译意应是字母,而 vocable 和 word 才是词。就中文来说,我们只有单字词和多字词之分,而没有字、词之分。所以,从中文的发展上说,我们用不着像聂先生要求的那样为近代东西找一个个单字词去表示,只用"火车""电脑"等合成多字词表示就行了。这也就是中国语文的优越性所在。

在中国文字的发展历史上,古代用偏旁部首生成的新字(亦即单字词)较多,如各种颜色的马是用马字旁分别加上因、辛、隹、俞、皇等形成新字来表示的。而到了近现代,基本上不再造新字(单字词)而用已有的字生成新的多字词了。乔姆斯基发现了人类语言的"生成性",并把这种生成性看作是人类特有的一种高能智慧(用通俗的话说,当一个人掌握了母语的一些词汇和句式后,他就会自己生成无限的新句来。这种生成性无疑会激活人的思维,促进人的创造力、理解力等。——此系我的理解,如有差误由我负责)。乔姆斯基说的西方语言的生成性是从句子开始的。可是汉语文的生成性却是从字词就开始了。如被聂先生讥为错别词的"扼止"就是我的生成词,因为,"扼止"并不是"遏止",前者是"扼杀阻止"的合义,而后者只是"用力阻止"的成词而已。其实,在聂文中这种词典上没有的生成词是很不少的,如:捧出、复杂化、真如、远胜、预置、侈谈等。这种字词的生成性是汉语文最大的优越性之一。如果从宏观上考查一下,那么这种优越性也许可以更清楚些。《中文大辞典》共收字 5 万,多字合成辞 37 万条。这些多字合成词,大体上约有 80%是由 6000 至 7000 常用字生成的成词,也就是说由六七千常用字生成的成词共有 30 万。相反,《英汉辞海》(所据原本基本上为 Webster's Third New International English Dictionary 和 The Oxford English Dictionary)共收英文词条 52 万条,其中合成词约有 4 万条,减去 1/3 后缀不同的派生词等,余下 31 万单词,如再尽最大估计减去 1 万口语中使用的词(这就是卢戆章和某些文改家所说的:字母与切法习完,基于字话一律,凡字能无师自读。)那么,剩下的 30 万个词都是知识词、学术词,技术词、专业词、外来词,就是说英语民族的人也要通过习得才能学会的。30 万单词和 30 万生成词,哪个好学?对比之下,应该是不言自明的。这也许就是唐德刚先生曾说过,他发现美国的大学生往往连《纽约时报》也看不下来的原因吧?

语言(口头语言)与文字的辩证发展关系

聂先生抓住我的"岐异"有时写成"歧异","笔画"写成"笔划",就要证明我是脑子中先想到语言声音,因而才发生这样的同音笔误(我主张"文字不是语言的书写符号"而是与口头语言同等地一样都是表达思维的符号,因此,人在写文章时是用文字来思维的)。聂先生是少见多怪了。歧、岐本来就相同(这在《现代汉语词典》里就有),画、划的繁体字也是同用的。它们都不是同音假借,而是"同"用的异体字。如果聂先生对此不清楚不妨查查字典。至于说到写文章是用文字思维,还是用语言思维,却有一个更有说服力的证明。汉语有音节 416 个,分声调后为 1295 个,可是汉字共有五六万,每个音节后的同音字平均约有 40 至 50 个。例如,JI 音节和 SHI 音节在国标一、二级字库中就分别有 105 和 67 个同音字。所以,我们写文章时,如果脑子里想的是语言声音而不是文字,岂非要写出连篇的错别同音字了吗?由此又进一步为我们揭示出一个更重要的问题。我们不禁要问,为什么汉语中要有如此多的同音字?热衷于拉丁拼音文字的文改先生们折腾了几十年最终就栽在了这上面。难道是仓颉先生在造字时预见到有此劫难,而设置了什么密码使文改先生永远不能得逞?当然,这只是笑谈。然而,这个世界上独一无二的现象不能不使我们寻找答案,解开谜底。我们知道文字起源于图画,这已是不争的事实。书写这种图画,又是出于记录和向远处传送人的思维和信息的社会需要。所以,文字从它出现的那一天起,就不是为了表达语言,而是为了满足人类思维和信息的积累与远播的社会需要而产生的。

《淮南子》称:"仓颉造字,天雨粟,鬼夜哭。"虽系神话,但按我的理解(我不同意原注的解释)它意指自此以往"天道得行,故雨粟;鬼祟难逞,故夜哭"。人类从此将进入一个文明智慧的时代!人类自己的创造发明反过来又把自己提升到一个更高得多的物种层次和社会阶段。语言的出现可能先于文字,但语言的思维与文字的思维是不同的。所谓"情动而言形,理发而文见"[1],语言的陈述快捷而尽情,文字的表达缜密而艰深。语言在没有文字的引导下的思维将很难超脱生活的园囿。而文字在文化与智慧积累基础上的思维却常常活动在一个领先的更高的层次上。汉文字是由 250 多个偏旁部首[2]"生成"的,而这些偏旁部首 95% 以上是有明确意指的。所以,当人们有了新的概念,就可以不管语音创造出新字来,何况汉字又可以无限地生成新的

---

[1] 见《文心雕龙·体性篇》。又此处的"理发"绝非剃头之意,但当年文改先生如此同音假借了一下,我也只好跟着"复古"一回。

[2] 可见《辞源》和《中文大辞典》等部首部。

多字词来。所以，从语言和文字的发展上看，语言并不永远超前于文字，而文字却往往在更高的层次上领先于语言的产生。语言与文字的发展关系就是一种这样的辩证关系。这就是从汉字同音字词很多这一现象引发出来的一个语言文字发展模式的"猜想"。如果说文字只是语言的书写符号，那么文字只能永远被动地落在了语言发展的后面。所以，西方语言学那个借以建立学科存在基础的"文字是语言的书写符号"的基本命题，实在是一个只从拼音文字出发，颠倒错误的概括。

文字的社会文化性质决定文字要发展，不要改革

今天在对汉字的优越性有了相当的认识和实践体会后，再来回顾 80 年代党中央和政府决定取消"文字改革委员会"而代之以"文字工作委员会"的决定，实在感到这一决定的十分正确与英明。

文字的社会功能本身就拒绝改革。因为，文字产生的最基本目的，就是将人类的思维、信息、经验、技术和知识等，传之久远才产生的。如果改来改去还谈什么长久和遥远？拼音文字最致命的缺点就是它不得不在地域上、时间上随语言的歧变而改变，否则它只能脱离语言成为不变的拼音表意符号。这种情况尤其当一个民族文化因使用某种文字体系而积累丰厚的时候，对这种文字体系的改革就是对这种文化的破坏！那么，汉字从甲骨文、古籀大篆、小篆、隶书、楷体真书以至行、草不都是一路地变了下来吗？其实我认为这些变化，按今天改革两字的意指说，它们只能说是发展而不是改革。

第一，从甲骨文开始以至今天的真书楷体，其造字方法仍不出古人总结的"六书"的范围。只不过古代象形、会意字多一些，后来形声字多一些。而且，最重要的是它们全体都保持了表意文字的基本特性。

第二,由偏旁部首所组成的每个字的基本结构也没有变。即使是许慎所谓"古文由此绝矣"的隶变,也只是笔画数目走势的大的改变,而不是字的基本结构的改革。例如,木、草、水、火、目、口等等部首及配搭的各种偏旁,仍然依旧,只是这些部首偏旁的写法和笔画数目走势改变了。所以,汉字才能保持四五千年的传承一贯性①。

第三,单字一旦出现,基本上就固定下来。文字的发展的一个重要特点是创新或生成新词,在一般情况下,却并不改旧。这不仅汉字如此,就是"综合世界上各种文字发展的总趋势(我对趋势一词的理解和使用与聂先生与文改先生不同,我认为趋势起码代表大多数情况,而不是大约 10% 的情况。)也是如此。

第四,就汉字的发展特点来说,汉字不在乎同音字、异体字,但最不喜欢"同音假借",早期同音假借的情况很多,表明生成新字跟不上语言发展速度的情况。但后来新派生的同音近音形声字很快代替了同音假借字的假借意,所以,在汉字的发展过程中,大量的派生的同音近音形声字,代替同音假借的现象也是汉字发展的明显的重要进步趋势之一。如:

"且"派生:租、粗、祖、组、阻、沮。

"白"派生:伯、帛、泊、粕、拍、舶。

"肖"派生:消、硝、梢、宵、逍、霄。

"交"派生:校、效、绞、郊、姣、茭。

"方"派生:彷、芳、坊、防、纺、妨。

"半"派生:伴、拌、判、袢、泮、畔。等等。这是因为同音替代有违背

---

①甲骨文的情形略有不同,因为是早期创始期的文字,所以,尚有近 2/3 的符号至今尚难认知,除了卜辞过于简要,不易从上下文猜出字义外,文字字体结构与后来的古文籀文发生大的改变也是原因之一。

表意规律的倾向。

第五,楷书出现以后,中华民族的大文化已经形成。汉字已经不只是汉民族的文字,它已经成为整个中华民族的文字和中华民族文化的基本载体。在这种情况下,汉字以"正楷便简","正繁便简","正楷便异(体)","正真便行、草"等方式,既兼容并蓄求大同存小异,又保持了汉字的传承一贯与中华民族文化的积累与发展。这也就是袁晓园先生最早概括出的"识繁写简""正繁便简"的做法。这种做法,反映了中国古人实事求是辩证处理矛盾的明智。

由以上历史上的中华民族和世界各族人民文字发展的规律可以看出,文字需要发展,但拒绝改革的这种特性。尤其是近代一些积累了丰厚文化基础和科技信息的大语种,如果不算中国汉字简化的话,那么至少世界绝大多数人口所使用的文字都没有"改革"的先例。

可是,聂先生不是在他的大文中,列举了一大堆文字改革的实例要我做出解释吗? 除了江枫先生已经讲清楚的几桩改革只是字母形态改变,并不损坏词语的原来拼写结构外,我还想补充几个事例说明文字改革的目的与后果。我这里说的都是大家容易知道的事,不是用什么古契丹文、粟特文,抄来的连自己也没见过的东西吓人的。党项族本来从唐朝就已经是中华民族的一员,唐太宗赐其先祖姓李,其服饰、语言、文字均与中原无异。但到了那个残暴荒淫、因奸子妇被儿子削掉鼻子而死的李元昊,却于 1036 年令人完全仿汉字的造字原则创造了一套笔画极其繁杂的西夏文并强迫推行,其目的无非是切断与中原文化的联系和愚弄其人民,实现其自成一国的始皇帝的梦想。到1227 年西夏灭亡后,西夏文遂成了死文字。它除了给今人了解当时西夏的历史造成很大困难外,对西夏人和中原文化的发展毫无建树可言。咸丰十年,海参崴割让给沙俄以后,汉字一直在该地通行,直到1931 年在马尔学派的思想主导下召开了拉丁化新文字会议,并决定在当地华侨中推行。结果新文字没有推行开,汉字从此在当地被清除了。这也是一次文字改革。抗战时期,日、苏张鼓峰事件之后,签订了日、苏友好条约,双方互相承认各自扶持的傀儡政权。到了雅尔达会议,英美竟背着中国政府和人民,以打垮只剩下空架子的关东军为条件,承认了"外"蒙的"独立"。于是乔巴山将老蒙文字母改为基里尔字母,据说是因为与5000公里以外的斯拉夫语有亲缘关系,并取消了汉字的流行。这又是一次文字改革。我前面说过文字本身的社会和文化性质要求发展,而拒绝改革。但是如果一定有人就是要"改"那么一下,这也是没办法的事。我不知上引几种改革的模式是否是在聂先生的理想之中。还是要回家向令郎学点历史和爱国主义再来选择?

汉字的发展与统一

语言和文字没有阶级性,它们是全民的财富,这是批判马尔学派的最可贵的收获。但是,马尔的幽灵却是阴魂难散。因为,在讨论某种理论或现象时,只要给自方挂一块革命一类的牌子,反方就得哑口无言。比如,汉字的发展是繁化是简化,这还可以通过调查来证实。可是一把这两者扯进两个不同的阶级归属,于是一般的读者立刻就不敢存疑了。据说简化字自古就在人民中间使用,而繁体字则是统治阶级的专利。而且,更为令人敬畏的结论是:"汉字就是这样在人民大众的进步力量和封建统治者的保守力量的矛盾中缓慢地向简化前进。"①

①见邓雪琴《关于汉字简化规范化的历史回顾与思考》,《西南民族学院学报·哲社版》1994年第4期。作者说:"甲骨文和金文里的一些文字都是由简到繁,且繁简不一。比如'车'字最早就写成带车厢、车辕、车轭、车衡和车轮的繁体,后来有省掉车厢的写法,有省略车辕和衡、轭的写法,也有只写车轮部的简体。"(118页)

可是，如果我们随便翻翻《淳化阁帖》或《三希堂法帖》就会发现，不但封建大官僚，甚至皇帝老倌的"帖文""笺文"写了不少当时的简化字或简化偏旁。相反，民间墓碑、牌坊、家庭的门匾、楹联、文契、合约、桃符、喜帐、挽联、祭文、商民告示、服务招贴、封套皮面等，却大都使用正体楷书。不知这些举例合不合这位研究者的胃口。而且，更妙的是这种"阶级分析方法"还被用到了国民党政府内部，1935 年南京教育部要推行简化字，但"由于戴季陶等反动官僚的坚决反对"而取消了。作者的这支笔"真逗"，只要那么一划，就"天下太平"了。省事倒是省事，可未必合于事理的真实。

近来，出口转内销在商品领域的号召力早为跳楼价、出血价所代替。唯在文字范围却时兴起来。颇有那么几篇杂文，讲到推行简化字汉字时总要拉扯上新加坡。说是连那里也实行了，所以，就应以他们为榜样如何如何。我小时只知道那里有位爱国华侨胡文虎先生，还曾经为那句常用的歇后语——万金油虎（唬）牌的，而很为胡先生不平过。这两年才领悟到，原来新加坡还是镀金圣地。卢戆章到那里当了几年洋奴小买办，尽管中文他连小学也没毕业（即没进过学）但居然可以当起纵论中文、洋文优劣的权威，学了 26 个字母就会了英文的神话就来自此公。似乎现特流行的诸事讲究"罚款"也学自那里。而推行简化字还要把以汉字为第三文字的国家作样板，这也未免有点"取法乎下"了。

我常在想，为什么像北魏、辽、金、元、清的统治者们有的有自己的文字，有的没有，但他们都没有像李元昊那样创制一种文字强制推行，也没有像近代的东西洋帝国主义者那样，在殖民地里强制推行他们的文字。反而，在长期使用汉字中，受到汉字承载的大文化的熏陶，自然地融入那个光辉灿烂的中华文化之中了。可是，在李元昊那里，利之所至，今天向这个认祖，明天又向那个称臣，要睡妻舅妻就睡妻舅妻,要睡儿媳就睡儿媳,儿子激愤下削掉了爸爸的鼻子,爸爸再把儿子和自己的发妻杀死,真是淫欲横流、人伦尽丧。考查一下敦煌石室秘籍保存的缘由,也不难想象当时,李元昊兵燹所至焚烧劫掠之惨。这也正是贾谊《过秦论》中,讲暴秦的话:"废先王之道,燔百家之言,以愚黔首"。由此,看来古今中外开明的统治者在发展本族本国的文化上,并不与人民背道而驰,只有野蛮的残暴者才要大搞愚民政策。这也就是列宁痛斥"无产阶级文化派"的原因。

西方的拼音语文,天天都在发展音节不同的新词。可是,汉文、汉语则不需要创制新字,只赋予旧字词以新意,或用旧字"生成"新的合成词就行了。如:侃大山、混沌、博弈论等。这里我又想举个例子,日本的外来语辞典约有4万多单词,全系欧、美、拉、非的音译词,这些词大部是现代科技用语,绝非只会日本字母的一般人能"无师自通"的,它们要比"烟斯披里顿"更难懂更难记。相比之下,汉字全无此种弊端。例如,"烟斯披里顿"早被改成意译的中国人易识记的"灵感"了。这又是聂先生不太爱听的"汉文字的优越性"所在。但是,这无疑会给汉文、汉语表现现代生活、科技带来极大的方便。现在,一写繁体字就被叱为"复古",还会给扣上顶"附庸风雅"的帽子。其实,误写了繁体字不过是习惯,因为我们这一辈的人或新中国成立后出生的人都经过简化字改来改去的年代,所以,有时也会弄混。另外,或是为了好看,如宝的繁体就比简化字写来好看,敝姓更是如此。既然,当初公布实行简化字时,有对书法和姓名可以繁简由人的规定,我对某些繁体字也就照此办理了。此外,有些繁简的转换也不明确,不然,聂先生怎

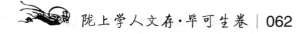

会诬指别人为"白字叔叔"①。

那么,就不要统一吗?当然不是。但是,任何统一都是在兼容并蓄,求大同存小异原则下实现的。如果排除异己,搞孤家寡人,做清一色,也就无统一可言。四五千年的汉字发展正是因为她具有这样一种"博大胸怀"才使她成为中华各族人民共有的文化基础和交流工具。如果,汉字只是一种拼音文字,它必定会排斥不是讲标准语的人的使用。欧洲文字庞杂纷纭的事实已经是众所周知的例证了。而且,更值得我们深省的是,汉字更远播于东亚各国。在它们做了适应本民族语文情况的调整后,已成为它们各自语文的一个重要的不可分割的组成部分。所以将来汉字统一必定是彼此承认现存现实的一种统一。从大陆说简化字已经推行了几十年,从繁体字说却有两千年的历史。即使大家都认可了简化字,古代留传至今的繁体字也无法改变或销毁,更何况简化字当初匆促上阵,今天大家已经发现许多弊病。而且,就电脑汉字输入来说繁体字也比简化字有优势。这样一来我认为"识繁写简",是今天可以预见得到的最可取的统一汉字的方针。这已是今天许多人的共识。只有使用汉字的中国人先实现了统一,才能将汉字推上重建亚洲汉字文化圈的日程。

---

①见其新作《就此打住》,《语文建设》1995 年第 2 期。只说"白字"的事。聂先生是常向他上小学的儿子请教的。不耻下问的精神可嘉。但是,聂先生常把该查查字典和该问儿子的事弄颠倒了,结果效果都不佳。如江枫先生将象形写成像形,聂先生就拿着请教他上小学的儿子,他儿子竟指为"白字"。可是《辞源》0256 页、《辞海》1055 页"象"二解;597 页"像"二解,均指出象、像在此可"同"。尤其"像"当动词用时。相反,像我、你、他这样的字是否是"词"?该问问他儿子是否说错了?"Letter"和"Word"这样的英文词也该问问他刚念英文的子、侄辈如何译时,他却又摆出一副专家的样子说"……作为人类社会生活发展的直接反映的……"反而倒显出了半瓶醋。

至于说生造简化字的问题，我认为并不像某些人说的那么严重，因为这些字大多只见于菜摊、果摊或小货摊上。其实，有些人的大讲生造简化字的目的，只是用它做砸烂繁体字牌匾的陪绑罢了①。中国毕竟是个 12 亿人的大国，文盲半文盲占了相当的比重，民间错别字的纠正，还要从提高文化入手。而且，首先还是放在有很大影响的大众传媒上。中央电视台和电台上的名主持人，居然把"横槊赋诗"读成"梅槊赋诗"；"夜雨剪春韭"读作"夜雨剪春菲"；"月照花林皆似霰"读作"月照花林皆似散"。其影响大概要远胜于小摊上那一两个错别字了。所以，某些人的兴师动众，也令人有醉翁之意不在酒及桃子只捡软的捏之感。而且，说句老实话，最最重要的，是生造简化字的老祖宗们不要再以各种借口乱造新的简化字了。其次，是要清除汉字拉丁化的影响。就此我也举两例，其一，汉语拼音原只作为汉字注音之用，不是文字，可是有的商业牌匾上却居然把它当文字用，如东亚××公司，其中东亚用的是汉语拼音，而××公司却用的是英文。这样的牌匾倒是真该改改，因为，它是中国人看不懂，英国人也看不明白。另一个例子，是小学儿童"拼音文字"的学习。现在的孩子被强令把汉语拼音当一种文字来学。本来普通话是要通过口耳传授的方法学习的，现在却要孩子死记硬背那艰涩的带四声拼音符号，而到头来在生活中孩子们却仍然说着他们自己的方言或方音。这样的拼音学习实在是儿童们学习上十分困难却又收效不大的沉重负担。其所以如此无非

---

①带领孩子上街查招牌，砸老匾，好像当年横扫"四旧"。这次敝人有幸也被聂先生斥为"文革"余孽了。可是聂先生"有没有搞错"，"可以休矣"可是鲁迅先生的发明，至于"污泥浊水""紧锣密鼓"等何时成了"文革"大字报语汇，却不见有任何一本辞书标明。倒是"道听途说""望文生义""捕风捉影""张冠李戴""听风是雨"等手法，尤其是"扣帽子""拉大旗作虎皮包着自己吓唬别人"可是毛泽东为"四人帮"定了性的特征，聂先生何妨对照一下自己?！

是受了汉字拉丁化的影响。

现在，日本、韩国的有识之士，已经从"汉字落后论"的噩梦中醒来，各自开始研究他们使用的汉字的划一和规范化的问题。目前，汉字的电脑输入已经解决，而且其速度达到了世界上任何拼音文字难以比拟的程度。但是如果，它能成为世界文字，其中一个需要努力发展的方面，是它本身所涵载的科技信息量和文化信息量的多少。除了汉字主要使用国家和民族的文化及科技的发展水平如何外，也要看汉字文化圈内汉字兼容与沟通的程度和合作的情形如何而定。

今天，我们对汉字的认识已经与过去大不相同了。所有这些成就应该说都是从80年代以来，延续10年的有关于汉字优越性和反对汉字落后论的专业的和非专业学者共同取得的成果。这个讨论的最明显的成就，就是把汉字从一个被文改先生辱骂和攻击得体无完肤、行将被消灭的文字体系，复原成为从理论上和实践上说都是无可争辩的一种先进的文字体系。而且，正是由于汉字没有被改成拉丁化的东西，因此，它的继续存在和发展，才得以保存并且延续了中华民族光辉而伟大的文化。一想到这一点我就无法宽容像卢戆章那样冒牌的忧国忧民者。我想我们的讨论还不能"就此打住"，并不是因为还有不同意见，没有不同意见就没有争鸣了。倒是因为我坚信通过更深入的讨论，我们一定会像过去一样进一步发掘出汉字的、汉文化的和汉字文化圈的一个更加辉煌光明的明天！

（《汉字文化》1995 年第 3 期）

走出西方语言学的误区

刘皓明先生在他的《梭之音：文的问题》一文（见《读书》1995 年第 1 期）的开头讲了几个希腊神话故事，其中着重用以引起下文的是被罗马诗人奥维德写进《变形记》，又被索福克勒斯编成悲剧的有关菲娄美拉的故事。这个故事讲的是国王奸暴了妻妹菲娄美拉，又割掉了她的舌头，把她囚禁在密林中，却告诉妻子说她的妹妹不幸病逝。菲娄美拉在囚禁中把自己受强暴的事编成图案，织成布，托人暗中交给了姐姐。菲娄美拉失去舌头后，通过梭子终于发出"声"来，所以，刘先生进一步总结说："文之于言语是次生的，是生于要向一个人声音所及范围以外的人交流之迫不得已的手段。所以说文之于言语是一种替代。"在这里刘先生还特别提出"替代"一词是来源于卢梭。刘先生对于这一惨绝人寰悲剧的西方语言学的解释，不论它是源自于亚里士多德、卢梭还是索绪尔，这种解释本身就是西方语言学的一个旷世的悲剧！因为，即使在人丧失了发声器官之后，也不能使语言学家们明白，文字并不是语言的次生物。而且，更可悲的是整个西方语言学（不是语文学）就建立在"文字是语言的书写符号"这一个错误命题的基础上。

自从亚里士多德奠定了文字和语言的这一基本关系的命题之后，西方语言学就在这一基础上发展起来。到了索绪尔因为和汉字有了一点接触，所以对这另一种完全不同的语言文字体系，除了承认他并不完全了解之外，也还说了点明白话，他说："对汉人来说，表意字和口说的词都是观念的符号。"但是，索绪尔毕竟只是西方的语言学大师,当他开始接近正确的边缘时,一涉及西方文字就又退回到原来的错误泥淖中, 竟然说出了如下的糊涂话:"我们一般只能通过文字来认识语言。……""文字虽然与内部系统无关,我们也不能不重视这种经常用来表现语言的手段;我们必须认识它的效用、缺点和危险。"(以上均见《普通语言学教程》)这真是所谓"不识庐山真面目,只缘身在此山中"。到了索绪尔以后的语言学家们,尤其是中国的某些"语言学家",就连他对汉字那一点明白也所剩无几了。

　　文字起源于图画和符号,这已是不争的事实。图画和符号自然不是表达声音,它与声音一样地直接表达一种观念、思维和信息,我想这也是至为浅显的道理。所以,文字从它产生时起就是与口说的语言源自于两种目的不同的社会需要。文字把人的观念、思维和信息传至于"声音所及范围外"的领域,亦即向远方递送和日后的未来留传。它不是一种"迫不得已"的替代手段(引号内的文辞是刘文的原句),而是由于社会生活与发展的要求! 因此,语言所使用的器官是嘴和耳;文字图画所使用的器官是眼和手,或者说语言使用的是听觉系统,文字使用的是视觉系统。它们就像两套互不从属的人脑窗口,用现在电脑的术语说就叫作"基本输出输入系统"(BIOS)。既然这两个系统所使用的器官不同,那么它们所表达的思维、观念和信息的方式、作用及性质也自会不同。刘先生文章中,吃力地用阐释黑格尔的哲学观念和他生造的艰涩词汇如"差忒""意原"等以及那佶屈聱牙的文句,迂回隐晦的理论,无非要说明"相对于面对面的交谈而言,书写或运用其他符号总是一种中介……中介意味着对本源的否定,否定了的本源从目前消失了,呈现于目前的是对那个本源的否定"(刘皓明原文)。这一段读来让人喘不过气的文字,说穿了不过在于指出:"文字表述的语言,并不一定能表达完全,甚至会造成对语言的扭曲"(刘文原句)罢了。其实这并非是文字作为语言中介工具的问题,而是两种不同的思维表达工具的差别问题！同样，绘画、音乐、雕塑以至舞蹈等，都是思维、观念和情感的表达工具，我们能说它们连同文字都是语言的表达工具吗？只有语言是天之骄子，耶和华的基督？这只是语言学家一厢情愿的说法而已。

文字和语言这两种表达思维的主要工具，就其表达方式而言是各具特色的。语言的表述快捷而尽情，文字的表达缜密而艰深，前者正所谓："吟咏之间，吐纳珠玉之声；眉睫之前，卷舒风云之色"；而后者则是"方其搦翰，气倍词前；暨乎篇成，半折心始。"这里真是道尽了语言的奥妙与为文的甘苦。但它们之间并非从属的关系，《文心雕龙》在这里的总结可谓一语中的。它说得好！"……其思理之致乎！故思理为妙。"（均见《文心雕龙·神思》）如果硬要说文字是表达语言的书写符号，那就无怪会产生刘先生文中牛头不对马嘴的例证。刘文举清朝的文字狱以为"文不达语"的例证。但是"清风不识字，何故乱翻书"中的清风的清与大清的清，读音与字形都完全一样，那么清风的清，被理解成大清的清，怎么能说只是由于对文字"阅读的悲剧"呢？即使我们退一万步昧着良心承认刘先生的例子是对的，那么文字狱中查嗣庭一案又当如何解释？"维民所止"的读音（按即语言学家所说文字表达的语言）怎么也和"雍正无头"联系不起来。除非只看这四个字不读它的音，才能说它们是"雍正无头"。其实文字狱并不是"文字陷阱"（刘文用语）的后果，而是政治阴谋的陷阱。大陆中国人对此是太清楚了，《海瑞罢官》就等于"彭德怀罢官"，《三上桃峰》就等于"三进桃村"，真不知道西方语言学家的高妙理论又能如何解释这一团乱麻似的公案。

既然语言和文字是两种不同的思维表达工具，那么它们的表达方式、风格都会有所差异，而且，各种语言之间，各种阶层语言之间，各种地域方言之间都有不同的千差万别；同样，文字也是如此。归根结底这都是源自于思维的差异。如果说语言表达思维是准确的，而文字表达思维就会有缺陷,这实在有点不通! 且看刘文所评述的雅克·德里达的高论:"文字或文即使是精心织构的,也永远是设有陷阱的,这些陷阱有作者有意设的,但更有意义的是那些作者意识之外的。因此文字作为言语的替代是一种危险的替代,那种传统的以为作品是一个有机、统一和严格自足的实体的观念是天真的,而结构主义的那种自信可以说明一篇作品中所有问题的乐观主义也是浅薄的。"诗无达诂"那句老话不仅在解释学上,而且也在结构主义意义上是依然有效的。"(不幸,留美于纽黑文的刘皓明先生,完全没有弄清雅克·德里达,他恰恰是法国反对语言中心主义的大师。他的《文字学》就可以为证。刘皓明先生不知是引自他何处的话。我们也只好将错就错,但这也太冤枉德先生了。不过这只能怪刘皓明和不明实情的《读书》编辑。其实,依我的浅见并不是"传统"和结构主义天真及浅薄,而是德里达弄不清语言和文字这两种表达方式之间的差异,更不知道表达上的差异实质上是思维或思理的差异。至于所谓"诗无达诂"首先是文体的问题而不是文字的问题,试想如果用文字写的国际条约也无"达诂"岂不是要天下大乱?! 其次像李义山的名句"沧海月明珠有泪,兰田日暖玉生烟",本身就是表达一种朦胧的思维,如果把这样的诗句改成语体,也仍然是朦胧的。这就像北岛和舒婷的一些语体诗,它们也是在表达一种朦胧的思想,在他们美丽诗句的引导下,给读者以广阔自由想象的余地。

在人类的社会生活中,语言是重要的维系纽带,也可以说没有语言的交流,人类社会也要解体。同时,人在进行语言的交流时是使用言语进行思维的。同样,文字也是人类社会重要的交流工具,没有文字的社会也难进入一个高级文明的阶段(这是马克思在《古代社会》笔记和恩格斯在《家庭、私有制和国家的起源》中都已经肯定了的说法)。同时,人在使用文字进行交流时,也是使用文字在进行思维的。

这就是《文心雕龙·丽辞》里所说的"心生文辞,运载百虑"。可是由此产生的这两者的社会效用并不相同,文字的诞生也许后于语言,但是,它并不是"产生于语言的复杂化背景之下"(刘文引卢梭语),因为,甚至它几乎和语言产生的同时,人类就会产生"记事"和向远方传递信息的需要。这种需要才是文字的起源!那么到了音响的时代,是否可以取消文字?到了多媒体的电脑时代,是否可以取消语言?因为,语言学家们说文字是记录语言的,既然有了更传真的东西,又何必要那个"中介陷阱""危险的替代""不是原本现实的痕迹"(均系刘文中对文字的评价语或引用语)呢?但是,再好的音响也无法替代文字表达思维的方式,它的广阔的视野和兼容性与传递速度都远非语言所能比拟,同时它又是一个民族文化丰厚的基础。这是民族语言所不可能代替的,更何况是它的代用品呢?而且,从语言和文字的发展看,在人类社会的早期,可能语言先于文字出现,但到了人类文明的时代,文字往往会在文化发展的一个更高的层次上先于语言出现。例如,在知识、科技、学术、哲理思维等领域,人类往往会使用类推联想等方式利用原有的文字生成新的词汇。像上述刘先生自创的词汇"差宕""和"意原"肯定是语言里没有的,而是利用已有的文字生成的。这种情形不仅汉文字如此,就是产生西方语言学的西方语文,也同样会发生文字先于语言产生的事实。不过,语言和文字虽然是两种不同的思维、信息的表达工具,但它们都在人脑的支配之下,所以它们既区别,又统一。语言的使用多受益于生活的历练;而文字的运用则产生自文化的熏陶。

一切人类传达思维的工具都应该是表意的,亦即表达一种思维、一种理念。语言、文字、绘画、音乐、雕塑等等莫不如此。而为什么只有拼音文字是表音的?这是必然还是偶然?是进步还是倒退?那就让我们来回答这个问题。我们已经知道文字起源于图画和符号,但是随着社会生活的多样化复杂化,图画已经无法完成这一艰巨的任务,于是

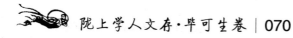

使用拼音文字的祖先找到了一个现成的捷径，就是使用拼音文字拼写语言，再通过语言表达思维。世界上的事偷懒总是没有好下场的。文字正是要弥补语言的社会功能的不足才出现的，而拼音文字拼写的是语言，也就不可避免地把语言社会功能上的缺陷毫无改变地带了进来。这种缺陷主要表现在两个方面，历时的多变和地域的多变。这两种多变恰恰与文字的基本社会功能属性，形成不可调和的矛盾。文字就是要传之永久和传之遥远。那么文字如果随着语言的发展嬗变改来改去，它能传之久远吗？它能积累丰厚的文化基础吗？同样，如果文字也随语言的地域歧异而千差万别，那么任何一种文字都会"行也不远"。阿拉伯数字和用它写成的数学公式之所以能通行全世界，其根本原因就在"它是表意的而不是表音的"。现在世界上的几个大语种的文字对于使用该语种的有各种口音和方言的人来说已经不完全是拼音的了。尤其如英文，无论是从历史的发展的稳固性和地域广袤的兼容性方面看，向符号化、定型化的这种转化都更为显著。这是英语文在其向世界语文接近的发展中，一种明智和迫不得已的转化［这也就是刘文中引述德里达（是否是德里达所说？天知道！）所说的文字对语言的"差宕""或者如某些西方的语言学家所说的文字对语言的"滞后"。］但是汉字却是在图画、符号的基础上，历经甲骨文、钟鼎文、籀文、小篆、隶书到楷书而固定下来，由难而易（如篆书的由难写的圆笔、曲笔和逆顺笔改为隶、楷易写的直笔、斜笔和顺笔）、由复而约（如假借、异体、信手字约为规范单一正体楷书，以及后来的行、草在正规场合也需遵从正体楷书）、由少而多（《说文》收字九千余，《康熙字典》收字四万九千余；词也由单字词发展为双字词、多字词）、由简而繁（如隶与篆、今与古字相比笔画的总趋势是增加了）地历经艰辛累集古人超常的智慧而发展起来，成为世界上唯一的、独特的、成熟的、最能体现文字功能的、高级的直接表达思维、观念与信息的符号表意文字。西方的语言学家只看到了他们的文字采用了拼音这种低级的、简单的方式，就以为文字只是表达语言的，并且由此建立起一套"语言"学理论，除了客观上不了解汉文字以外，只好说他们是敝帚自珍了。所以，只有表意符号字才是世界文字发展真正的共同方向！

西方的植根于错误命题的语言学，如果只是在他们拼音文字的范围内，错来错去，倒也无关宏旨。但是，当他们的这一套一旦被传到东方，就给使用汉字和部分使用汉字的民族文化带来很大的破坏。按照一些食洋不化的语言学家的说法，先进的汉字体系反而要倒退到拼音文字上去。于是汉字难学难认啦！中国文字一定要走世界拼音文字共同的道路啦！文字可以改来改去啦！文字的发展趋势是简化啦！汉字拖了中国现代化的后腿啦！等等，不一而足。但是直到他们的理论，在实践中遭到碰壁之后，他们仍然无法走出语言学的误区，因为毕竟这是一个已经自成体系，而且有着不少"大师"的庞大的误区。

一套错误的理论体系，居然能统治人们的认识多少年，在人类的历史上颇不乏先例。天文学中日心说与地心说之争就是一个很有借鉴的故事。古人从直观的认识出发，都坚持地心说。6世纪的托勒密还发明了一套复杂的理论，去解释天空中行星的那些奇怪的运动。直到十六七世纪才出现了极具生命力的日心说。哥白尼、布鲁诺和伽利略都为此付出了惨痛的代价和牺牲。他们的故事今天早已广为人知。可是，直到19世纪，天文照相术的发明，发现了恒星的视差，日心说才普遍为天文学家无可置疑地接受。其实，"汉字落后论"近十年已经不断有多方面的明智之士，对此提出了批驳。直到王永民先生的汉字五笔字型电脑输入法的发明，完全证明汉字的电脑输入为任何拼音文字所望尘莫及。以及王选院士激光照排的发明，中文印刷发生了翻天覆地的变化。对汉字优越性的认识才取得了对"汉字落后论"的一定的优势。尽管如此，文字改革和西方语言学一些错误的理论，仍然贻害无穷。我这里只想举出一例:请有儿女上小学的父母和有孙子女的爷爷奶奶,亲自尝试一下孩子们的语文作业和考试中的拼音部分吧!汉语拼音本来只是一种识字的辅助工具,可是现在却让孩子把它当一种文字和语言知识来学。说得通俗点,孩子们本来说的是带有各种方言和方音口音的普通话,却偏要他们死记硬背那些标准的普通话拼音,学习普通话本来是应该通过语言教学口耳传授方法来进行。对于北京地区以外的孩子,大体上听得懂勉强能说也就可以了。可是现在却偏要他们死记硬背那艰涩的带四声的拼音文字。但到头来在生活中孩子们仍然说着他们自己的语言。这样的拼音学可实在是儿童语文学习上十分困难却收益很小的沉重负担。其所以要这样做,其来源确是由于文字改革家们要想在使人人都说十分标准普通话的基础上,推行汉字拉丁拼音文字的结果。

如今《汉字文化》期刊上的一些学者,已经向西方的语言学发起了挑战,批判那个"文字是语言的书写符号"的语言学基本命题。其主攻方向竟然是西方的语言学大师索绪尔!作为一个界外的社会学者,我十分钦佩他们的胆识与智慧。我仿佛看到了基本理论错误,实践上矛盾百出的西方语言学,将像启明星一样在黎明的东方隐去,而在此处代之而起的"语文学"(姑且如此称之)必会如喷薄欲出的朝阳冉冉升起。这使我想起40年前我从法国的安特烈·纪德的小说里看到他引用《新约》中的一句话:"如果麦子不死,哪里来遍地金黄的麦穗。"这也许是事物发展的一种规律吧!

《读书》的发行量已经达到五位数,而海内外的读书人却足有10亿。汉字正是他们无日可以或缺的唯一工具,是否应该大家都关心一下它的前途和命运?

(《东方文化》1995年第6期)

东方明珠——汉字——异彩重光

汉字是世界上一颗璀璨辉煌的东方明珠。它作为一种文字体系，历史悠久，影响广远。但是，近一个世纪以来，汉字被信奉洋文、崇尚西方语言学，迷惑于貌似革命的马尔学派的若干人士贬损得毫无是处。几乎使明珠蒙尘、美玉玷污，稀世文明险遭灭顶！

只是到了 20 世纪 70 年代末，汉字的改革经过近 40 年具体操作，拼音化完全"栽"在了汉字本身的自然防御机制上，无法逾越方音、标声和同音字的屏障；违反文字发展规律的简化的复古返祖做法，也颇遭知识界的非议。近十年来，海内外不少有识之士更奋起批判"汉字落后论"和"汉字难学难用论"，为汉字平反作出了卓越的贡献。就个人印象所及，如美籍华裔唐德刚教授的肯定汉文字的优越性，预言汉字电脑输入的必将成功；心理学曾性初教授的全面探讨性的长文《汉字好学好用论》；袁晓园教授十年艰苦开拓，致力于为汉字平反的事业，提出"识繁写简"统一汉字的可行措施，并与语言学家徐德江先生共创独树一帜的《汉字文化》期刊和汉字国际研究会，鼓吹与弘扬汉字文化；安子介先生的长篇中英文巨著《解开汉字之谜》，在海内外具有深远的影响。尤其是他发展古人的声旁有义说，不仅改正了对"形声字"性质的错误认识，而且为文字与语言的辩证发展关系提出了有力的佐证。以上这些成就与对汉字和文字改革的新认识也得到了海内外诸多著名学者的支持，如钱伟长、巴金、赵朴初以及李约瑟博士、瑞典汉学家高本汉先生等人。到 1986 年国务院明令改变文字改革委员会的名称为文字工作委员会，表示出党和政府停止文字改革的决心。

在此期间，就个人管见，具有划时代意义的是王永民先生五笔字型汉字电脑输入法的发明，它不仅一举解决了汉字"现代化"的难题，用实践证明汉字是最适应电脑应用的一种文字。它的输入速度与单词码值之节省都远非世界上任何拼音文字所能望其项背。王选院士激光照排技术的发明，彻底改变了中文印刷的落后面貌，给中文出版业带来了翻天覆地的变化。此外，还有四通公司中文电脑打字机的推广等。所有这些事实，无可争辩地显示了汉字的优越性。只要稍具社会和科技发展常识的人，都会理解这些事件对于使用汉字或部分使用汉字的国家和民族的重大意义。尤其在电脑世纪到来的时候，汉字这颗东方明珠的异彩从此获得重光！

文字定义的正确界定

自亚里士多德以来，在西方的语言学中，文字一直被定义为"语言的书写符号"。即使是索绪尔虽然承认汉字是表意的符号，甚至说了"人们只能通过文字来认识语言"的话，但是，最终他还是不敢动摇语言对一切人类社会符号的万能的主宰地位。这样一个基本错误的定义被历代的语言学家们吹嘘得越来越神。但是，符号互动论（SYMBOLIC INTERACTIONISM）的社会学家布鲁默（H.G.BLUMER）说得好，"社会是人们之间进行符号互动的结果，人类社会最典型的特征就是符号互动"。当然，布鲁默这里所谈论的主题是社会，可是，他把人类表达思维和进行社会互动的"工具"统称之为"符号"却比语言学家们的认识大大前进了一步。因为，这样一来，语言就脱离了它那神圣宝座，而成为人类表达思维和社会互动的符号之一了。从社会发展的角度来看，语言的角色自然非常重要，社会虽然在"本质上是生产关系的总和"，但是维系这种关系的纽带却是语言，所以，语言是与人类社会共存的。"从有社会存在的时候起，就有语言存在"，语言不能离开社会，离开语言的社会也将解体。不过，语言虽然是人类社会最重要的符号系统，但却并不是唯一的。文字是人类社会另一种同样重要的符号系统。

在《古代社会》中，摩尔根说："文字的使用是文明伊始的一个最准确的标志……认真地说来，没有文字记载，就没有历史，也没有文明。"恩格斯在他的《家庭、私有制和国家的起源》一书和他在 19 世纪 80 年代末对《共产党宣言》的修订中，对此作了进一步的肯定。他甚至在《共产党宣言》的"到目前为止的一切社会历史"字样之下特加了"确切地说，这是指有文字记载的历史"一句，并且在文字之下还特别加了着重号，以强调文字对历史和人类社会文明的重要。但尽管如此，对拼音文字来说，形是次要的，它们主要是由声达意，而对于汉字来说，声也是次要的，它主要是由形达意。使用汉字的民族由东到西，由南到北，同一个汉字的读音千差万别，却不影响它的达意。拼音文字的字形和拼法五花八门，只要拼出正确的读音，也就达意了。所以，我认为文字定义的正确界定应该是："文字是人的思维和社会信息的书写符号"。这个定义既适合于汉字，也同样适合于拼音文字。至于其他的附加义，都是这一定义派生衍化的必然结果，不是定义必不可少的基本特性。

文字——人类文明的摇篮和文化的基础

文字与语言相比，它们在彼此的优缺点上互有短长。语言方便而快捷，文字则可传之久、远和积累人类智慧、传播记录经验。语言的发展迅速而多歧变，文字则要求继承一贯并能广为传播。因此，只有在有了文字之后，人类才能更有效而广泛地积累和传授自己的经验、技术和知识使社会进入一个文明的时代，并产生与过去相比飞跃一样的发展和进步。这是因为语言虽然使人类结成了社会，但是它的依赖于声音的短暂的历时性和有限范围的共时性是无法完成创建一个历史悠久、地域广袤的伟大文明社会的任务。所以，文字使用得越长久，传播得越广远，经验、技术和知识的文化积累越丰厚，社会也就越进步。这就是文字创造了文明和历史的道理！

文字是与以它为基础的文化共存的。一种文字既然诞生了一个民族和社会的文明，产生了与之相适应的民族文化，那么，这种文字也就成为这个民族文化的基础。因为这个民族的文化正是使用这种文字历经时日，把广大人民的智慧和创造积累了的。反过来这个民族的人民又是通过对这种文字学习与了解本民族的文化，并仍然是使用这种文字把本民族的文化发展和推进到一个更高的层次和水平。这个道理是不言而喻的。但是，到了语言学家那里，就被弄得颠倒混乱，反过来还要说别人是"严格逻辑意义上的"颠倒。

汉字最能体现文字的社会功能

文字的社会功能，就是要将人的思维和社会信息传之久远。文字离开了向永久传递，向远处播送，也就失去了它存在的社会意义。而语言依附于声音，所以无法实现这样的社会功用。因此，一种文字如果只是书写语言，那么它只是语言在时空上有限的延长。而且，它也就无法摆脱语言在地域上歧变的缺陷，在历史上时有更改，或受诸多社会因素影响，如外族入侵、民族迁移等，而发生变异的先天不足。所以，一种文字越是能摆脱语言的羁绊而直接反映、表述、传递人的思维和社会信息，那么，它也就越能更好地实现和完成它的社会功能。而汉字就是当今世界上唯一最能体现文字的社会功能的一种文字。

文字起源于图画，这已是包括语言学家认识在内的不争的事实！

图画自然不是表述声音的,这也是不争的事实! 那么,为什么拼音文字要表述语言?而不是表述那个语言的"内涵"?!其实,拼音文字的祖先,大都曾是表意的象形文字,只是后来才找到了拼写语言的这种方法。拼写语言只是文字造字的一种方法,它就像汉字找到了象形、指事、会意、形声的造字方法一样。可是经过亚里士多德那么一归纳,从此方法就变成了目的,文字也就成了语言的书写符号。2000多年以前亚氏看花了眼的这样一个结论从此成为西方语言学不可改易的定论。其实世界上一切文字都是表"意"的,也就是表达人的思维和社会信息的。除了汉字,像数、理、化所用的一切符号,虽被称为符号,其实也就是一种"文字",它们因为具有了文字的标准特征,才能通行古今和全世界,发挥了文字的最大社会效能。从发展和现实的观点看,世界上有影响的拼音文字也都在向"定型化"转化,尤其当这种文字形成了较大的文化积累之后,更是如此。文字应该是表意的这一点,早在刘勰的《文心雕龙》里就说得很清楚了。他在《丽辞篇》中说:"心生文辞,运载百虑",正是这个意思。

不宜在大文化的文字基础上进行改革

文字产生的最基本社会目的,就是将人类的思维、信息、经验、技术和知识等,传之久远。如果改来改去还谈什么长久和遥远?拼音文字最致命的缺点就是它不得不在地域上、时间上随语言的歧变而改变,否则它只能脱离语言成为不变的拼音表意符号。这是我在上文已说过的。此外,当一个民族文化因使用某种文字体系而积累丰厚的时候,对这种文字体系的改革就是对这种文化的破坏!

在中国的历史上,有诸多涉及文字发展与改革的事实,值得我们今天引以为戒。元朝的统治者是蒙古人。蒙古族入主中原时,他们已经有了自己的语言和文字,但是他们并没有强制推行自己的拼音文字和语言。满族人主中原时,同样也有了自己的文字和语言。但是他们也同样没有强制推行自己的文字和语言。相反,他们都在使用汉字的长期过程中放弃了自己的文字和语言或部分地放弃了自己的语言和文字,而融入中华文化的巨大洪流之中。这是因为汉字在实际上已成为中华民族共有的文字和传递思维与信息的工具,成为学习和发展中华文化的工具。从而使蒙、满民族和整个中华民族的文化都得到了发展,并在中国历史上留下了辉煌的文化业绩。与此相对照的是1036年李元昊令人仿汉字的造字法创造笔画非常繁复的西夏文字强迫人民推行。其目的不过是要割断与中原文化的联系,愚弄其人民,实现其自成一国的始皇帝的梦想。西夏文到1227年西夏灭亡后就成了死文字。到了近世只有两种文字进行了改革。一是20世纪初土耳其的基马尔(一译开莫尔)将土耳其原使用的阿拉伯字母改为罗马字母。这一改革并未改变土文的拼写结构,只是字形的改变。另一是霍尔洛·乔巴山将老蒙文改为西里尔字母。虽然这也是一种拼写结构的改变,但90年代末的蒙古政府已将其定性为卖国行为。

由此可知,创制一种文字以割断与原来大文化的联系,或在一个大文化的文字基础上进行阉割手术,或者是对形成这一大文化基础的文字进行改革,它的结果必然是破坏或阻滞这一大文化的发展。因此,中国政府在80年代坚决取消文字改革而代之以文字工作,这一做法就像恢复社会学一样明智与正确!

无限适应社会发展的需要的汉字

乔姆斯基(N·CHOMSKY 发现了人类语言的"生成性",并把这种生成性看作是人类特有的一种高能智慧。他认为:当一个人掌握了母语的一些词汇和句式后,他就会自己生成无限的新句来。安子介先生发现了汉字的类推联想功能,并认为这是人的思维的丰富想象力和逻辑推理的产物。他们的发现和认识为我们理解语言和文字如何发挥和表达人的思维提出了极有益的启示。乔姆斯基说的是语言中句子的生成性。这当然是因为乔姆斯基是西方的语言学家,他无法摆脱西方语言学那个蹩脚的"文字是语言书写符号"界定的桎梏,所以,看待语言和文字总是从语言开始。安先生指出汉字的类推联想功能,使我们看到汉字的生成合成性却是从"字"就开始了。这是因为汉文字是词符文字,基本上字词不分,汉字的这种组字构成,使汉字像给人的类推联想思维加上了翅膀,更利于生成合成新词以表述人的思想。例如:汉字是由大约 540 个部首和若干偏旁所构成。这些部首中 98% 都具有一定的意义。郑樵说:"三百三十母为形之主,八百七十子为声之主,合千二百文而成无穷文字。"这就是说汉字只用有限的偏旁部首就可以生成合成出无限的文字来。事实上,汉字正是这样由《说文》的 9000 多字,生成合成到现在的 5 万多字。

汉字的单字和多字词的发展虽是交叉进行的, 但无疑古代主要发展的是单字生成字(词),但到了近代则主要是发展多字词了。多字词也与单字的生成合成采取了同样的程序,以《中文大辞典》为例,该书收字 5 万余,但其中收合成多字词却达 37 万条。而且这些合成词有 80%以上是只用六至七千常用字合成生成的, 即由常用字合的合成词可达 30 万。相反,以英文为例,近 20 年,每年以 500 以上的新字在不断增加,其中创新、外借而造的新词占绝大部分,合成、添义而成的新词只占少数(且合成必定会大大增加其输入码值)。即以《英汉辞海》(所据原本,基本上为 Webster's New International English Dictionary 和 The Oxford English Dictionary)为例,共收英文词条 52 万条,其中合成词只有 4 万余条,减去 18 万后缀不同的派生词等,余下 31 万单词,如再尽最大估计减去 1 万口语中使用的词(这就是卢戆章和某些文改家所说的:字母与切法习完,基于字话一律,凡字能无师自读)。

那么,剩下的 30 万个词都是知识词、学术词、技术词、专业词、外来词,就是说英语民族的人也要通过习得才能学会的。英文 30 万单词和中文常用字合成生成的 30 万生成合成词,相比之下足可以看出汉字生成合成词的无比巨大的优越性!

曾经为汉字的进入现代化而担忧的好心人和以此为借口要改革汉字的人,都应该放心了吧! 因为,汉字的生成合成潜力,足以用最简便的方式应付现代化的需要而游刃有余! 这也是任何拼音文字难以比拟的!!

汉字的统一和展望

汉字是这样一种文字,它具有兼容并蓄的博大胸怀,它可以适用于各民族和讲各种千差万别语音的使用者。因此,它的统一是必然的。在历史上,它曾经统一过中华大地上的众多民族,甚至像蒙、满那样有自己语言文字一度统治过中国的民族。它的统一不是凭借武功和霸权,而是凭借它的方便易学和它所涵载的优秀的传统文化,把文明和智慧带给接纳它的人民。它不仅在中华大地上受到钟爱和崇敬,而且,以潜移默化的方式,把它的光明远播到整个东亚,从而在 20 世纪之前形成了一个延续了将近 1500 年的汉字文化圈。这个文化圈基本上包括:中华大地、日本、朝鲜半岛、越南及东亚等地。

未来的世界,集团或地域联合的社会经济共同发展,已经成为一种有目共识的趋势。那么,具有共同或相近的信息交流手段的汉字和汉字文化圈的重建与发展就是顺理成章水到渠成的事。近 20 年来,汉字文化圈内的各民族都对汉字的优越性进行了再认识,如日本已将常用汉字由原来的 1850 个增至 1945 个,同时,也发现了片假名(日译外来语)泛滥问题的危机等。韩国也在一定范围内恢复使用谚文与汉字夹用的文体。

现在首要的问题就是如何统一汉字的问题。这不仅是使用汉字各民族的问题而且也是国际社会对我们的要求。例如，联合国国际标准化组织（ISO）已经编出并通过了包括 2 万传统汉字（我认为应取消繁体这名称而代之以传统字较为合宜）与 600 个简化字（不包括类推偏旁）ISO-10646 的汉字字库软件，急待海峡两岸的认定。所以，统一首先是使用汉字的中国人之间的统一；其次是汉字文化圈内的统一。但是，历史上和世界上的任何统一，都是在兼容并蓄、取长去短、求大同存小异、尊重现实的原则下实现的。如果排除异己、唯我独尊、搞清一色，也就无统一可言。4000 年的汉字发展与传播正是因为它有一种"博大的胸怀"，才使它不仅成为中华民族各族人民共有的文化基础和交流工具，而且，远播于东亚各族，并在他们对它做了适应本民族语文情况的调整以后，已成为他们各自语言不可分割的一个组成部分。因此，在这种大环境下，应逐步使汉字取得统一。其步骤是：

首先是承认各方面既成事实，这不光说的是大陆保持现有的简化字和台湾、港、澳、海外保持现行的传统字，而且也包括日、韩的汉字及其特有的字义和少数自创字，以收兼容并蓄之效。

在文书处理现代化方面，海峡两岸则应实行一对一的文字转换原则，取消个别违背汉字发展规律的同音假借的简化字，以便于中文电脑软件的兼容转换，有利于两岸文化信息的交流。联合国既然已经编制出汉字的通用软件就应以积极的态度给予认定，以利于中文电脑软件的生产与普及，迅速改变各自为政，纷乱复杂的局面。

在文字的认知与使用上，"识传统写简化"（识繁写简）已经获得从南到北知识界广泛的认同和赞许，对此采取鸵鸟的态度是不对的。应该提出具体的措施积极予以推行，以提高全民族的文化水平。同时，在清除汉字难学难认论流毒的基础上研究推广各种新的已获成就的汉字识字法，不仅在中国范围之内，而且在亚洲汉字文化圈内推行汉字识字教育。同时,立刻停止给小学生带来沉重负担的汉语"拼音文字"教育。

汉字发展的总趋势不是简化,这不光是汉字如此,世界文字莫不如此。所以当务之急是首先停止再造违背汉字发展规律的简化字,尤其是完全改变汉字原有结构的生造字。乱改传统字才是有背文字规范化和爱国主义原则的总根源。而且,基于汉字具有无限生成新词的生命力,汉字无须再造任何新字以适应社会生活发展的需要,只根据新义以现有字组成新词,或赋予旧字或词以新义就可以了。

所以,建立一个包括亚洲使用汉字的各方、各民族,在平等协商的基础上,对汉字的发展、应用进行沟通、协调、咨询和合作的机构,是重建汉字文化圈的最为迫切的要求。可以相信,在预期的将来,在汉字文化圈内对汉字的优越性认识一致的基础上,一个汉字的大有作为的新世纪必将出现在亚洲的地平线上!

(《东方文化》1996 年第 1 期)

社会学研究的新领域:汉字社会学

内容摘要 语言和文字是一个几乎被社会学遗忘的角落,但是,语言和文字毕竟是人类社会的两种最重要的社会现象。语言维系社会的存在,文字则是文化的基础,并把人类社会带入一个文明的时代。汉字是当今世界上独一的表意文字体系,也是历史最长、最具传承一贯性、影响最为深远的古老文字体系,研究汉字文化圈是社会发展的需要。

关键词 语言 文字 表意文字体系 汉字文化圈 文字的发展与改革

一、几乎被社会学遗忘的一个重要课题

自从中国的社会学重建以来,社会学基础读物,对语言和文字这两种重要的社会现象大都略而不问（只有少数例外,如宋超英等著《社会学原理》）。就是西方的社会学原理之类的书籍,虽对语言往往辟有专章,而于文字也多不予论列。而且,社会学的刊物上也罕见与此有关的专论。是因为语言和文字只是语言学范围之内的论题吗?其实,语言学探讨的只限于语言和文字本身的一些规律与问题。至于语言、文字与社会的关系,它们的社会性质以及它们与社会发展之间的相互关联与影响,则并不多所涉及。社会学家们对此的忽视,颇令我们迷惑不解,因此,拙文也有抛砖引玉,以期引起同行关注之意。

我们并不是符号互动论(SYMBOLIC INTERACTIONISM)的信徒。

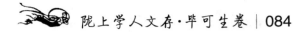

但是,对于布鲁默(H.G.BLUMER)"社会是人们之间进行符号互动的结果,人类社会最典型的特征就是符号互动,社会学家应该关心的就是社会的这个方面。"①我们是完全赞同的。社会虽然在"本质上是生产关系的总和",②但是,维系这种关系的纽带却是语言。所以,语言是与人类社会共存的。"从有社会存在的时候起,就有语言存在"。③语言不能离开社会,离开语言的社会也将解体。许多学者都对语言的产生作过各种的设想,有的认为语言源自于情绪表达的需要,有的认为来自于共同劳动的交流,也有的认为是各种共同生活层次中必不可少的互动的结果。不论是源自于哪一种人类的需要,但语言的一个最根本的共性,就是它是通过人的声听系统表达人的思维、意念和情感等。不过,语言虽然是人类社会最重要的符号系统,但却并不是唯一的。文字是人类社会的另一种符号系统,文字与语言相比,它恰巧在彼此的优缺点上与语言互有短长。语言方便而快捷,文字则可传之久远。语言的发展迅速而多歧变,文字则要求传承一贯而拒绝变革(即可创新,而对已广泛通行的字、词不再改旧)。因此,只有在有了文字之后,人类才能更有效而广泛地积累和传授自己的知识、经验,使社会进入一个文明时代,并得到与过去相比飞跃一样的发展。这是因为,语言短暂的历时性和有限范围的共时性是无法完成创建一个历史悠久、地域广阔的伟大社会文化的任务。文字是狭义文化的最重要的唯一基础,同时,它又是广义文化的不可或缺的重要工具之一。所

①转引自玛格丽特·波洛玛(Margret Paloma)《当代社会理论》,Contemporary Sociological Theory),孙立平中文译本,华夏版 200 页,及郑也夫等著《西方社会学史》267 页。

②转引自《中国大百科全书·社会学卷》,"社会"条 272 页。

③斯大林:《马克思主义与语言学问题》,人民出版社,1953 年,第 20 页。

以，语言组成了社会，而文字则把社会带进文明，产生与该社会相依存的文化。这就是语言、文字与社会的基本关系。

二、走出语言学的误区

从亚里士多德到索绪尔，一直都认为"文字只是语言的书写符号"，而且，语言学就是建立在这样一个基本命题之上。据语言学家的认识，人类社会一切互动的符号都是置于语言的统帅之下（否则为什么只称语言学呢？）。据说索绪尔的伟大创见之一，就是提出了语言（LANGUE）和言语（PAROLE）的划分。不过，在我们看来，说一句斗胆冒犯天颜的话，语言学家们是太看重语言了，他们在人类的多种互动的符号系统面前缺乏一种民主平等对待的精神，因此，索绪尔才把人类互动符号的大系统叫作"语言"，而把人类听觉符号小系统，即有声的语言叫作"言语"。语言和言语，言语和语言，这样的译名在中文中听起来真有点文字游戏的味道。不过，索绪尔究竟不愧为大师，他对于汉语文是颇说了一些中肯的明白话。他除了表示对汉字不大了解的谦虚之外，又说："对汉人来说，表意字和口说的词都是观念的符号。……两个口说的词发音相同时，就求助于书写的词……所以不致像在我们的文字里那样引起烦恼的后果……汉字表示同一观念的各种方言的书写符号都是相同的。"[1]但是，一到东方崇洋的"语言学家"那里，就连上述索绪尔的这一点明智也没有了，只会把那个勉强适用于早期西方拼音文字的语言文字关系的基本命题当作放之四海皆准的"经"往汉语文上乱套。

但是，文字毕竟不是语言的书写符号！因为，远古文字大都经过

---

[1]索绪尔：《普通语言学教程》，高名凯中译本，商务印书馆，1985年。

图画的阶段,中国还有结绳记事的传说,不论图画或是结绳,它所要表达的都是观念和思维,而不是声音。图文无须通过语言的中介去与人的思维发生联系。但是,随着社会生活的丰富多彩,图画和结绳都难于方便而快捷地表达人们繁复的思维活动和进行信息交流。于是西方人找到了拼写语言的这种简便而间接的造字方法。只有中华民族的祖先经过多少代人坚持不懈的努力,终于找到了一整套叫作"六书"的编制表意汉字的途径,使汉字成为当今世界上独一无二的表意文字。汉字的不必经过语言的中介与思维发生联系,这一点是连索绪尔都已经清楚的。同时,还因为汉语言的标准音节只有 415 个,加上四声的变化也不过 1200 多个。而汉字却有数万,所以同音字多是汉字和汉语的一大特色。如果人们在用汉字书写时,不用汉字在思考,而是用汉语在思考,岂不是不可避免地要白字连篇吗?这也就是刘勰在《文心雕龙》里所说的"心生文辞,运载百虑"的道理。其实不光是文字如此,即使是人类的其他互动符号,诸如美术、舞蹈、建筑、雕塑等,也都是直接与具体的形象联系并不经过语言的中介,就连许多大语种的拼音文字也有一种明显地脱离表音而转向表意的趋势。如:英文不查字典就难以卒读;阿文在穆斯林世界的读音因地域民族而有很大的歧异;法文之在非洲、西班牙文之在拉丁美洲的读音,也因国别、地区不尽相同等。

文字一旦摆脱语言的羁绊,就立刻显出了它的社会功能上的无比优越性。原来文字的社会功能与语言的自然属性之间具有不可调和的矛盾。声音的瞬息即逝,必然使语言在地域上产生巨大的变异。中国的俗话说"十里不同音"就说的是这种情况。同时,"乡音难改"这也是一种人的发音器官和习惯性的生理和心理现象。而在时间上,更因为社会、经济、政治和文化的诸多因素变动的影响,使同一种语言的语音在历史发展中会不断发生改变,古英语与今英语的变化就是一个典型例证。所以,如果文字只是表达语言的,那么它之随口说的词,在地域上和时间上变来变去就是必不可免的,可是这样又怎能完成把人的思维、信息传之久远,又怎能完成文化和科学技术的积累,又怎样能建立本民族雄厚的文化基础?所以,一种文字越是能摆脱语言的影响,直接与人的思维发生联系,这种文字就越能最好地完成文字的社会功能,而汉字就是世界上唯一的这样一种文字。因此,从文字的社会功能看汉字是一种最好而且是最成熟的文字体系。但是,我们必须从人类符号互动的实际出发(西方符号互动论的学者们,也未能摆脱西方语言学的困境),否定"文字是语言的书写符号"这一错误的基本命题,走出语言学的误区,才能对文字,尤其是汉字有一个正确的认识。

三、汉字的演变是发展不是改革

说汉字过去字体的变化是发展而不是改革,而且今后汉字更是要发展,而不要改革,这不是在玩弄词语,而是有以下一些理由和事实可资证明。

第一,汉字从甲骨文至楷书的长期演变中,汉字的造字原则基本上是按许慎等人提出的六书的原则进行的。文字的表意性质始终不变,而且在汉字的发展中,汉字的表意性有所加强。最明显的事实是形声字的增多和同声假借字的减少。这是因为形声字并不是拼音字,这种字首先是表意形首的类指,其次才是声意偏旁的提示(安子介先生认为声旁也是表意的)。而同音假借却是依声借用,具有单纯表音的倾向。假借字表明汉族语言发展早期,汉字不足的一种弥补办法,但后来就为大量派生形声新字所取代。形声字的增加和假借字的减少表明汉字表意特性在发展中是强化了而不是削弱了(这里要特别指明的是,一些语言学家认为形声字是音化,这实在是一种望文生义的理解,所谓音化是以音区别字义的趋势增加,形化是形区别字义的趋势增加,而形声字是以形的不同来区别字义的,所以,形声字的增加是一种形化)。

第二,汉字的发展虽历经古、篆、隶、楷、行、草等多种字体的变化,但这些变化始终主要是笔画形状的变化,即使是被许慎称为"古文由此绝矣"的隶变也只是将圆曲俯仰、顺道来回的笔画改为横、竖、撇、点、捺、折等六处直写笔画,从此奠定了汉字两千年的笔画基本形态和书写笔直顺。但这种种改变并没有改变汉字每个字的部首偏旁表意的基本结构。这就像拼音文字只改变字母的形状而没改变词的读音拼写结构是一样的。汉字基本表意结构不变的发展,使汉字成为世界上唯一历史悠久、四千年传承一贯的文字。

第三,汉字自楷书出现以后,书写的文体即以楷书为准。约定俗成地实行"正楷便行、草、俗"的做法,即在正规场合用真书楷体,在非正规场合用行、用草、用俗字则可任由人意,这就是袁晓园先生所总结概括的"正繁便简"的做法。经考历代统治者并无正式正字法令,均以历代字书韵书为准,约自唐代始有官修字书韵书出现。中国传统的这种正繁便简的做法,反映了古人辩证地实事求是地处理矛盾的聪慧。保持正规场合使用真体楷书为了文字的传承一贯,非正式场合使用行、草、俗字则为书写之便利。而且,考虑到各种社会层次的文化水平,和地域广阔的差异也不做硬性规定,可谓兼容并蓄各得其所。

第四,汉字的发展自甲骨文起至小篆隶变为止,每次文体的改变均以笔画增繁为主,文体改变后增繁的字约占百分之七十左右,简化的只有百分之十,不增不减约百分之二十①。自楷书出现后的两千年间,汉字数目日有增加,故汉字笔画相应增繁自属必然之趋势。其大

①毕可生:《汉字发展规律社会学考辨》,《汉字文化》1955年第3期。

宗则为形声字的派生繁衍。因此,汉字的这一发展规律也体现了汉字发展的一贯性。

第五,汉字也是当今世界上仅存的词符文字(少数联绵词中的字为音节文字),而且,组成字的约百分之九十以上的部首偏旁都是表意的,因此,汉字的词具有很强的生成性。汉字早期都是用部首偏旁组成新字以表现日益丰富多彩的社会生活所引起的思维和信息互动发展的需要。至近代新字创造基本停止,而代以汉字所具有的无限生成性生成新的多字词以适应现代生活与科技发展的状况。这一特性使古老的汉字无须进行任何改革就可进入未来,不需像拼音文字或音节文字用增加创造新字或音译大量外来语加以解决。特别是汉字电脑形体码的发明,使汉字电脑的输入速度与便利成为任何拼音文字所永远望尘莫及。从此一举顺利地解决了汉字书写印刷与传输的现代化、机械化的问题。为汉字在下个世纪有可能成为世界上主导通用性的文字创造了无可争辩的有利条件。

由以上诸点的论述,不难看出汉字在其长期发展中,并没有发生根本性的改革,而且以其特有的方式解决了在发展中遇到的一些矛盾。同时,正因为汉字是一种表意文字,它与拼音文字最大的区别即在于它拒绝随语音的地域改变而改变,随时间的变化而变化,因此,才能使汉字具有包容广大的兼容性和历时长久的一贯性。这一点正是最完善地体现了文字的社会功能。

四、文字的推广使用与统一将促进文化的融会与发展

文字是一个民族文化的最主要的基础,文字使用得越长久,文化的积累越丰厚,社会也就越进步。在中国的历史上,有诸多涉及文字发展与改革的事实,值得我们今天引以为戒。元朝的统治者是蒙古人,蒙古族入主中原时,他们已经有了自己的语言和文字,但是他们

并没有强制推行自己的拼音文字和语言。满族入主中原时,同样也有了自己的文字和语言,但是他们也同样没有强制推行自己的文字和语言。相反,他们都在使用汉字的长期过程中放弃了自己的文字和语言或部分地放弃了自己的语言和文字,而融入中华文化的巨大洪流之中。这是因为汉字在实际上已成为中华民族共有的文字和传递思维与信息的工具,成为学习和发展中华文化的工具。从而使蒙、满民族和整个中华民族的文化都得到了发展,并在中国历史上留下了辉煌的文化业绩。与此相映对照的是李元昊创制于 1036 年的西夏文,党项族人远在唐初已经成为中华民族的一部分,李元昊的先族即由唐太宗赐姓李。到李元昊已有四百年的历史。党项人的语言与文字已与中原无异。至李元昊即令人仿汉字的造字法创造笔画非常繁复的西夏文并强迫推行。其实李元昊并不是要发展什么党项族的文化,更不是要提高党项人民的文化水平。其目的不过是要割断与中原文化的联系,愚弄其人民,实现其自成一国的始皇帝的梦想,这正如贾谊《过秦论》中批评暴秦的话"废先王之道,燔百家之言,以愚黔首"。西夏文到 1227 年西夏灭亡后就成了死文字。它除了给今人了解当时的西夏历史造成很大困难外,对西夏人和中原文化的发展均毫无建树可言。

由此可知,创制一种文字以割断与原来大文化的联系,或在一个大文化的文字基础上进行阉割手术,或者是对形成这一大文化基础的文字进行改革,它的结果必然是破坏或阻滞这一大文化的发展。据说在历史上或近代很有一些文字改革的先例,这是中国的文改先生大肆宣扬过的。但是考查一下这些所谓改革实际上像上述西夏文的那种从根本上影响文化的改革只占世界上不超过一百种有影响文字[1]的

---

①《世界的语言·前言》,北京出版社,1990 年。

绝对少数。从历史上看文字的发展或变革它们大致可分为以下几种情况：一是，这些文字都已是死文字，在其没有形成文化积累时就已经消失，或为拼音文字曾随语音有所变化，但形成文化积累后即成为不变的拼音文字。如古代除中国以外的一些象形文字，和古代西方的几种拼音文字。其二是，这些文字的变化虽然被称为文字改革，其实只是字母书写形式的改变，并没有改变词的拼写结构和拼音文字体系本身，如土耳其在凯末耳之后把用阿拉伯文书写的土耳其文改为用拉丁字母书写的土耳其文。在此类中还应包括只对个别字母进行调整的革命后的俄文和 50 年代初的丹麦文（也可包括中国楷书以前的文体变化，已如上述）。其三是，宗主国在其殖民地或新归属的土地上革除传统文化的文字改革，如日本在占领台湾和东北后推行的日文教育和"协和语"，又如咸丰十年海参崴割让给帝俄后，到 30 年代当地行政当局假手推行拉丁新文字，清除汉文化的影响和汉字流通的文字改革等等。其四，则是革命后或"独立"后，意图建立新文化和新文字、新语言以割断与传统文化的联系，而遭到列宁痛斥的"无产阶级文化派"和受到斯大林批判的马尔学派的那种理论及受其影响而出现的文字改革。

至于过去中国和亚洲一些国家喧闹了近一个世纪的改革汉字的呼声与做法，无疑是由于或则对中西文无深知，或则崇信西方语言学，或则迷惘于马尔学派的理论等因素杂陈交互影响的产物。这种文字改革的后果必将与上述合"其三、四"所述改革的结果无异。因为，如果汉字拉丁化得以实行（实际在技术上无此可能），中国的文字体系将彻底改变，那么毁弃旧文化虽可立竿见影，而建立新文化决难一蹴而就。所以，文字改革对国家、民族的文化发展只能是促退而不是促进。因此，中国政府在 80 年代坚决取消文字改革而代之以文字工作，这一做法就像恢复社会学一样明智与正确。但是，即使如此，在文字改革思想和对中国文字发展规律错误认识指导下实行的简化字，已经给中国文化造成一定的损害：它们首先是文字发展趋势的倒退，其次是同音字归并造成的文义不明，其三是只认简化字的一代难以看懂以前（包括 50 年代）的大量文献，最后也隔断了大陆与海外广大华人社会之间的文化联系。巴金先生说得好："难道我们真要把我们光辉的、丰富的文化遗产封闭起来不让年轻人接触吗？……文字的发展总是为了更准确地表达人们的复杂思想的，绝不是为了使它变为更简单易学。"①

五、汉字的统一与文化圈的重建

约自公元前 3 世纪汉字首先传入朝鲜半岛，自上古到 15 世纪中叶，朝鲜都是直接使用汉字。以后才创造了借用汉字标记民族语言的吏读等。1444 年李氏王朝的世宗与朝鲜的学者创制了"训民正音"即今称谚文的民族拼音字，但至今韩国仍为使用韩汉夹用体文字体系的民族。日本也是使用汉字较多，时间较长的民族。汉字传入日本既可能由海上于公元前 3 世纪传入，也可能于公元初由朝鲜半岛传入。日本除了直接使用汉字以外，又"假借"大约 47 个汉字的读音记写日本语言，是为"万叶假名"，后来又进而产生脱形于汉字部首的拼写日本语言的"平假名"和"片假名"，从而也成为使用日本假名与汉字夹用体文字体系的民族。越南也是长期使用过汉字的民族。约于 10 世纪出现了借用部分汉字和参照汉字造字方法创造的越南文字"字喃"，直到 17 世纪才改用由西方传教士创制的拼音文字。同时，随着中国历代王朝的开疆拓土，汉字逐步取代了曾经有过的契丹文、女真文、西夏文，中国西南一些少数民族历史上的几种文字，以至满文等，

---

① 巴金：《随想录》。

而成为广阔的中华大地上通行的文字。此外,随着华侨的行踪,汉字也远播于海外。因此,至少在 17 世纪以前,东亚地区形成了一个以汉字为基础的地域辽阔、包容了众多民族的汉字文化圈。汉字文化圈的存在无疑对圈内各民族的文化交流、社会经济的发展产生过巨大的推动作用。

未来的世界,集团或地域联合的社会经济共同发展,已经成为一种有目共识的趋势。那么,具有共同或相近的信息交流手段——汉字的汉字文化圈的重建与发展就是顺理成章水到渠成的事。近 20 年来,汉字文化圈内的各民族都对汉字的优越性进行了再认识,如日本已将当用汉字由原来的 1850 个增至 1945 个,同时,也发现了片假名(日译外来语)泛滥的问题等。朝鲜南北双方均在不同程度上进行了汉字教学,韩国还在一定范围仍使用谚文与汉字夹用的文体。

那么,现在首要面临的就是"统一"的问题。这不仅是使用汉字民族的问题而且也是国际社会对我们的要求。例如,联合国国际标准化组织(ISO)已经编出了包括了两岸的两万传统汉字及大陆一级字库中的六百标准简化字(不包括类推偏旁)的 ISO-10646 标准的汉字软件,急待海峡两岸的认定。所以,统一首先是使用汉字的中国人之间的统一,其次才是汉字文化圈内的统一。但是,历史上和世界上的任何统一,都是在兼容并蓄、取长去短、求大同存小异、尊重现实的原则下实现的。如果排除异己,唯我独尊,搞孤家寡人,做清一色,也就无统一可言。四千年的汉字发展与传播正是它有这样一种"博大的胸怀"才使它不仅成为中华民族各族人民共有的文化基础和交流工具,而且,远播于东亚各族,并在他们对它做了适应本民族语文情况的调整以后,已成为他们各自语文不可分割的一个组成部分。就汉字的发展方面来说,发展的总趋势不是简化,这不仅是汉字如此,世界文字莫不如此。所以当务之急是首先停止再造违背汉字发展规律的简化字,尤其是完全改变汉字原有结构的生造字。乱改传统字才是有悖文字规范化和爱国主义原则的。而且,基于汉字具有无限生成新词的生命力,汉字无须再造任何新字以适应社会生活发展的需要,只根据新义以现有字组成新词,或赋予旧字或词以新义就可以了。至于新词的统一则从善为宜,如"电脑"就比"计算机"好,而"镭射"这种音译又远不如"激光"为确切。像今天我们用熟了的"社会"和"经济"和今义又是源自于明治时代的日本译名,而"ツベルクローや""エクスペンデイチエア"大约对于日本的老百姓来说要比"肺结核"和"费用"更难于记忆和了解。人名的译名则更有统一的必要,"华来沙"和"瓦文萨"却原来是同一个人。

所以,建立一个包括亚洲使用汉字的各方、各民族,在平等协商的基础上,对汉字的发展、应用,进行沟通、协调、咨询和合作的机构,是重建汉字文化圈的最为迫切的要求。可以相信,在预期的将来,在汉字文化圈内对汉字的优越性认识一致的基础上,一个汉字的光辉的大有作为的新世纪必将出现在亚洲的地平线上!

Hanzi Sociology:A Frontier in Sociological Studies

Xi Qun Bi Kesheng

Abstract Speech and writing are two of the most important social phenomen,but forgotten sociologically.Speech renders the survival of a human society possible,while Writing forms the basis of a culture.Together they bring human beings into an era of civilization.Chinese writing is one of the ideographic writing systems in the world.As one of the oldest writing systems,it has the longest history that is the most inheritable and consistent.Studying the cultural cycle of Han zi (Chinese characters)will fasten cooperations among

Asian countries and promote Asian civilization.

Key words speech writing system of ideographic writing Hanzi cultural cycle development and reformation of Chinese characters

（席群　毕可生）

（第一作者单位:兰州大学管理科学系责任编辑:晓石）

（《兰州大学学报》1996 年第 2 期）

一部具有划时代意义的法律

摘要 《中国国家通用语言文字法》是一部具有划时代意义的法律。它的颁布与实施,标志着一个世纪以来对我国历史悠久而神奇的汉字错误评价的结束,肯定规范汉字的不可动摇地位的确立,并依仗它继续发展中华文化的辉煌时代的来临。

关键词 语言文字 法律 文化

世纪之交,我国社会与文化生活中的一大事是《中国国家通用语言文字法》已经全国人大常委会通过颁布,并于今年元月起付诸实施。这部法律的颁布与实施标志着一个世纪以来,对我国历史悠久而神奇的汉字错误评价的结束;肯定规范汉字的不可动摇的地位的确立,并依仗它继续发展中华文化的辉煌时代的来临!因此,《中国国家通用语言文字法》无疑是一部具有划时代意义的法律。

社会学把语言和文字看作是社会产生与发展中最重要的两种不同的传递信息的工具或系统。它们都是人类思维的直接表达工具。马克思和恩格斯都认为:文字的使用是人类社会进入文明时代最准确的标志。从社会产生与发展的角度认识这两种不同社会信息传递系统的社会性质、作用和发展规律,是语文社会学研究的主要内容,也是社会学家应承担的重大责任。

从社会学的角度看,这部法律的划时代意义至少可以从以下三个方面去认识。第一,15年以前,我国学界曾掀起过一次研讨美国社会学家托夫勒(A.Toffler)和奈斯比特(J.Naisbitt)的《第三次浪潮》和

《大趋势》的热潮。但是，严格地说那时除了少数学者对即将到来的信息化社会有比较清醒的认识以外，我们大多数人还感觉不到信息化社会的脚步。现在情况已经大不相同了。我国大陆电脑普及率在十大城市中已经达18%。除了机关、学校、企事业单位，每年家用电脑新增销量已达186万台，笔记本电脑40万台，移动电话3680万部。互联网也有极大的发展，预计两年以后我国网民将达到6000万人。电视、电话的普及率也已达到很高的比率。这标志着我国已进入一个信息化的社会。特别是汉字的电脑输入已经取得诱人的成功，无论是输入速度和易学性方面（主要是几种形码）都已超过世界上任何拼音文字。此时颁布这部法律，规范我国的语言和文字，正是抓住了最有利的时机，而且也是信息化社会的客观现实最为迫切的要求。第二，汉语文与拼音相比本来就有许多优点。联合国早已确定中文为该组织四种通用语文之一，汉语文的地位已在世界范围内得到确认。但是，国内百年来汉字落后论却一直影响不衰。改革开放前甚至还得到巨大的政治助力。尤其是1957年以后，在语言文字学术领域只有"拉拼派"一家言的地位。敢于有不同意见者政治迫害随之而来。即使到了改革开放，国家决定改变文字改革政策已十年的1995年，也还有人试图强制推行"一语双文"，动摇汉字的规范地位。世纪之交这部法律出台，确立了规范汉字作为中国通用文字的牢固地位，结束了汉字百年冤案。这确是百年大计。第三，这部法律的颁布实施，必将改进推广普通话的现状，促进我国传统文化发展，有助于信息传递的规范，提高和改善我国语文教育，甚至影响到外文教学和对外的汉语文教学，繁荣我国的多民族、多种类的文学艺术形式，就是对我国语文学科的建设也会产生根本性改变。凡此等等，无疑会给我国社会经济和文化的发展带来不可估量的深远影响。所以《通用语言文字法》的颁布实施确实将对我国社会发展产生划时代的意义。它至少标志着喧闹了一百年的汉字落后论和拼音化理论的结束，已故爱国人士汉文字学家安子介先生预言的："二十一世纪是汉字发挥威力的时代"的实现！

关于推广普通话，这虽是早在我国宪法中就规定了的。但是当时，推广普通话却有一个隐蔽的深层的目的。它不是为了口语信息的交流，而是为实现汉字拼音化做准备。当时主张文字改革者说："要使汉语拼音成为拼音文字，首先要熟悉汉语拼音和有能说普通话的广大群众"。为实现拼音文字而学普通话和为口语交流而学普通话，是不一样的。前者必然要求百分之百准确，而后者却不强人所难，比较实事求是。这部法律对不同岗位的工作人员的普通话要求，规定了不同的标准。而且，在推广普通话的目的和做法上，也会出现差异。例如小学语文教育那时就规定"先教拼音字母，再教识字，为将来实现汉字拼音化打下基础"；让学生用死背拼音拼写的办法来学普通话，影响所及甚至学外语也要在死背单词的字母拼写之外，再死背国际音标的拼写，其结果不仅事倍功半，而且读音不准的，依然如故。虽然我国城市幼儿园的孩子们不用学汉语拼音照样能学会普通话，但是进了小学一年级却反要花 80 个课时去学汉语拼音，这岂非怪事！口语教学就是口传耳受，多听多说，这是双向口语教学法的精髓。现在教育部新的中小学语文教学大纲对汉语拼音教学进行了调整。如规定"只对汉语拼音进行抄写而不默写"的新要求。这就大大减轻了学生学习汉语拼音的额外负担。如能进一步改进，总体"省费"100—200个课时，转而用于语文课教学当不成问题。

文字是文化的载体，汉字是华夏文化载体。汉字 4000 年来，基本上传承不断。汉字的同音字很多，这本身就是对拼音化的抑制。一个成熟的文字体系的任何根本性的改革只能使现有的识字者变成文盲，而且原有的一切有重要价值的印刷品、出版物、文献与古籍都将重印；从而造成文化的断层、停滞和倒退。在这方面我们曾有过惨痛的教训。自从隋唐开始,楷书只有增新而并不改旧,才积累下汗牛充栋、浩如烟海的典籍,极大地丰富了我国的文化积累。现代汉字进入电脑和激光照排技术均已经成功,按时间单位增加的汉字文化和科技信息更是难以数计。我国语文的现代化已经取得了空前的成就。现在及时确定我国通用语言文字的规范,必将对我国文化的发展和传播产生不可估量的影响。

这部法律在规定推广普通话的同时,也规定了方言的地位,特别是规定了在戏曲、影视等艺术形式中可以使用方言。这就为我国绚丽多彩的地方戏曲、曲艺的进一步发展开辟了广阔天地。而且,也是符合广大人民群众语言使用的实际情况的。

此外,繁体字、异体字曾经是中华民族使用过的文字,而且现在也还仍有部分人继续使用。它不是汉语拼音。汉语拼音从来也不是中华民族的文字。这部法律关于繁体字和异体字的使用范围也有明确规定。这是实事求是的。

这部法律还为实现汉语文的现代化的更深远的目标,奠定了基础。在关于汉语文现代化的研讨中,有人发出:"书同文,语同音,输同码"的呼吁。这部法律的颁布与实施无疑为这种理想创造了最有利的前提。现在书同文、语同音已经有了规范。相信输同码也会在此影响下逐步实现。

在语言文字的学科建设方面,这部法律条文中一直对语言和文字只称"语文"而不以"语言"包括文字。这说明一个极具生命力的"语文学"也必将取代语言学在东方升起。正如有位学者所预言的:像地心说为日心说所代替一样,"语文学"也必将取代西方那个基本概念错误、实践中困难百出、难于自圆其说的语言学的没落趋势。

为了确保这部法律的实施,相关的学术界,应该提倡有关学术问题不同意见之间的讨论。但这不意味着"拉拼派"可以任意继续否定汉字规范地位,或假借推广普通话之名,继续把"汉语拼音"当作一种"文字"来使用和推广以增加学生或广大人民群众的负担,并扰乱汉字在发展我国文化发展和信息传播中的地位。

(《甘肃行政学院学报》2001 年第 1 期)

流水无弦

改革开放以来,学外文的多起来。一百多年以前福建人卢戆章胡说:"学会了二十六个英文字母,拼法学会,就学会了英文。"[①]这个天方夜谭再也没人相信了。不过,现在也还是有些人并不知道中文的口语和文字的好处。

我由于学习时代的不同,以英文为主,颇接触了一些不同文种的语文。尽管除了英文以外大部分都忘得差不多了,但印象还是有的。马克·吐温曾吹牛说,英文最好学,三个月学会英文,学法文要三年,而学德文要三十年。在这里马氏的话并非全无道理。因为法文的名词多了性别冠词,如椅子是阳性,桌子又是阴性,而德文又有点像俄文、日文、拉丁文,所有的名词、动词、形容词、副词又多了词尾变格。学起来真让人有昏天黑地的感觉。不过,马氏并没有学过中文。如果让我说句公道话,像他这样的比较,那么假如英文三个月学会,中文有一个月就学会了。为什么?因为中文是世界所有文种中唯一不带啰唆的附加成分的语文。例如:英文动词有十来个时态变格,这些变格还全部有被动态,而中文却全没有这些麻烦,只用相应的副词说明就行了,如:"昨天""正在""已经"和"被"等。难道听的人还会不懂吗?至于别的词的变格更是多余,比如:你给我的"我"字,不用宾格,听的人也

---

①见卢戆章所著《一目了然初阶序》。原文为"基于切音为字,则字母与切法习完,凡字能无师自通"。

决不会领会错了意思。我的英文启蒙老师是一个英国老光棍。他很严厉，还讲究体罚（打手棍），他最不能理解的就是单数第三人称现在时为什么我们学生老忘了加"S"，他以为他告诉我们了，我们就再也不错了。但是，他不懂我们没有这个习惯。所以，他一听到我们忘了加"S"，就抱起头说我们是"foolish"。久了，我们虽不敢明顶他，但私下里也议论说，你们那些变格啦、时态啦，才是大猫走大洞，小猫走小洞，费力不讨好瞎胡闹。当然，中文里的量词也是唯一的难点，但总共也就那一二十个。所以，当他说一个猪、一口马时，我们也立刻报以哄堂大笑，以示我们这些孩子唯一能对他说我们是"笨"的报复。实际上，这点麻烦与英文的麻烦相比，实在是小巫见大巫。

　　清末外语奇才辜鸿铭对比了欧洲多种语文和亚洲如日文等以后，认为世界上最好学的还是中文和汉语。但不幸的是20世纪多年，由于种种不光彩的原因，中文背了大半个世纪难学的黑锅。直到改革开放，汉字优越论才逐渐为人们所普遍接受。汉字难学吗？否！现在汉字最常用的电脑字库GB2312只有6763个汉字，港、台大五字库共13000个汉字，最新我国信息产业部出台的GB18030字库也只有27500个汉字。但必须指出，它们实际上包含着1万多生僻字、异体字、古字等，所以，一般我们只要那6763个汉字就够用了。但是，反观英文怎么样？著名的美籍华人唐德刚教授说，他到了纽约大学，才知道许多美国大学生看不通《纽约时报》，因为，一天的《纽约时报》就有5万单词，而一般美国大学生最多也就掌握3万单词①。所以，常看见美国大学生口袋里总要装一本袖珍字典。而中文在20世纪80年代对110多份报纸200万字查频的结果证明，只用了不超过4000不同

---

　　①《编译参考》第6期，1982年，第5页。

的汉字。一部《红楼梦》所用的不同汉字也不过 4200 个①。这特别是因为，古文里的许多生僻字早已为现代的双字词、多字词(多为常用字组成)所替代，从这里还可以引申出一个中文的最大优势，那就是中文的造词功能特别强，中文用常用字造出的双字词、多字词绝不下于 30 万。而且随着社会的进步和需要，还可以无限地用常用字造出各科、各业的专有和新的名词来，这种优势，可是任何一种拼音文字所望尘莫及的。因此，一个中学生认识 3500 字就可以读书看报，一个高中生认识 6000 字就可以说完全脱盲了。相反，英国的萧伯纳和荣获诺贝尔文学奖的丘吉尔面对庞大而面目各异的几十万种专业科技词汇只能说是半文盲，这绝不是抬高自己打击别人，这是事实！

据说汉语是世界上最动听的语言，这话不假，因为汉语是单音节词，共有 504 个不同的音，加上四声共有 1100 个不同的音；而英文只有 48 个元、辅音；法文更少，只有 36 个元、辅音；日文虽有 51 个字母，但除了 5 个元音以外，其余都是元辅配合的音。所以，全没有汉语的抑扬顿挫、委曲婉转、平仄相调，只能在有限的音中拼来拼去，调子永远是不变的高低腔。我听外国人说流畅的汉语听得太多了，但是却没发现几乎没有一个能脱掉他们那只有高低不变的起伏腔，就连莎翁的十四行诗，也只给我单调的感觉。所以，像后来德国的里尔克只好发展那种像是叫人猜谜一样的哲学诗。记得有一次我和老伴游无锡，在太湖边忽然看到一副小联，"青山不墨千年画，流水无弦万古琴"。那抑扬顿挫的韵律，轻巧委婉的情致，深邃的文字功力，诗情画意的感染，不由得让我们手拉手地激动得泪水夺眶而出，不能自已。更不要说唐诗宋词、六朝骈文、明清小说那些伟大的名著了，何况中国由于文字是表意的，就无形中保留了众多的方言、方音和特色不同

---

①安子介:《解开汉字之谜·卷首语》,香港瑞福出版社,1991 年。

的地方曲艺。吴侬软语轻巧而动听,尤其是那特有的入声字,在评弹里被运用得出神入化。京腔平易而亲切,关东音豪爽而仗义,中原和关中音文雅而郑重,四川音又抑扬而俏皮,凡此种种都难以尽述。我曾刻意模仿《罗马假日》里的英国贵族腔,也练过《廊桥遗梦》斯特瑞普的美国东部音,但是,我最怕牛仔腔和西海岸的美国人带鼻音的口语,他们那哞哞的声音和单调的语调,永远只给我牛叫的感觉。

18、19 世纪,英文最受法国人诟病的,就是英文词的多意、多解。随便举一个例子。如:"turn"这个词,在《英汉辞海》里竟用了三万字去解释它的用法和多解,所以那时,国际公约多备一法文本,以备与英文本的解释发生歧义时的根据。这种情况到了二战后,在联合国里常用的中、英、俄、法四种文本中,据已故的袁晓园女士说,以中文本最为简捷明晰,字义确切,事实也正是如此。特别是现代文,古文多单字词,所以误读古文的颇有人在。现代多为双字词、多字词,在双字词中不是前一个字限定后一个字,就是后一个字限定前一个字。如:一个"情"字,前面定后面的如:亲情、友情、爱情等,后面定前面的如:情操、情好、情谊等等,都是绝不会发生歧义和争论的。

20 世纪 80 年代中期,当我们大学《第三次浪潮》和《大趋势》的时候,我们还不知道,后工业社会和信息化时代为何物。现在信息化时代已经以轰然的脚步踏入了国门,三亿手机,五六亿座机,九十万网民,一亿五千万的个人 PC 占有量,还有七八亿的电视机,从绝对数上,我们已能排在世界的前五名了。在信息高速公路上,最重要的工具就是文字和语言。那么,我们的文字和语言又是怎样的呢? 70 年代末有人说,电脑是汉字的掘墓人。但是,汉字编码最早的王码一出台,汉字电脑输入的优越性,就充分展现出来。后来,各种形码、声形码和拼音码不断涌现,别有用心者讽之曰万码奔腾,但竞争必然是好事,优胜劣汰,后出的二笔(现改名国笔)在键盘的数字化和码元的数字化程度上其至超过了键盘的老祖宗英文和二十六个字母。王码也增加了联想、成词，更使汉字电脑的输入速度让那些有良心的外国人也目瞪口呆，就是智能 ABC 和汉王写字板由于中文有联想词和成词输入，除了几乎不用什么学习以外，速度也同样超过了任何一种世界上的拼音文字，再加上激光照排的发明，使我们的印刷出版事业发生了翻天覆地的变化。三十年河东、三十年河西，工业化时代，在信息传输上落后的中文，因了电脑的发明和信息高速"公路"的出现，一改过去，真如虎添翼、龙生风云，发挥出她千古的威力。与世界上一切文字相比，因为只有汉字能在电脑传输上做到非全息输入，而别的拼音文字都只能一个字母也不可少地是全息输入。如果打个比方，中文作为一种工具像是信息高速公路上任何一种快速车辆，而拼音文字只能说是老牛破车了。

世界语，在 19 世纪末和 20 世纪初还是人类一种和平友好的理想，但发展到现在的科技信息时代，哪一种文种、语言能成为世界语，那么它就成为这个民族富强、兴盛、文明、发达和进步的最有力的资本。18 世纪凭借炮舰威力兴盛起来的日不落帝国以及二战后是两大战胜国使用的英文，已经有取柴门霍夫的世界语而代之的趋势了。今天，不管是哪个国家民族的科技文化成就，至少有百分之四五十要争取用英文发表出来的就是很有力的证明。但是，中文和汉语现在所表现出来在信息时代种种优势已经为许多有识之士所认知。已故汉字学家、前全国政协副主席安子介先生就预言说，"本世纪将是中文和汉语发挥威力的时代"①。对于这一点，甚至有些对我们并不友好的英、美人士，远比我们自己的语言学家要敏感得多。在我们的《通用语文法》公布以后，不久前就有一位美国的据说是语言学博士的人，在

---

① 1990 年 5 月 16 日北京"二十一世纪是汉字发挥威力时代"研讨会开幕词。

我们的一个外语刊物上，著文大骂中文和汉语说：中文和汉语"hopelessly cumbersome"（愚笨不堪、无可救药）。但是，他更重要的是说："世界使用一种共同的语文当然是好，而英语更接近这一地位。"接着他就进一步说："中文的表意特性绝无（no reason, no help）理由成为这种可能。"其实，这正是他最恐惧的事。他正好说了反话，在信息时代恰恰相反，正是表意性的符号才更具有世界性。例如，阿拉伯数字、数学符号、一切科技符号都是因为它们是表意的才为全世界所接受，历史的发展同样证明了这一点。欧洲和中国差不多的面积，但欧洲是文种纷繁，语言分歧，中国却是多民族使用着同一种文字和语言，四五千年传承一贯。

还有更重要的一点，中国有十三亿人口，这从地球环境说，是劣势，但从语言的普及和文字的运用来说却又是优势。十三亿人或者将来还会更多，几乎天生下来就会说汉语，就要学习中文。而天生下来说英语和学英文的人恐怕连一半也不到，所以，这又是中文和汉语走向世界语的一种无可比拟的优势。

一件值得我们注意的事，不久以前世界华人物理学会在中国召开，诺贝尔奖的获得者丁肇中先生就率先在大会上使用中文报告他的论文，受到与会及旁听者的热烈欢迎，因而激起许多与会学者的好评，甚至批评主办者不应事先就规定英语文为大会通用语。这是一件十分值得我们引以为戒的事例，中文在笨拙的英文面前没有必要自惭形秽。

如果我们中华民族有志气，凭借着信息时代，中文和汉语的优势能在 21 世纪与英文和英语一争高下，则我们中华民族的发达昌盛将是无可限量的。

（《书屋》2005 年第 3 期）

我的中国心

——读《横行的英文》

我认识何南林先生，还是从他那篇批评莫大伟诋毁中华语文的长文开始的。我并没有机会读到莫大伟用英文写的原文，因为，退休后我只读业内的期刊，至于外文教学刊物则根本无缘涉猎。不过，何先生所引用的莫大伟的原文却相当完整，不是断章取义。这从莫大伟后来发表在网上的答辩文章中也可以看出。

一个美国人跑到中国来，对传承五千年、纵横三万里的中华文明载体的中文和汉语使用了辱骂的词汇，对这件事大概稍具中国良心的人，都会觉得不堪忍受。所以我读了何先生有理有据的批评文章，真是心悦诚服。

莫大伟当然不会甘心，于是他答辩文章的英文文本又见诸网上。而且，还拉上了一两个据说是某大学教师的帮闲文章。有了帮闲的"翻译"就给莫大伟的脸上涂了点油彩，让他那不太好看的面貌略显温和些。但是，个别用词的被刻意美化，并不能完全消除莫大伟通篇对中文的恶意。例如颇讲证据的莫大伟，这回却抬出了一个无从查考的证明，来指证中文的难学。据说是有一次因患感冒，他要写一张便条用到 sneeze 的中文，但连问了三个北大中文系的研究生却没有一个人会写中文的"嚏"字。当然，在这种时候是没有哪个北大中文系研究生甘愿挨莫先生的板子，为莫先生作伪证。所以，这件足以证明中文难学的"证明"也就成了无头公案。

相反，莫大伟却在何南林先生的问难面前，左支右吾出尽了洋相，对于何先生随便举的一个美容名词，莫大伟虽然分析了半天，也还是不敢一口就说出它不过是"眼睑整容术"（blepharoplasty）。但这五个字任何一个中国的中学生都会认得。这也就是中文的妙处。所以，究竟是中文难学还是英文难学，这不是一目了然吗？莫大伟又纠缠说他的电脑里没有那个"睑"字。因此是何先生在用一个生僻字来为难他。在这里莫大伟充分暴露了他的不学无术。他根本不知道中国内地早在1980年，就由信息主管部门编出了一个统一的中文字库。这就是我们常用的包括6763个汉字的国标GB2312字库（现代在使用的汉字总量也就差不多是这些）。既然GB字库里有，那么GBK字库（相当于ISO世界标准局字库）里也当然会有。而那个莫大伟说他的电脑里没有的"睑"字，它在GB字库里的区位号就是7790。所以，说谎的或者连一个"睑"字也在"他的电脑里"找不到的，却是这个美国"语言学博士"！据我猜想大概是莫大伟念了白字，所以他用拼音输入法，就找不到这个字。现代中文几乎全部就是只有这六千多字。如果用英文来比，也不过相当于大学六级考试的水平。连六千个中文单字，也不肯下功夫学习的人，却偏要摆出个博士头衔来吓人。

为了彻底结束这场争论，何先生就拿出了他的这本书稿。原来何先生在他教授英文正课之余，早就感受到英文在近现代向全世界传播中，无形中在某些洋大人心中和他们的"买办"间形成了某种错觉，以为这是因为他们的文种特别优越的原因。其实大家都知道，最早英文之所以成为近现代的"普世文种"，是与18世纪以来大英帝国海上霸权和其遍布五大洲的殖民地有关。所以，何先生虽是教英文的，但他对英文却并不奉若神明，而是洞悉其弊。他对英文甚至欧洲的诸多文种的了解是深刻和公允的。这次和盘端出可谓是厚积薄发。因此，我们也就受益匪浅了。

我遇到过许多中国学生，他们学英文最感头疼的事，就是英文文法弄不清爽。这是必然的事。因为严格说来，中文和汉语几千年来就没有过语法（或称文法）这一门学问和习惯。若不是清末的马建忠套着英文文法搞了部《马氏文通》，中文和汉语还没有那么啰唆和累赘呢！甚至到今天国内的"语法家"们还对许多基本问题争论不休。因为它毕竟是舶来品的中国造。这样一来就苦了学英语的中国学生。毕竟中文和汉语是世界上唯一没有"附加成分"的大语种和文字！不过我相信学英语的中国学生看了何南林先生这本书，至少会对中文汉语与英语文的区别有一个明确的认识，再遇到语法问题也就可以迎刃而解了。

说起18、19世纪帝国主义横行于亚洲和非洲的一个重要手段，就是摧毁殖民地的固有文化，殖民地的固有文字也就首当其冲。远在20世纪初，中国备受帝国主义欺凌的时代，中国的文字也难逃厄运。其最早发难者，并不是外国人而是那个中、英文都只是一知半解的福建人卢戆章。"学了26个字母，拼法学会就会了英文"。这种崇洋的梦呓，当时竟然颇有市场。而且还打出了一个"爱国"的幌子。当然，在那样一个时代和那样一个环境下，对中文和英文都有一个正确的认识是不容易的。可是这只能说是在那样一个时代是不容易的。至于后来的留学生也是一知半解，就把欧洲的语言中心主义，甚至违反经典大师索绪尔的本意，也生搬到中国来。这就只能说是别有用心了。进入20世纪的最后20年，中国社会随着改革开放的新形势，汉字成功进入电脑，表现出巨大威力的事实，使一些有识之士奋然而起为汉字平反，论证中文在信息时代的种种优势的呼声日益高涨。这其中，开其先导者，就我记忆所及，最早当推华东师大曾性初教授那篇振聋发聩的长文《汉字好学好用论》。以后就是一大批多学科学者,从多角度论证中文汉字的优势。特别是王选院士激光照排的发明,彻底改变了汉字在工业化时代印刷技术落后的面貌。到2000年《中华人民共和国通用语言文字法》公布施行,"规范汉字"终于确定为全国的通用文字。应该说过去20年的激烈争论可以告一段落了。但是坚持"汉字落后论"的先生们却又请出来莫先生,让他来把我们祖国的文字辱骂一通。就我所知,何南林先生过去从不涉及《汉字文化》的徐德江先生与伍铁平之争。这一次是他首先从那本英文教学刊物上看到了莫大伟的原文。所以,才义愤而起,写出了那样一篇震撼人心、痛彻肺腑的长文。其实,对于赞扬中文优越,何先生远不是从这一篇东西开始,而且也不是在《汉字文化》上发表的。读罢何先生这本书,我只觉得钦敬与感动。是什么使一位以教英文为生的老师,能从英文中看出中英文的差异,又从而发掘出中文的先进与伟大?

我搞英文也算花费了大半生,它可算是我的第二专业。我中学时的老师有不少是英国人,但是我并没有从他们听到对中文和汉语像莫大伟这样地诬蔑不屑。他们对东方文化及其载体的汉字,也都还是一往情深。尽管如此,我却从来没有因此对东西方的语文,有像何先生这样深刻的认识。何况他的文笔流畅,如行云流水,严肃中又不乏风趣幽默。加以说理透彻,举例确切,更让人有无可争辩之感。不要说是我,我相信就是绝大多数读者,也包括那些通过四、六级英语考试,对英文有了一定基础的学子,一经捧读定会爱不释手。也就在这时,我在电视上"同唱一首歌"的节目中,听到张明敏在华侨中重唱起他的那首"我的中国心"。这时的张明敏已有了白发,声音也有些嘶哑,但是他的歌仍然让我眼睛里充满了泪水。这感觉和通读何南林先生的这本书和他的文集是同样的感受。因此我就把"我的中国心"做了我为推介何先生《横行的英文》一书文章的题名。因为不用我说，如果不是从中英文的对比中，深刻认识到中华文明的高明与伟大，从而激起他无比深沉的爱国激情，他也难以早就有所准备地写出这洋洋几十万字的珍贵大作。我希望这本书还会成为一切学习英文的中国学生的必读丛书，不仅期望他们能从而弄清中文和汉语与英国语文之间在表现方法与思路之间的区别，解除许多学习上的难题，而且从此也期盼读者会更加热爱我们中华民族的语言和文字！

（《汉字文化》2007 年第 2 期）

让文字回归伟大与光明(《文字论》代序)

语言和文字是人类社会最重要的传递信息和表达人的思想工具。从社会产生和发展的角度看,如果没有语言,人类就只能是一种动物群体。只有人类脱离了叫声,有了语言,才产生了社会。究竟语言是怎样产生的。这是一个谜。有的学者认为,可能最早是人类的基因发生了突变,所以,才有了语言;也有人认为语言是在视觉符号或动作表情的配合下极为缓慢地产生的。是不是智人出现,因为人类有了语言,才组成了社会? 这都只是古人类学家的推测。但是有一点是可以肯定的,社会必定是和人类语言的产生相伴随而来的。所以,人类的语言是社会形成不可或缺的一种因素。

系统的文字遗存,至今可考的有埃及的象形文字,中亚苏美尔楔形文字,美洲的玛雅文和中国殷墟甲骨文。前三种都已失传,只有中国的甲骨文经过多次形体演变发展成今日通行的楷书汉字。但是甲骨文已经是成熟的文字系统,现在可辨识的约有近两千个文字符号。所以,文字的起源一定要比殷墟甲骨文还要早得很多。东汉许慎认为文字源于结绳记事。考古学家们则认为,既然最早的文字大都是象形字,则文字可能是源于图画。尽管文字记录了历史,但是,至今的考古工作,对文字的起源还仍然处于一种近乎扑朔迷离的估测之中。

文字的出现无疑改变了人类社会信息传递的时空局限。它远远超脱于语言那可怜的瞬息即逝的有限时空范围。对于这样两种不同的人类社会工具,不同时代人们对它们的社会意义有不同的估计。最早谈论语言和文字的,可以说是西方的希腊学人亚里士多德。他在其著作中说:"言语是心境的符号,文字是言语的符号"。他完全没有感觉到文字的出现将给人类社会带来何等的变化。他这种文字观遂成为以后欧洲逻各斯(语言)中心主义者的鼻祖。比他稍晚一些时候的中国西汉淮南王刘安,对于文字的出现就有了完全不同的感受。在他与门客合著的《淮南子》中说:"昔仓颉造字,天雨粟,鬼夜哭。"对于这个"天雨粟,鬼夜哭",我们无论是作正面的还是反面的理解,都说明文字的出现必然会给人类社会带来惊天地、泣鬼神,天翻地覆的变化。可见,刘安的目光已经远比亚里氏高远和伟大得多!进入17世纪,文字的出现已经和文明社会的进步水乳交融地共同发展了几千年。文字的威力在社会生活中已经体现得十分明显了。

美国的社会人类学家 L.H.摩尔根(1818—1881)在他的名著《古代社会》一书中说:"文明社会始于标音字母的出现和用象形文字写文章。"①他对于文字出现给社会发展带来的巨大变化已有了正面的评价。马克思和恩格斯对于他的这种观点都加以赞同,而且在自己相关的著作中对摩尔根关于文字开启和创造了人类文明的伟大作用,也给予了充分的肯定。②

不过,几乎同时,在欧洲却发生了"语言中心主义"的大兴起。稍后于摩尔根的索绪尔仍然坚持亚里氏的旧论,视文字为语言的附庸,坚持文字是表现语言和记录语言的!他完全无视文字两千年来,与人类智慧结合所创造出辉煌文明进步的显著事实。而由他的弟子汇集成书的《普通语言学教程》更一时成为欧洲"语言学"的经典之作。到

---

①L.H.摩尔根:《古代社会》,商务版,第11页。
②均见马克思《摩尔根〈古代社会〉一书摘要》及恩格斯《家庭、私有制和国家的起源》等书。

20世纪二三十年代,这种理论由一些留学欧洲的学者传入中国。特别是反右前后,这种理论一与文字改革和汉字落后论相结合就形成一种学术霸权,反对者都会得到一顶"右派分子"的政治帽子。然而奇怪的是逻各斯中心主义的"大师"索绪尔自己却并不承认这一理论适用于中国的语言和文字。他在《普通语言学教程》中开宗明义就指出:"我们的研究将只限于表音体系,特别是只限于今天使用的以希腊字母为原始型的体系",又说:"对汉人来说表意字和口说的词都是表意的符号。"[①]可是,甚至到了公元两千年之后,索绪尔学说的信奉者们仍然称颂他们的先辈中国大师们是获得了索绪尔嫡传门徒的"真传"![②]

尽管承蒙索绪尔比他中国的"真传"弟子谦虚谨慎得多,认为他的理论并不适用于中国的语文,那么就一定适用于欧洲的语文吗?我看也不一定。例如中国学生的哑巴英语备受诟病,但只要学够足量的词汇(最少一万五以上)和文法知识,一样可以阅读所需的外文书报和获得必要的外文资料。还如全世界所有的图书馆里都非常宁静,阅览拼音文字书刊的读者们并不是必定先"语"而后知意;相反,也是字形与字义发生直接联系,语音早被读者抛诸脑后了,如有人一定要见到字先"表现"一下"语言",那么肯定他立刻会被逐出馆外。再如诺贝尔文学奖获得者,英国二战首相丘吉尔就曾以感激的心情回忆他在哈罗公学的英文老师如何教他们反复用各色笔分析文句构成,以至使他后来成长为著名的严肃文体大师。

其实,中文从甲骨文开始,当时是由于书写工具的原始,自然而然地形成了一种字简意赅与语言脱离的文体,历三千多年而不衰,不

---

①索绪尔:《普通语言学教程》绪论章,商务版,第51页。
②《索绪尔研究在中国》,商务版,第8页。

论经、史、子、集无不以这种文体载之。尽管历代文体皆有演变,如所谓诗、辞、歌、赋、词、曲、记传、骈体、近体以至书信、日记等,却无一是当时口语的记录,这从来就无人怀疑。因为古人决不会是"之乎者也"地说话。鲁迅创造的人物孔乙己整天地:"多乎哉,不多也!"那也只是对假斯文的讽刺。即使诗、词、歌、赋都有优美的音律,但这是文字与音乐的结合。如果一个人整天用诗、歌来说话,那他一定是个疯子,而且这些文体更重要的是包含在优美铿锵的韵律中间的深邃动人的文字内涵。否则,就成了《红楼梦》里薛蟠的"一个蚊子哼哼哼,……"那样的东西了。所以,古人称:"文以载道",而不说:"文以载语"。奉洋人为神明,而且还并没有完全学得洋人的精髓,这实在是近代学洋的末流。因为语言是人自然习得的技能(除了聋哑人);而文字却是要十年寒窗努力学习才能获得的本领。①文字精妙的运用远比说话要难得多。所以杜甫才说:"读书破万卷,下笔如有神。"相反,骂鸡的王婆大字可以不识一个,却能滔滔不绝。如果文字真的表现语言,岂不冤枉死苦读的学子? 而全世界各民族又都努力以减少文盲率为荣干什么?! 就是 20 世纪 20 年代中国大力提倡的白话文,虽说要明白如话,但也不是会说话就会写文章,它不过是一种接近口语的文体而已,要写得好仍然要苦练文字运用的功夫! 可是到 20 世纪 60 年代,竟有惊世骇俗将"古文选读"称之为"古代汉语"者,给人以怪诞而恐惧之感,有如僵尸复活,知道古人当时如何说话。唯观其内容却丝毫无改于标注古文旧作。难怪著名华裔作家唐德刚先生,闻而惊讶不已,终以无可奈何地长叹息! ②更为不幸的还是现在有些高校竟有"汉语言系"

---

①张朋朋:《论语言能力和文字能力》,《汉字文化》2005 年第 2 期。现收入本书。

②见 1982 年 6 月《编译参考》唐德刚关于汉字的讲话。

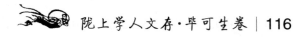

（不是教外国人），好像是高中毕业生还要再上幼儿园！

错误的理论必然产生错误的认识和实践。凝聚着中国古人历时近四千年的智慧成果，通行于几乎整个东亚的汉字，竟先后被帝国主义分子改成拼音体的越南文、朝鲜文、缅文、蒙古文（西利尔字母）等。不学无术的福建人卢戆章也奴颜婢膝地大唱西文优越，"学会二十六个字母，拼法学会就会了英文"的无知怪论，当时也颇有些市场。而后来被斯大林批判的马尔学派更伪装成进步，指斥中文为封建统治阶级的御用工具。①一时中文拉拼化的呼声甚嚣尘上颇成气候。只是中文汉字是拼形表意文字，字音只有 504 个，即使算上四声也只有 1100 个音，同音字的问题根本无法解决。②喊了几十年终迄无所成。但是在中文教育方面却被一些别有用心的人③造成了许多混乱。从文字的启蒙教育开始，一改数千年从分析字形表意入手去认识汉字的传统④，而花费大量时间去教与汉字字形无直接关系的汉语拼音。⑤以

---

①见斯大林著《马克思主义与语言学问题》中译本。

②1944 年曾有人在胶东解放区推行过北方拉丁话拼音，但只限于写信。结果反而闹了很多笑话和问题。如："时事"被误成"死尸"；"养羊"被误为"痒痒"等。不久就再没人使用了。

③见周有光《文字改革概论》文字改革版第 99 页。原文如下。"用汉字来'通词'，用口语来'达意'，的确在过去没有感觉规定严格语音标准的'必要'。可是现在情况不同了。现在我们要用拼音字母注下读音、写下普通话。广泛地运用汉语拼音作为文字的辅助工具，将来并进一步使它发展成为通用的拼音文字。如果语音不规定严格标准，写下来也就没有一定的规范。……更阻碍了它将来发展成为通用的拼音文字了。"

④《说文解字·序》"周礼：八岁入小学，保氏教国子，先以六书。"

⑤当时小学一年级用于教汉语拼音和语音知识的课时竟高达八十课时。以后用于单字拼音教学的时间也不下于几十个课时，而学生用于抄写拼音和默写拼音的自习时间更不下于数百个小时。

至学生高中毕业也难改同音错别字连篇的毛病。反过来却又成为文改先生们制造中文难学的口实,真是所谓又种蛊又卖饭,里外都是他们正确。

直到改革开放以后,国家取消了文字改革。"实践是检验真理的唯一标准"的大讨论打开了真理探索的新局面。汉字落后论日益为有识者所不齿。特别是汉字进入电脑成功、激光照排印刷术的发明,彻底改变了汉字在工业机械化时代的落后面貌,一跃而成为世界上最先进的文字体系。①只是索绪尔的错误理论和在中国文字上的错误应用仍然被某些人以非学术手段推崇为不可讨论的主流。如所谓"社会语言学家"陈原先生在他的专著《社会语言学》中,竟以轻蔑嘲讽的口吻对摩尔根、马克思、恩格斯认为文字创造文明的说法,讥之为:"逻辑的倒置"②。他根本就没弄明白,语言有如流沙,坐落在这上面的人的思维或智慧转瞬就会"随风而去"(gone with the wind)。而文字则有如坚实的土地,它不光是记录了人类的智慧、经验、成果使其传之久、远,而且会使人类社会的一切思维活动、信息传递,系统化、集中化、抽象化、理论化并且可以进行智慧与经验的再思考、再创造、再研讨,从而产生更高级、更精练、更伟大的成果和发明! 这就有如攀登高峰,一步步必须是落在坚实的基础上,在流沙上则只能原地踏步一样。因此,文明! 文明! 是文字创造了人类的文明! 而不是语言! 不是语言创造了人类的文明。

---

①在电脑输入方面,汉字是世界上唯一可进行非全息输入的文字系统。而且只用 6763 个汉字(国标 2312 字库现代使用的汉字总数)就可以组成无数汉字词汇和新词汇。激光照排完全改变了过去手工检字的落后面貌。

②见陈原著《社会语言学》学林版 229 页。原文如下:"就严格的逻辑意义上说,应当倒过来,没有历史,没有文明,则文字根本就失去存在的价值,文字只是记载语言的工具,文字本身不可能创造文明。"

我们不妨再举一个天文学方面的例子。在16世纪哥白尼的日心说出台之前,地心说已经统治了西方天文学一千多年,而且还形成了一个似乎颇能自圆其说的托勒枚体系（尽管它也是用文字表示出来的,不是通过语言传述下来的）。当这种学说一与权势结合,就在学术界形成一种可怕的停滞力量,于是伽利略因为支持哥白尼被审判,G·布鲁诺因为同情哥白尼而被烧死。随后丹麦人B.第谷用了20年,留下了他千辛万苦地观测行星运动的丰富的记录。如果文字就像陈原先生或者诸多语言学权威所说的那样, 只限于记录语言或者也包括客观事物那样, 那么伟大的日心说也许就会永远在第谷那里停顿不前了。可是事实是,后来的J.开普勒正是运用了第谷的资料在文字的帮助下反复进行了再分析、再研究、再思考,并加以综合,系统化,终于发明了著名的行星运动三定律。而后,牛顿又在这个基础上经过艰苦的努力发现了万有引力定律。至此,地心说才算大势已去! 但是直到19世纪,天文照相术的发明,弄清了恒星视差,发现了宇宙竟是超乎人们可能想象到的浩瀚而巨大,才使日心说终于完成了它无可辩驳的正确地位。经过两千年的斗争,地心说陈旧的"公理"终于彻底地退出了历史舞台。我们不禁要问问陈原先生和语言学的大师们,难道这些成就都是可以用嘴巴说出来,再经过文字记录下来的吗?!

不错,现在世界上据说有三四千种语言(包括方言,但不包括无法计数的方音),而现有文字不过二百种。[1]那是不是没有文字的民族就仍处于蒙昧社会呢? 这有三种情况:第一,如中国,多民族共用一种文字体系(当然也包括历史上已经融入中华民族的诸多民族)。也如英国的威尔士、爱尔兰、英格兰、苏格兰及不列颠大英联邦诸民族共用一种大体相类的英文。第二,没有自己的文字,但借用其他民族的

---

①(美)肯尼思·卡兹纳著:《世界的语言》(前言及序),北京出版社。

文字发展自己的社会文明。如：马来西亚借用中文、英文。第三，如太平洋诸小岛的民族，只有语言而没有文字，则仍处于落后的社会状况。但他们在二战后，借助于外来的文明，情况已发生根本改变。所以，文字与人类智慧的结合可以创造出伟大的文明，这一事实是毋庸置疑的客观真理！

半个多世纪以来，我国文字和语言的应用与理论备受欧洲"语言中心主义"的影响和侵扰，被弄得十分混乱。特别是"语言学界"的一些"学者"打乱了我民族只有文字学、音韵学的传统，标新立异创制语言学，并散布汉字落后论，散布中文拉拼化。只是到了改革开放后，经过近20年的大争辩，中文在信息时代的成功，国家终于出台了《中华人民共和国通用语言文字法》(2000年公布施行)，确立了"规范汉字"为我国通用文字的永久地位。现在张朋朋先生的这本《文字论》可以说是近20年来对文字与语言理论中错误和混乱澄清后的总其大成者。朋朋先生在欧洲从事汉语文教学，先后达8年之久，对于索绪尔和解构主义大师雅克·德里达的理论均有系统而直接深入的了解，特别是他在教外国人汉语和中文的实践中，重新对这些理论的正确性进行了实际的检验，从而进一步肯定了自己的正确认识。所谓实践出真知，使得汉字从原来被误解为难学难认的一种文字回归为字形理据性极强的真正易学易认的文字。他否定了语文一体、语文并进的教学模式，创造了语文分开、语文分进的教学方法，为中文与汉语走向世界奠定了牢固的基础，可谓功莫大焉！同时，他终于冲破多年洋泾浜式语言学的迷雾，从理论上打破了"文字是语言的书写符号"的陈旧而错误的"公理"，使我们在这个领域找到了系统的真实！让文字终于回归到它的伟大与光明！！

八十社会学人欣然命笔于2006年中秋前后

(张朋朋著:《文字论》,华语教学出版社,2007年,第1—8页)

甘肃省少数民族人口问题初探

甘肃省是一个多民族聚居的地区。境内聚居的少数民族,以前号称十三个。但是,实际分析一下,可以算做是在甘肃聚居的少数民族只有九个,即:回族、藏族、蒙古族、东乡族、土族、裕固族、撒拉族、保安族、哈萨克族。至于原来算入甘肃少数民族中的满族、维吾尔族、壮族、朝鲜族等四个民族,只能说是散居的少数民族人口,不宜作为甘肃聚居的少数民族看待。

甘肃这一多民族杂居的地区,至少在西北地区,具有它自己的特色。具体表现在以下几个方面:

1. 甘肃省九个聚居的少数民族,由于历史的原因,长期聚居的结果,已经形成了各自不同的社会经济状况。新中国成立后,根据党的民族政策,在少数民族聚居的地区,分别成立了两个民族自治州和七个民族自治县,即临夏回族自治州、甘南藏族自治州和天祝藏族自治县、肃北蒙古族自治县、肃南裕固族自治县、张家川回族自治县、阿克塞哈萨克族自治县、东乡族自治县、积石山保安族东乡族撒拉族自治县。

2. 甘肃九个聚居少数民族人口,按 1980 年的统计共计 147 万人,占全省总人口 1918 万人的 7.66%。与 50 年代及 60 年代相比,这一比例处于一种缓慢下降的趋势。如 50 年代初期约为 8.5%,60 年代初期约为 8.1%等。但是,由于少数民族聚居地区除张家川回族自治县外,大都为人口较为稀少的地区或半农半牧及牧区。所以,两个自治州和七个自治县的面积共 174000 多平方公里,却约占全省面积的 38%。

3.甘肃的九个少数民族人口,在全国少数民族人口中所占的比例也不大,根据 1978 年全国少数民族人口的统计,甘肃 140 万少数民族人口,只占全国 5580 余万少数民族人口的 2.55%。其中:回族占全国回族人口的 13.8%,藏族占全国藏族人口的 7.8%,土族占 9%,蒙古族占 0.2%,撒拉族占 7.7%,哈萨克族占 0.26%等。但是,东乡族、保安族和裕固族却约占全国各该民族总人口的 95%以上,因此,可以说是甘肃特有的少数民族。而且,除东乡族有约 21 万人外,保安族和裕固族都是总人口不超过万人的人数较少的少数民族（保安族为七千余人,裕固族为九千余人）。

4. 甘肃地区的少数民族也和西北地区多数少数民族一样，具有较深的宗教信仰,并保持有受到宗教信仰约束的风俗习惯,例如:回族、东乡族、保安族和哈萨克族都信仰伊斯兰教;藏族和裕固族则信仰佛教。

5. 甘肃省少数民族人口从 1954 年第一、二次人口普查至 1980 年人口发展的大致情况(详见附表一)是:①自 1954 年—1980 年无论是 26 年人口发展幅度和年平均增长率均低于全省总人口及汉族人口。但是具体到九个少数民族,则情况又各有不同,其中裕固族、蒙古族、撒拉族 26 年的人口发展速度和年平均增长率均超过全省人口和汉族人口的发展速度和年平均增长率很多，不过因为他们的人口基数很低对全省人口的增长影响不大。回族人口基数较大,人口发展速度和年平均增长率均接近全省人口和汉族人口的发展水平。至于藏族、东乡族、保安族和哈萨克族则普遍低于全省人口和汉族人口的发展速度很多。②自 1976 年至 1980 年,四年间由于推行计划生育与控制人口结果, 少数民族人口的发展与全省及汉族人口发展情况有了根本的改变，即九个少数民族人口在这四年间无论是人口发展速度还是年平均增长率都超过了全省人口和汉族人口。其中继续保持20‰以上年平均增长率的有蒙古族、哈萨克族、土族、东乡族和藏族，人口年平均增长率在17.18‰左右的民族有裕固族、撒拉族，而回族人口的年平均增长率则为16‰。

基于上述本省少数民族人口与有关的一些民族特点，尽管20多年来少数民族人口的增长幅度低于全省和汉族人口的增长幅度，而且，本省少数民族人口无论在本省总人口中或全国各该民族人口中一般都不占较大的比重，但是，由于本省各少数民族本身的社会经济条件和自然环境各不相同，加以近年来全国推行计划生育，控制人口的形势下，本省的少数民族人口仍然保持着年平均增长率为20‰左右的势头。因此，今年3月省人民政府《关于计划生育具体政策的规定》中，对少数民族人口的发展，做了原则的规定。该规定第六条确定："少数民族也要实行计划生育。人口稀少的牧区和林区的少数民族，生育子女数可适当放宽。具体办法由民族自治州、县制定，报省人民政府批准后执行"。这一规定所确认的原则无疑是正确的，但是，针对本省九个不同少数民族的各不相同的特点，人口发展的情况以及社会经济和自然环境条件的不同，如何具体贯彻省人民政府有关的规定，则有六个主要应当考虑的因素。

一、对少数民族所实行的人口政策，首先应该是有利于少数民族地区本身社会经济的发展和繁荣。因此，不论是"节制人口"或是"适当放宽生育子女数"，都应以此为前提。对于基本上处于农业地区而且人口与自然环境相比，已经出现人口过剩情况的少数民族地区则应比照汉族计划生育的方法，采取节制人口的做法。例如张家川回族自治县。1959—1979年20年间人口由13.28万人增加到21.62万人。20年人口的年平均增长率为22.2‰，已经超过本省人口增长的年平均增长率。人口的增长幅度为55%,而粮食总产由5851.9万斤增加到7180万斤即粮食增长的幅度仅为23%,人均粮及人均亩数自然也有所下降,因此,如果持续保持20‰以上的人口年平均增长率,造成人口过剩,自然不利于该地区社会经济的发展。但是另一面又要考虑到有的少数民族,虽基本上是从事农业,但是处于山塬地区,土地瘠薄,经济发展缓慢,人口增长幅度较小,在现有生产水平上说,人均土地较多,适当地增加人口,又有利于当地区经济的发展。这也就是说:"人多力量大"这一提法既不是任何情况下都是正确的,但也不是任何情况下都是错误的。以东乡县的情况为例(参看附表二、三):首先30年来在耕地面积基本上并未增加的情况下,人口增加了,粮食总产也增加了,而且粮食总产增加的幅度远较人口增加的幅度为多。其次如果按各公社的情况看,这种现象又更为明显。如:北岑等16个东乡族人口占90%以上的公社,人均土地为2.568亩,平均亩产193.56斤,人均粮却只417斤,而河滩、唐汪两个占全县人口近20%的汉族公社(东乡族人口均占全公社人口10%以下)人平均耕地仅为0.83亩,亩产平均达628斤,而人均粮却为530斤。这两个公社与北岑等16个公社相比较,生产之所以发展较快的原因,除了土地肥沃的天赋条件之外,也不能排除人多,即在一定土地面积上投入劳动力较多这一原因。当然,任何事物发展的规律都有一个极限,通过极限就会出现相反的发展后果。但是,具体到东乡县北岑等16个东乡族占绝大多数公社(除大板公社情况例外)的一般情况看来,这些公社人均地亩数较高,而且均为山塬地,生产发展较慢,人口相对说来是不足的。为了发展东乡县东乡民族的经济,在计划生育上适当予以放宽指标,应该是合乎实际情况的。这也就是说从发展当地少数民族的经济出发,应当细致地区分各种不同情况,具体地贯彻省计划生育规定的政策原则。

二、应该考虑本省特有少数民族的因素。如保安族、裕固族和东乡族,都是本省特有的少数民族(东乡族有少数散居于新疆,保安族、裕固族均有少数散居于青海)。尽管裕固族、保安族人口增长幅度较大,但相对于全省人口说来,他们的人口基数甚微,东乡族就全省说也不过 21 万人,因此,为了保存这些少数民族的延续与发展,使其人口保持一定的发展,也是必要的。

三、应当考虑某些少数民族本身繁衍能力与人口增长具体情况的因素。如藏族自 1954 年—1980 年 26 年间,增长幅度最低,只增长了37.49%。年平均增长率也仅为 12.3‰。甘南藏族自治州有些公社,如舟曲县的拱坝、铁坝、大年、插岗等藏族聚居公社,共 39 个大队,其中23 个大队至今尚未达到 1957 年的人口数,有 6 个大队刚与 1957 年水平持平,其余 10 个大队人口也不过略有增长。

四、应当考虑半农半牧或牧区,亦即人口极为稀少的少数民族地区的因素。如肃南、肃北及阿克塞、天祝及甘南半农半牧及牧区等少数民族地区。其中虽有一些地区出现草原载畜量超载的现象,但大部分尚属人口稀少地区,人口与天然条件相对而言,尚有发展的余地。如阿克塞,全县人口平均密度仅为每平方公里 0.22 人,而且,平均劳动日值一直为全省最高,1980 年达到了每劳动日值 3.07 元。

五、对少数民族实行计划生育,在确定具体的人口发展指标或政策时,注意民族习俗或民族关系,也是一个值得考虑的重要因素。因为,我国的民族政策,基本上是民族团结的政策。而且,30 年来本省少数民族人口发展的实际情况也与汉族人口发展情况不同。而生育问题,对有些少数民族的习俗来说,也是一个比较敏感的尖锐问题。因此,谨慎细致地确定少数民族人口发展政策与指标,不一定与汉族的计划生育要求采取一刀切的做法,不仅有利于在少数民族中推行计划生育,也会给在杂居的汉族中推行计划生育带来有利的影响,又更有利于促进民族团结。

六、在确定少数民族的具体人口发展政策上,还应考虑聚居和散居的因素。一般说来,聚居于各少数民族县区的少数民族,应根据当地及该民族的具体情况,确定不同的人口发展政策与指标,而散居在非少数民族地区的城市或小城镇的少数民族居民就只宜服从于城镇的计划生育要求了。

根据我省少数民族人口及其社会经济情况的特点,考虑到以上所列的六种因素,对如何贯彻省人民政府计划生育规定中所确定的原则并根据 1976 年—1980 年人口年平均增长率测算出各少数民族人口发展概数,就本省少数民族人口的发展与计划提出以下几点建议:

一、本省少数民族的计划生育工作与人口发展规划,应根据各少数民族的具体的情况确定,完全比照汉族的计划生育要求,采取"一刀切"的做法是不合宜的。根据测算如果完全按现在年增长率发展少数民族人口,至 2000 年我省少数民族人口在全省人口中所占的比例也不过达到 20 世纪 50 年代初期的水平(即净增 60 余万,占全省总人口的 3.4%)。因此,只要是少数民族聚居地区中的少数民族人口中,计划生育工作的要求,或人口发展指标均应适当予以放宽,而对于在该地区杂居的汉族人口,则应严格按省计划生育规定进行控制。

二、本省回族人口发展较快,而且基数较大,又都属于农业区,因此,一般应参照汉族计划生育的要求标准,实行有计划地控制人口发展。

三、对于东乡族、裕固族和保安族等三个我省特有的少数民族,由于他们的人口基数较低(特别是裕固、保安族),又基本上属于半农半牧区,或者人均土地较多。因此,对他们的计划生育,人口发展控制则应按全省规定,适当予以放宽,以利于保存该民族的延续与经济发展。

四、藏族大部分居住于牧区，地广人稀，而且 30 年来人口发展一直比较缓慢。即使按现在人口年平均增长率发展，至 2000 年也只增加十余万人。因此，应根据该民族聚居地区的自然条件、经济状况，确定较宽的人口发展控制要求。

五、蒙古族、撒拉族和哈萨克族，基本上处于牧区，人口基数很少，而且占该民族总人口数的比例也很低，因此，可以在有利于该地区社会经济发展的前提下，按省计划生育规定办法发展当地的少数民族人口。

总之，少数民族人口问题是一个影响到少数民族地区社会经济发展、民族繁荣以及民族团结的重要问题。因此，在确定少数民族人口发展规划上必须坚持调查研究和实事求是的原则。分别具体的不同情况，以便做出合理的人口发展规划。

（中国人口学会、甘肃省人口学会编：《全国少数民族人口论文资料选编》，1982 年）

甘肃省第一、二次人口普查至 1980 年期间人口发展情况概算及到 2000 年人口预测表　（附表一）

（按 1976—1980 年年平均增长率估算）

	总人口	汉族	九种少数民族人口总计	回族	藏族	东乡族	土族	裕固族	保安族	蒙古族	撒拉族	哈萨克族
1954 年	11,349,494	10,386,333	961,326	579,204	205,035	155,461	5,324	3,860	4,949	3,095	2,646	1,752
1964 年	12,630,569	11,675,052	950,871	593,304	192,494	138,467	7,614	5,625	5,055	3,435	3,393	1,484
10 年增长率%	+11.31	+15.76	−0.81	+2.48	−6.12	−10.93	+43.01	+43.39	+2.14	+10.98	+28.23	−15.24
年自然增长率	1.01%	1.17%	− .01%	0.24%	−0.62%	*1.15%	3.64%	3.83%	2.12%	1.04%	2.51%	−1.64%
1976 年	18,259,000	16,884,431	1,364,265	868,257	259,321	199,853	10,175	8,800	6,807	4,976	4,152	1,924
12 年间自然增长率	3.12%	3.12%	3.05%	3.22%	2.51%	3.1%	2.44%	3.79%	2.51%	3.13%	1.69%	2.18%
1980 年	19,184,284	17,717,816	1,466,468	925,496	281,919	218,516	11,360	9,458	7,467	5,614	4,455	2,183
26 年人口增长%	+69.03	+70.85	+52.54	+59.78	+37.49	+40.56	+113.3	+145.1	+50.87	+81.38	+68.38	+24.6

续表

	总人口	汉族	九种少数民族人口总计	回族	藏族	东乡族	土族	裕固族	保安族	蒙古族	撒拉族	哈萨克族
26年间年自然增长率	2.03%	2.07%	1.63%	1.82%	1.23%	1.32%	2.95%	3.50%	1.59%	2.31%	2.02%	0.84%
1976—1980四年间人口年自然增长率	1.24%	1.21%	1.82%	1.60%	2.11%	2.25%	2.79%	1.82%	2.34%	3.06%	1.77%	3.20%
2000年人口估算	22,029,240		2,034,920	1,234,387	412,163	327,621	18,770	13,124	11,378	9,738	6,126	3,883

七〇九例城市老人调查①

随着社会上人民生活日渐富裕,保健卫生工作的发展,人们预期寿命的延长,以及计划生育工作的加强,我国老年人在总人口中的比重也日渐增大。因此,老龄问题正在成为国内一项引起人们重视的社会问题。为了逐步摸清社会上各类老人的基本情况,在得到中国老龄问题全国委员会的支持下,对兰州市老年人的情况,进行了一次抽样调查。调查的基本方法是按居住区为单位采取随机抽样和散发问卷表的形式进行的。问卷表回收以后,又以小型座谈的方式对部分问卷表进行了复查核实。这次调查共回收符合要求的问卷表709份。基本上反映了调查地区老年人口及所调查老年人本身的基本情况和问题。

调查范围及内容

调查的地区是兰州市安宁区的西路街道。该街道系安宁区人口最多的一个大居民区。总计人口5.5万余人。因为这次调查主要是面向城市老人,我们选择了其中6个城市人口居住区,总计人口3.3万余人,包括13个居委会、3所部属工厂、3所省市属工厂、3所高等院校、1所农业科研机构及一些小型企事业单位等。

调查以女性55岁以上、男性60岁以上者为对象。选择这一年龄

---

①原文发表时使用了笔名,署名为"凌霄、毕克"——编者。

界限是因为这次调查的对象是城市老年人,一般工人、干部的退休年龄男女分别为 55 及 60 岁,他们退休后实际上即进入老年期。另外,也考虑到 1982 年甘肃省人口普查有关报告中所规定的老年人口年龄亦以"60 岁(其中女为 55 岁)"作为老年人的界限。所以,这次调查所采用的年龄界限,比一般老年学所通用的老年年龄界限 65 岁向下伸延了十年。

本调查所涉及的地区人口,地区老年人口及抽样情况如下表。

表一　709 例城市老年人调查所涉及的地区人口,适龄(男 60 岁女 55 岁)老年人口及抽样数(问卷表回收数)

居住区	居住区总人口(人)	适龄老年人口(人)	老年人口%	抽样数(回收问卷数)	抽样%
①居住区	7,351	259	3.52	98	37.8
②居住区	2,817	150	5.32	56	37.3
③居住区	6,258	160	2.56	83	51.9
④居住区	3,325	145	4.36	114	78.6
⑤居住区	6,856	282	4.11	197	69.8
⑥居住区	6,931	227	3.27	125	55.1
合　计	33,528	1,223	3.65	673	55.0
干休所				36	
总　计				709	

本次调查所使用的问卷表共包括六类内容,即:基本情况、生活习惯、有关身体状况、家庭情况、如何利用闲暇时间及要求与想法等几个部分。以下即按这六个部分分别叙述调查结果。

老人基本情况

一、老年人口比例：

调查的 709 例老人中，除干休所 36 人外，其余 673 人，均属自 6 个居民区抽样之人数，抽样率平均为本区适龄老年人口的 55%。本调查区老年人口比重为 3.65%，低于本省 1982 年人口普查老年人口比重 7.07%。也低于全街道 9 个居住区（包括 3 个主要是农业人口的居民区）老年人总人口比重 5.10%。调查区老年人口比重较低的根本原因是调查区为 20 世纪 50 年代后期发展起来的地区。当时大量迁入本地区的工人、干部等各类人员及居民目前尚未大量进入老年期。这种情况充分反映了新建城市中城市老年人口的特点。

二、性别与年龄结构：

调查中的 709 例老年人的性别与年龄结构如下表：

表二　各年龄组男女比例数与 1982 年人口普查数比照表

	60–64		65–69		70–79		80–89		90 以上		总　计	
	男	女	男	女	男	女	男	女	男	女	男	女
调查各年龄组男女比	54.7	45.3	54.5	45.5	39.9	60.1	42.9	57.1	0	100	39.6	60.4
本省普查各年龄组男女比	51.9	48.1	50.4	49.6	46.5	53.5	41.9	58.1	33.5	66.5	40.3	59.7

本调查 709 例中,男 281 人,女 428 人。按年龄组男女比例数与本省人口普查各年龄组男女比例数相比较,可以明显看出两者的变化趋势大体上是一致的。而各年龄组在总人数中所占的比例数与本省人口普查数相比较(见下表),两者的变化趋势也基本相同。从而说明,本调查所反映的老年人分年龄组人数和男女人数比例,基本上是老年人的一般普遍状况。

表三　各年龄组人数比例与 1982 年人口普查数比照表

年龄组	55–59	60–64	65–69	70–79	80–89	90 以上	合计
各年龄组人数%	17.8	25.5	20.5	30.0	5.9	0.3	100
本省普查各年龄组人数%	18.8	31.8	24.2	21.9	2.6	0.7	100

注:55—59 岁组人数只包括女性

三、文化程度

调查的 709 例中,文盲半文盲的人数比重达到 51.5%。与 1982 年本省全省文盲半文盲人口比重 35.01%,相比高出 16.49%。这种文盲半文盲人口比重较高的现象是当前老年人口中特有的现象,反映新中国成立前人们文化程度较低,其中尤其是妇女识字上学的机会更为稀少。本调查中,大学及以上文化程度老人人数相当多。这只是因为本地区属于文化区,高校数高于一般地区的缘故。

表四　709 例老年人文化程度情况表

文化 性别	文盲或\粗识字	小学	初中	高中	大学及以上	合计
男	65	99	44	16	57	281
女	300	77	25	17	9	428
合计	365	176	69	33	66	709
%	51.5	24.8	9.7	4.3	9.3	100

四、婚姻状况

调查中 709 人的现有婚姻状况如下表:

表五　709 例老年人现有婚姻状况表

婚姻状况 性别	已婚	%	未婚	%	丧偶	%	离婚	%	合计
男	238	84.1	0		40	14.2	3	1.1	281
女	257	60.0	1	0.3	167	39.0	3	0.7	428
合计	495	69.8	1	0.2	207	29.2	6	0.8	709

本调查中有老伴的老年人占总人数 69.8%,老夫妇一方死亡者占总人数 29.2%。如按性别看则妇女寡居者超过男子两倍多。这种状况既表明妇女寿命较男子为长,又表明夫妻年龄一般为男大于女。如按年龄组分析,以 70—79 岁年龄组老人为例,则该年龄组男子鳏居者占该组男子总人数的 18.8%,而女子寡居者则占该年龄组总人数的 76.5%。这种情况还说明男子丧妇续娶者即使年岁较大,也远多于妇女丧夫改嫁者。

五、职业:退休时年岁及有子女顶替状况:

原职业构成:本调查中,原来有职业者共 309 人,占调查总人数一半以上，略多于无职业的居民，但如除去干休所老干部人数不计（属于整群抽样，不包括在六个居民区内），仅按六个居民区老年人职业情况看，则原有职业老人数低于无职业居民。反映了城市老年人（尤其是老年妇女）有一半以上现在并无收入，其中有相当一部分尚须依赖家庭直系亲属之赡养。

退休时年龄：原有职业之359位老年人中，除教师绝大部分仍然在职外，已退离休者314人，其退离休时的实际年龄如表六。

表六　老年人退休当时年龄表

退休时年龄	离休退休工人数	离休干部数	合计	%
50 以下	18	3	21	6.7
50—54	57		57	18.2
55—59	89	1	90	28.7
60—65	91	14	105	33.4
65 以上者	25	16	41	13.0
合计	280	34	314	100

根据上表之数字说明老年人实际退休年龄超过规定退休年龄者占多数。退休当时实际年岁超过60岁者共占总人数的46.4%。有的工厂规定工人退休年龄为女50岁男55岁，因此在50—59岁两退休实际年龄档内尚有一部分是超过规定退休年龄退休者。这种情况说明老年人实际工作年龄，从本身精力和愿望来看大多数都超过规定的退休年限。

老人生活习惯

本调查的第二部分反映了老年人的一般生活习惯情况,计包括:睡眠习惯、饮食情况及娱乐和业余爱好四个部分。

一、睡眠习惯:

关于老年人睡眠习惯的调查计分四问,即夜间睡眠方式和大致时间,午睡习惯和时间。这里着重讨论午睡习惯和夜间睡眠时间(余从略)。

表七 夜间睡眠时间分年龄组人数百分比表

	55—59	60—64	65—69	70—79	80—89	90 以上
7 小时以下男人数%		67.3	75.7	50.0	22.2	
8 小时及以上男人数%		32.7	24.3	50.0	77.8	
7 小时及以下女人数%	55.3	59.1	47.4	39.8	19.1	
8 小时及以上女人数%	44.7	40.9	52.6	60.2	80.9	

午睡者无论男女均随年龄增加而增加,不睡午觉者随年龄增加而减少。老年妇女一般不睡午觉者均多于男性,其主要原因,系操持家务养成之习惯。睡眠时间上,按年龄组而言除初进入老年期略有减少外,一般亦随年龄增加而有延长之趋势。

二、饮食习惯:

饮食习惯方面,在调查表中共列出十个项目任由答卷者填写,经汇总综合如下表:

表八　老年人饮食习惯情况表

	喜欢鱼肉	喜欢素食	吸烟	喝酒	喝茶	常喝牛奶	常吃水果	爱吃甜食	怕酸	其他	合计
男（人次）	204	157	129	93	196	67	111	140	77	9	1,183
女（人次）	338	301	117	39	163	54	201	234	129	5	1,581
合计（人次）	542	458	246	132	359	121	312	374	206	14	2,764
%	19.6	16.6	8.9	4.8	13.0	4.4	11.3	13.5	7.5	0.4	100

老年人的饮食习惯不论男女均以喜欢肉食者多于素食者，但两项同时填写者也有不少人。嗜食甜食和怕酸几乎成为老年人两项较普遍的饮食习惯。就本地区条件而言（近郊区）牛奶虽然大体供应较为充裕，但老年人常喝牛奶老人次比例却很低。主要还是经济原因。

三、娱乐爱好和业余爱好：

老年人的娱乐爱好和业余爱好汇总统计如下表九及十：

表九　老年人娱乐爱好

	看电影	听戏	听相声	音乐歌唱	体育比赛	其他	合计
男（人次）	152	166	202	68	121	6	715
女（人次）	220	257	257	109	55	24	922
合计	372	423	459	177	176	30	1637
%	22.7	25.8	28.0	10.8	10.7	1.8	100

表十　老年人业余爱好情况表

	打扑克	下棋	种花	养鸟	养鱼	集邮	乐器	看书	书法绘画	其他	无爱好
男(人次)	86	76	141	31	65	18	29	40	34	11	41
女(人次)	45	16	196	31	28	2	8	15	11	10	80
合计	131	95	337	62	93	20	37	55	45	21	121
%	12.9	9.3	33.1	6.1	9.1	1.9	3.6	5.4	4.4	2.1	11.9

老年人的娱乐爱好中,相声可谓雅俗共赏、男女咸宜,以笑的艺术增进老年人的健康,受到老年人普遍欢迎。听戏除了通过广播中以外,似乎条件远不如看电影方便,但仍系老年人比电影所更为喜好的娱乐形式,可能电影的某些变幻迅速的蒙太奇手法不十分容易为老年人所接受的缘故。这种情况值得有关文化工作者作进一步的研究。体育比赛虽然就全体而言,喜好人次比例低于听音乐歌唱,但为男性老年人所特别喜好的娱乐项目。犹如调查的老年男性高级知识分子中,看体育比赛竟成为他们全体的爱好(分职业类别娱乐爱好表从略)。

老年人的业余爱好中,种花成为老年人较普遍的爱好。"其他"一栏包括坐茶馆、钓鱼等。无爱好老年人共 121 人,占调查总人数(709人)的 17.1%,其中 42.9% 为居民中的老年妇女。

有关老年人的身体情况

有关老年人的身体状况,调查表共包括十一个问题,基本上属于三个方面,即老年人身体状况、一般锻炼情况,有关医疗方面的问题。以下即按这三个方面综叙调查结果。

一、老年人身体状况:

老年人的身体及疾病等状况,仅系根据调查中个人的主诉,因此,与由体检得来的资料相比,其科学性有一定的局限。调查的709人中,身体健康者168人,占总人数的23.7%,一般者392人,占总人数的55.3%,不佳者145人,占总人数的20.5%,另有其他情况(包括本人原有残疾)者5人。

老年人的听视力情况中,听力未减退者占总人数的28.5%,而无老花者仅占总人数的9.7%,两者相比似乎一般说来老年人视力减退较听力为快为大。

老年期各种慢性病的发病情况,按调查的709人汇总如下表:

表十一　老年人患各种慢性疾病统计表

	高血压	关节炎	支气管炎	糖尿病	胃病	白内障青光眼	神经官能症	其他	无病	合计
男(人数)	57	70	91	7	60	47	11	25	20	388
女(人数)	105	128	82	4	85	59	19	25	37	544
合计	162	198	173	11	145	106	30	50	57	932

("其他"包括:冠心病、心脏病、痔疮等)

老年人总人数减去无各种慢性病者之后与患各种病人数相比,得到平均每人患病种数,男性老人平均约患1.48种,女性老人平均患1.39种慢性疾病。这也可以说女性老年人患各种慢性病的比率略低于男性老年人。

二、老年人的一般锻炼情况:

就调查情况看,老年人参加定时锻炼老人数不多,仅占调查总人数的23.9%,而不锻炼者占总人数的33.7%,其余者则为不定时锻炼者。

三、老年人有关医疗方面的问题:

调查中的老年人享受公费医疗者326人,占调查总人数的

45.9%，半自费者 339 人，占调查总人数的 47.8%，全自费者 44 人，占调查总人数的 6.2%。患病时是否有人照顾，填有人照顾者 672 人，占总人数的 94.7%，其余为无人照顾或情况不确定者。但在有人照顾者中，有直系亲属照顾者共 605 人，则实际上老年人生病时，能得到较可靠的照顾者仅占总人数的 85%。以上两项统计，基本上可以说明城市老人虽然医疗条件较农村老人为好，但生病时，亦存在相当问题。

老年人的家庭情况

有关老年人的家庭情况，调查计包括：老年人的家庭人口，家庭结构，家庭经济关系（包括子女对老年人的主要赡养方式），老年人的家庭住房以及老人在家庭中的主要家务分工情况等五个（第五部分本文从略）部分。

一、家庭人口：调查的 709 位老人分属于 631 户家庭。

631 户（包括无子女老人）目前家庭人口规模如下表：

表十二　631 户老人家庭人口规模表

类别	1 口	2—3 口	4—5 口	6—8 口	9 口以上	合计
户数	21	233	261	130	6	631
%	3.3	33.7	41.4	20.6	0.9	100
1982 年人口普查全省各类户%		22.33	38.35		28.39	

631 户中 4~5 口家庭最多，4~5 口之家在城市老人户中多为三代人家庭，因此这次调查中 2~3 口的两代核心家庭与三代人家庭占了绝大多数。与 1982 年人口普查相比，2~3 口户及 4~5 口户均高于全省该类户之百分数，反映了城市户的特点。

二、家庭结构：

①631户老人目前居住方式如下表：

表十三　631户老人目前居住方式表

类别	①老人独居	②老年夫妇独居	③与未婚子女合居	④与已婚儿子合居	⑤与已婚女儿合居	⑥与其他亲属合居	其他	合计
户数	21	108	210	210	69	11	2	631
%	3.3	17.1	33.3	33.3	10.9	1.7	0.3	100

第一类是老人独居家庭，包括了丧偶、离婚以至未婚老人单人家庭，也包括五保老人及儿女不在身边的老人。其中子女不赡养老人而形成老人独居者只有一户。

第二类是老年夫妇单独居住家庭，共108户，占总户数的17.1%。他们绝大多数是退离休职工或一方是退离休职工的家庭，由于生活有保障或子女已成家立业另立门户，因此，愿意老夫妇自己单独居住。其中因婆媳不和而形成的老夫妇独居户共有两户。

第三类是老年人核心家庭，即老年人与其未婚子女合居。其中也有老年人有已婚子女，但子女已另立门户。

第四、五类是老年人与其已婚子女合居家庭，其中也有些家庭包括有老人的尚未婚配的子女。特别应该指出的是第五类家庭，即老年人与其已婚女儿合居的家庭。这种新型的家庭结构，与农村或某些地区男子"入赘"的家庭不同。这类家庭岳婿之间的两代关系或整个家庭关系，据普遍反映均较和睦。

②老年人现在的家庭关系如何？他们理想的家庭结构或养老的居住方式究竟如何？调查问卷以"如果条件允许的话，您是否愿和已婚子女（或即将结婚的子女）住在一起？"和"您认为目前中国老人的生活单位应以何种方式为主？"两个问题征集了意见。对前一个问题

有 414 位老人作答,答案汇总如表十四。对第二个问题有 512 位老人作答,答案汇总如表十五。

表十四　按现在居住方式分类老年人对未来家庭居住方式意见表

现在居住方式 / 愿望方式（人数）	老人独居①		老年夫妇独居②		与未婚子女合居③		与已婚儿子合居④		与已婚女儿合居⑤		总计	
	老人数	%	老人数	%	老人数	%	老人数	%	老人数	%	老人数	%
愿意与已婚子女共同居住	5	41.7	31	41.3	63	48.5	105	83.3	59	89.3	263	63.5
不愿意与已婚子女共同居住	7	58.3	44	58.7	67	51.5	21	16.7	7	10.7	151	36.5
合计	12	100	7	100	130	100	126	100	66	100	414	100

从上表可以看出,63.5%的老人,如果条件允许都愿意与子女共同居住。这说明两代人的关系基本上是和谐的,家庭结构是稳定的,正如有的老人说:"和子女住在一起,我觉得快乐。"表内的第三类家庭中老人不愿与已婚子女共居的比例超过了半数。这主要是因为第三类家庭中的老人属于有收入的老人,而且他们大多是低龄老人,自恃身体健康生活能自理,对未来家庭关系(如和未来儿媳或女婿关系)尚多顾虑。第四类家庭中的老人,愿意与子女共同居住者占大多数(83.3%)。这个数据反映了我国老人的心理特点:人到老年需要一个温情脉脉关系融洽的集体作为精神或生活的依托,而这样的集体正是一个多代的家庭。这个数据还反映了大多数老人家庭中两代以至三代关系是较和睦的。总之,城市老人家庭结构,就调查材料来看比较稳定的占大多数,处在分解状态的是极少数。这种情况还可从老年人对目前中国老人的理想生活单位的有关意见中得到进一步证实。

表十五　老年人对目前中国老人生活单位的选择表

	敬老院或老人宿舍	托老所	老人与已婚儿女组成家庭	老人独居小家庭	合计
人数	94	10	238	170	512
%	18.4	2	46.5	33.2	100

由表中可以看出，期望一个和睦的可以安享天伦之乐的多代家庭仍然是多数老人的理想而且可以预计，未来的一二十年间老人独居家庭将有所增加，但多代同居家庭仍然是城市老年人家庭的主要形式。

三、老人家庭经济关系

老年人的家庭经济关系主要是与子女的赡养关系和抚养关系，目前老年人的子女大多已成年，老年人担负抚养义务的已经不多。以下第十六、十七两表分别表列与老年人共居子女和分居子女与老年人的经济关系。

表十六　与老人共同生活的成年子女与老人的经济关系

关系类别	子女向老人交工资大部	交伙食费与孙子女抚养费	给老人送东西	全部供养老人	不交任何费用的子女	总计
子女人数	170	101	145	100	118	634
%	26.8	15.9	23	15.7	18.6	100

表十七　与老人分居的成年子女与老人的经济关系

关系类别	子女定期交赡养费	子女不定期交赡养费	给老人送东西	不交赡养费的子女	总计
子女人数	170	149	420	519	1,258
%	13.5	11.8	33.4	41.3	100

由以上两表可以看出无论是与老人一起居住的子女还是不与老人一起居住的子女，也无论采取何种赡养方式奉养老人的子女仍然属于子女中的大多数。尤其是与老年人一起居住的子女直接担负着对老人的赡养义务，其中不向老人交任何费用的子女仅占这部分子女总人数的 18.6%。不过，即使是这一部分子女也还有不同情况，他们有些是未成年子女，有些刚参加工作，也有些是因为老人收入较丰足。总之，在我们所调查的六百余户有子女的老人中，完全受到子女弃养者，从经济上说尚无一户。

四、老人家庭住房

我们对调查中的 141 户（一个居民区）老人家庭的住房进行了汇总统计：

表十八　141 户老人家庭住房表

类别（人均间数）	0.2-0.39间	0.4 间	0.5 间	0.6-0.7间	0.75 间	1-1.5 间	2.0 间	合计
户数	20	36	41	19	18	10	2	141
%	14.2	25.5	29.1	13.5	9.2	7.1	1.4	100

141 户老人家庭每人平均间数是 0.467 间，而且低于平均间数以下的户数约 68%。我们之所以以间为单位而不以平方米为单位标明老人家庭的住房情况，原因在于老年人所要求的主要不是宽敞的住房，而是要求有一间单独的安静居室，而目前多数老人是与孙辈同住一室，得不到必要的休息。

老年人的时间利用

老年人的时间利用，基本上包括老年人一天中主要的时间安排，喜欢阅读的书报杂志以及退休后的打算等几个问题。

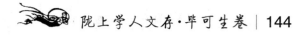

一、老年人一天中主要的时间安排：

基本上按居民和工人干部及知识分子分男女进行了汇总：

表十九　老年居民、工人干部及知识分子分男女一天主要时间分配

性别职业 时间 均时间 利用项目	居民				退休工人				退离休干部				知识分子	
	男	%	女	%	男	%	女	%	男	%	女	%	男	%
①用于学习看报	1.06	16.1	0.19	2.1	0.75	9.0	0.44	5.5	1.58	21.9	0.59	6.9	2.77	44.0
②用于家务劳动	1.28	19.5	4.16	45.6	2.00	24.0	3.44	42.6	1.33	18.4	3.15	36.8	0.74	12.2
③用于子女孙子女教育	0.19	2.9	0.79	8.7	0.92	11.0	0.56	6.9	0.30	4.1	1.22	14.3	0.32	5.3
④用于排队购物	0.69	10.5	0.62	6.8	0.42	5.0	1.13	14.0	0.42	5.8	0.62	7.3	0.20	3.3
⑤用于锻炼身体	0.33	9.6	0.34	3.7	1.75	21.0	1.06	13.1	1.02	14.1	0.56	6.5	0.49	8.1
⑥用于娱乐(看电视等)	1.13	17.2	1.50	16.4	1.67	20.0	1.13	14.0	1.61	22.3	1.42	16.6	1.09	18.1
⑦用于和邻居朋友交谈	1.01	15.4	1.02	11.2	0.29	3.5	0.23	3.5	0.45	6.2	0.93	10.9	0.09	1.5
⑧用于社会服务	0.58	8.8	0.44	4.8	0.29	3.5	0.03	0.3	0.50	6.9	0.06	0.7	0.23	3.8
⑨其他			0.06	0.7	0.25	3.0							0.10	1.7
总计时数	6.57	100	9.12	100	8.34	100	8.07	100	7.21	100	8.55	100	6.03	100
总计参加汇总人数	54		169		29		19		66		46		41	

　　从表十九中大体可以看出各类老年人生活的时间规律。老年妇女一天内的主要时间多用于家务劳动，男性老人学习看报时间一般多于妇女。各类老人一天用于娱乐的时间大体相差无几,而用于锻炼

身体的时间也普遍不多,用于社会服务的时间各类老人都极少。

二、老年人喜欢阅读的报刊

(本文从略)

三、老年退休后究竟有些什么打算?

这也可以说是对老年人近期生活目标的了解。就这一问题作答的 283 位老人的答案如表二十:

表二十 老年人退休后打算表

	1. 有余力再干几年工作	2. 做点临时工贴补家用	3. 做好家务劳动以便其他人更好地工作	4. 参加义务服务或传授技术	5. 养好身体治好病	6. 准备著书立说	7. 安享晚年	8. 没什么打算	9. 其他
工人人数	39	17	109	4	35		22	13	2
知识分子人数	11	1		3	4	7		15	1

知识分子的 42 人都是尚未退休的老年人,因此他们的"打算"更具有"未来"的性质,所以填"没什么打算"的人反而比已退休的工人为多。至于"打算搞好家务劳动以便其他人更好工作"者,人数虽多,但妇女占大多数。而男老年人则大多希望再干几年工作,与相当多的老年知识分子的想法相一致。

老年人的想法和要求

老年人的想法和要求无疑是许多关心老年人的有关工作者所迫切想了解的,同时,老年人自己也希望能把自己的要求公诸社会,使有关方面知道。调查表明,老年人认为应该举办的为老人服务的社会福利事业主要者依次为：应开设老人俱乐部以丰富老年人的精神生活；切实解决老年人的医疗看病问题；开设为老年人服务的部门；解决老年人乘公共交通车的困难，方便老人乘车；组织老人做力所能及的工作，发挥余热；开办社会保险和人寿保险。

老年人面临的困难，除个别人的个别困难外，就多数一致的共同困难而言，与上述老年人要求举办的社会福利事业有一定的关系。主要是看病麻烦，住房困难，生活服务缺乏等。

几个值得注意的问题

对老年人各方面的调查情况基本上已如上述，但是经过这次调查，我们认为至少尚有以下几个问题应该引起有关方面的注意。

（一）未来老年人口发展趋势：本地区因为属于新兴城市的新建设发展区，因此，老年人口的比重较低，但是如果认为目前老年人口比重较低，未来的老年人口问题也将不大，则必将引起对未来估计的失误。这类新发展地区，因为 20 世纪 50 年代的迁移人口所占比重较大，所以他们有相当一部分人将会同步地达到退休年龄，在短期内先后进入老年期。这就会使这类地区在未来的年代里出现老年人口突然增加的可能。据我们在本地区的调查，未来五年内六个居民区内老年人口将达到现在的两倍多，而到 1995 年则将增加到现有老年人口的五倍。而且未来老年人口将与现在明显不同的是退休职业工人将占老年人的绝大多数。尽管这类老人本身不存在较大的经济问题，然而，大量职业工人先后在相当短期内接近于同步退休的状况，必然带来职业劳动力突然面临更新的严重问题，与此同时人口的赡养比也会发生急剧变化。这一问题是我们这次调查中，就老年人口总体而言，最应引起有关方面重视的一个问题。

（二）本地区的老年人虽然有相当多无退休收入的老年人，但目前看来生活全无着落者尚属极少数,即使是这样的老人,政府民政部门或与其有关的企业也正给予其一定的生活补贴。目前本地区不论是否有退休收入的老年人最大的问题还是医疗问题。无退休收入的老年人,绝大多数不仅只能享受半自费医疗待遇,有些还须完全自费负担。而有退休收入的老年人也都害怕生病。在我们调查中,对看病是否及时问题,有 22.7%的老年人回答看病不及时。这些老年人看病不及时的主要原因,是因看病手续麻烦(占这类人总人数 64%)。从门诊挂号起至交费取药,层次繁多,老年人要往返奔波实在不胜其苦。因此, 这也是老年人在调查中要求开设老年门诊 (占调查总人数36.8%)和要求为老年人优先看病(占调查总人数 45.4%)的呼声最高的一个原因。

(三)绝大多数老年人缺乏有组织的娱乐活动和进行体育锻炼的机会,调查中,定时锻炼者仅属少数。同时,从老年人的一天时间安排看多忙于家务,有些老年人在退休后又无所事事。另一方面,一些企事业单位正由财政拨款建立了退离休干部工人俱乐部,但利用率并不高。因此,就已有的设备,面向全社会老人,以活跃老年人的生活,并有组织地开展多方面活动, 全面促进老年人的身心健康实为一举两得的事。

(四)调查中的老年人对于退休后的打算有相当一部分人希望有可能再干几年工作。从大多数老年人的健康状况看再干几年工作也是允许的(比例均见上述各有关表列数字)。而且,根据以前退休的实际情况看,当时多数退休工人干部都不是按退休年龄退休的。因此,如何发挥退休工人干部的余热, 这不仅将大有利于社会而且对老年人保持生活的活跃,促进自身的健康也是大有益处的。老年人整日无所事事或丧失生活的奋斗目标,都只能使自己日渐衰老。

(五)老年人目前在经济上尚有相当一部分须依仗儿女的供养。

尽管现在这些子女还能遵循社会敬老的道德,赡养自己的父母,但未来的城市老人仍然希望自己晚年的生活能有比较切实的保障,因此,研究切实可行的社会保险办法,以保障社会上相当一部分无固定退休金收入老人的生活,仍然是十分迫切的事。

(六)调查中有关老年人的生活是否能够自理的情况,有 86.9%的老人填写自己的生活能自理,能部分自理的占 10.6%,不能自理的占 1.8%,其余为长期卧床等情况。尽管能自理者占大多数,可是未来一代的人口将减少,老年人身边的子女决不可能如现在这样多。所以,老年人生活自理的程度也必将受到很大影响。目前,调查中的老年人已经对生活中的一些事如看病、挤交通车、购米面、搬液化气罐等感到困难,因此,如何开展城市老年服务工作和发展这种行业,随着城市老年人口增多,需要也日益迫切。

这次调查还仅限于对城市老年人的一般情况的较全面的了解。随着对老年学的研究的深入,未来的调查也必将更深刻和更系统地反映老年人的问题和情况。我们衷心地期待更多的这方面研究的出现。

(《社会科学》1984 年第 6 期)

上海市的老人家庭①

1985 年 6 月间，我们在上海市进行了一次老人基本情况的调查。

我们选择上海市作为调查基地，是因为上海老龄人口的发展有两高一快的特点：(1)60 岁及以上的老龄人口的比率高于全国；(2) 60 岁及以上人口的平均文化水平高于全国；(3) 人口老龄化发展速度快。在上海市，我们选择了南市区蓬莱路街道的三个相邻的居委会作调查点。南市区是上海的老城区，老龄化问题突出，60 岁及以上人口高达 15%。

我们调查的三个居委会共 6840 人，60 岁及以上人数为 1133 人，占总人口的 16.6%。除了因病、外出等原因不及调查者外，实际被调查者为 961 人，其中，男性 430 人，女性 531 人，分属于 741 个家庭，户均人数为 3.9 人。

961 位老人中，不识字或粗识字者 405 人，其中女性 327 人；小学文化程度者 296 人；初中文化程度者 153 人；高中文化程度者 74 人；大学及大学以上文化程度者 24 人。本调查区的老人平均文化程度在上海市区属低水平。老人职业状况是无职业老人 227 人：其中女性占 95.2%；有职业老人 734 人，其中月收入在 90 元以下者 562 人。无收入的 224 人：靠老伴的 107 人，靠子女的 93 人，靠亲友接济的 4

①原文署名"凌华"。

人,靠个人积蓄等的 15 人,由政府救济的 5 人。老人健康状况是无病者 362 人,有病不影响活动者 471 人,有病影响行动者 98 人,行动需人帮助者 20 人,长期卧床者 10 人。据调查平均每个老人患慢性病 1.4 种,占第一位的是心血管病;第二位是各种关节炎;第三位是各种呼吸系统疾病。医疗费用方面,享受公费医疗者 709 人,半公费者 211 人,自费者 41 人。961 位老人中,有配偶者 674 人;丧偶者 262 人,其中男性 41 人,女性 221 人;未婚者 11 人;离婚者 9 人;其他 5 人,这主要是指旧社会遗留的婚姻形式。

以上是 961 位老人的基本情况,下面着重分析老人的家庭情况。

一、结构和类型

通常所谓老人家庭,一般理解为老人单身家庭或老年夫妇家庭。实际的情况却是老人生活在各种不同的家庭类型之中,家庭结构类型的多样化应是我国老人家庭的特色之一。

老人家庭类型的划分我们主要以代际关系、代际层次为主线分类如下:

(1)老人独居家庭:指无子女或和子女分居的单身老人或老年夫妇家庭,共 136 家,占家庭总数 741 家的 18.4%,其中无子女家庭 31 家,子女不在本市的 21 家。

(2)老人核心家庭:指老人夫妇或老人和未婚子女组成的家庭,共 168 家,占 22.8%。

(3)直系家庭:共分 I、II 两种类型。

①直系家庭 I 型,指老人或老人夫妇和已婚儿子组成的家庭。此类家庭从代际层次来说至少包含两代,多数是三代,四代家庭属少数。只有 12 家。每代只有一对夫妇,以此区别于联合家庭。I 型总共 241 家,占 32.5%(家庭成员中含老人的未婚子女)。

②直系家庭Ⅱ型,指老人或老人夫妇和已婚女儿组成的家庭。代际层次和直系家庭Ⅰ型相同,代际关系和Ⅰ型家庭相比,主要是母女关系代替了婆媳关系,岳婿关系代替了父子关系,代际矛盾趋向缓和并容易解决。此类家庭101家,占13.6%。(家庭成员中包含有老人的未婚子女)

(4)联合家庭:指老人或老年夫妇和两个以上的已婚儿女组成的大家庭。共50家,占6.7%。(家庭成员中含老人的未婚子女)

(5)隔代家庭:指老人或老年夫妇和年幼未婚孙辈组成的家庭,共36家,占4.9%。

(6)其他家庭:指老人和其他亲友组成的家庭,共8家,占1%。

以上分类方法主要是以老人为主,突出了血缘关系和亲子关系的各种组合,上述各类数据说明了老人家庭中直系家庭居多数,占46.1%;第二位是老人核心家庭,这是天然的人伦家庭,也是永恒的家庭类型。

二、历史和变化

我们对老人的上一辈的家庭情况作了粗略的调查,取得了747个上一代家庭的基本数据。上一代老人家庭在城市的561个,在农村的186个。时间跨越了近半个世纪,因而家庭的分布极为零星分散,这是资料的第一个局限性。第二个局限在于上一代全部都是有子女的老人,缺少无子女老人的资料。因此作为对比资料,只能作一般性参考,说明一定的现象。

我们仅以上一代老人的561个城市家庭和目前老人的741个家庭作对比分析。

表一

家庭类别	目前老人家庭		上一代老人家庭	
	家数	%	家数	%
(1)老人独居家庭	136	18.4	0	0
(2)老人核心家庭	169	22.8	196	34.6
(3)直系家庭Ⅰ型	241	32.5	287	51.2
(4)直系家庭Ⅱ型	101	13.6	31	5.5
(5)联合家庭	50	6.7	29	5.3
(6)隔代家庭	36	4.9	0	0
(7)其他	8	1.1	18	3.4
合计	741	100	561	100

1. 从上表中,我们可以看出老人家庭结构中的新变化:

(1)老人独居家庭呈增加趋势。在上一代老人家庭类型中,独居家庭统计暂缺,但目前占到18.4%,这不能不令人感到老人独居家庭数量增加了。今天大多数老人有自己的收入,这是老人独居家庭的经济基础。同时老人虽和子女分开居住,但和子女保持着经常的来往,假日团聚外,平日小辈帮助处理家务。所以这样的独居生活带着我国固有的传统文化色彩。

(2)隔代家庭初露头角。上一代老人家庭中缺隔代家庭,目前百分比也不高,但它代表了一种发展趋势。此类家庭本属老人独居家庭。老人为了分担子女的困难,挑起了抚育第三代的重任;有的是第二代在外地,为了孩子的教育,把第三代送到上海寄养在祖父母家(据说上海中小学中像这样的借读生有几十万);有的则是老人自身为解除孤寂,第三代成为老人生活的乐趣。所以隔代家庭有它存在和发展的客观必然性。

（3）分灶家庭颇有引力。分灶家庭是指直系家庭和联合家庭中，老人虽和已婚子女居住在一幢楼里，甚至居住在一个房间里，但伙食分开。极少数是子女婚后即行分灶，大多数是中途分灶。分灶的原因主要是两个：一是老人想摆脱煮饭、买菜等家务劳动；二是在饮食习惯，经济分摊上有矛盾，两代人关系不好。后者是多数家庭分灶的原因。

在当前青年人结婚用房紧张，还必须和父母同住的情况下，分灶可避免婆媳矛盾，从而为老人赢得了调整家庭关系的主动权；由于摆脱了家务劳动，又使老人有了休息和娱乐的时间。两代人实行分灶，经济联系削弱了，但互相照顾，互相依存的关系还依旧继续。

据我们所知，分灶家庭在江浙城乡存在多年，现已波及北方城市。我们认为，它的出现是我国直系家庭和联合家庭向小家庭过渡的一种特殊形态。

以上变化在不同程度上偏离了中国传统家庭模式的轨道，汇向了家庭总体结构小型化、核心化的总趋势。

2. 传统家庭在渐变

（1）直系家庭的规模在缩小。直系家庭是我国名副其实的传统家庭，今后它在家庭总体中不但不会消失，而且会有发展。这是由我国国情，民族传统所决定的，也是它固有的优势所决定的。它能较充分地发挥家庭各方面的职能作用。随着计划生育的推行，直系家庭的人口规模较过去大为缩小，它的灵活性和适应性将有利于整个社会城市化、现代化的发展，因而无论在家庭总体结构中，还是在老人家庭结构中，直系家庭都具有较强的生命力。

（2）直系Ⅱ型家庭的量变和质变。直系Ⅱ型家庭指的是老人和已婚女儿组成的共同家庭，与上一代相比，数量上增多了。和旧中国相比,此类家庭正在起着本质性的变化。

首先是居家的变化,过去必定是男居女家,岳家无子息,女婿当儿子,因而称之为"入赘""招女婿"。目前岳居婿家,婿居岳家,两种情况都有,关键因素是谁有住房。第二是姓从的变化,过去是男从女姓,或者是第三代从母姓,封建的家族传宗接代的需要支配着婚姻和家庭。现在人们姓从的观念淡薄多了,即使是第三代从母姓的现象也是极个别的。第三是地位的变化,过去赘婚的家庭和社会地位均低人一等。现在翁婿之间既是间接的姻缘和血缘关系,又是平等互助的同志关系。一般来说岳婿关系远比婆媳关系容易融洽,故而目前社会舆论多有提倡者,有的老人提出了"嫁儿子,娶女婿"的主张。

直系 II 型家庭的量变和质变来源于我国新中国成立后一系列社会经济和政治的变革。

(3)联合家庭逐渐解体。表一目前联合家庭数量与老一代相比,略有增加。联合家庭一般是出现在老人原有住房比较宽敞的家庭里,属私房的较多。儿女们婚后各占一间,由老人主持日常伙食和一般性开支,也有个别家庭由各房儿女轮流主持。此类家庭人际关系矛盾很多,其中分灶家庭也多,占联合家庭总数的 58%,所以形似增加实渐解体。

三、意愿和选择

家庭结构和类型的变化主要决定于社会经济的变化和发展。随着社会的变革和经济的发展,老人的观念也在不断更新,观念是一定社会物质生活条件的反映,但它的能动作用对家庭发展的总趋势是不容忽视的。

1. 当代老人愿不愿意和已婚子女组成共同的家庭? 913 个老人对此作了回答,占老人总数的 95%。其中愿意和已婚子女组成共同家庭者占 59%(以下简称愿者);不愿与已婚子女组成共同家庭者占

41%(以下简称不愿者)。

（1）与性别相联分析

表二

类别	男		女		合计	
	人数	%	人数	%	人数	%
愿者	229	56.5	310	61	539	59
不愿者	176	43.5	198	39	374	41
合计	405	100	508	100	913	100

从表二可见，男性中愿者和不愿意者之差为13%，女性中愿者和不愿者之差为22%。愿者中女性不但绝对数值大而且相对数值也大于男性，这可能是割不断的慈母情在起作用。

（2）与年龄相联分析

表三

类别	甲 60～64岁		乙 65～69岁		丙 70～79岁		丁 80岁以上		合计	
	人数	%	人数	%	人数	%	人数	%	人数	%
愿者	170	52.1	164	60.5	165	63.5	40	71.4	539	59
不愿者	156	47.5	107	39.5	95	36.5	16	28.6	374	41
合计	326	100	271	100	260	100	56	100	913	100

从表三可得出如下结论，即以年龄组为单位，年龄越大，愿者的比率高，反之年龄越轻，愿者的比率则低，年龄和愿者人数之间成正比关系，反之年龄和不愿者的人数成反比关系。

另外，尚有80岁以上老人16人不愿和已婚子女组成家庭。其原因可作进一步的研究。

（3）丧偶老人的意愿

丧偶老人 251 人中愿者占 67.3%，这是正常现象。家庭和子女对丧偶老人价值更大，从性别分析，男性 37 人中愿者 31 人和不愿者 6 人百分比之差为 67.6%；女性 214 人中，愿者 138 人和不愿者 76 人百分比之差为 29%。因而可以认为丧偶老人中，男性愿者多于女性愿者，和一般情况正相反。其原因，一是男性生活自理能力一般比女性差，丧偶后更需要子女的照料；二是男性和儿媳矛盾少，所以多数愿意和已婚子女组成家庭。

（4）愿者和不愿者的原因种种

愿者的原因非常集中，两代人可以互相照顾是老人们愿意和已婚子女组成共同家庭的主要原因，占愿者总数的 89.6%。

不愿者的原因相对来说也比较集中。占第一位的原因是老人们愿意清静，和已婚子女组成共同的家庭必然人多事多，家庭环境嘈杂。第二位原因是担心天长日久，两代人关系会发生摩擦，造成不和。已与子女发生矛盾是第三位原因。以上三种原因，有它们相通之处，即老人们都以人际和代际关系为杠杆考虑家庭的组合去向。

表四　愿者原因统计

人数\ 类别	男	女	合计 人数	合计 %
1. 可以在生活上帮助子女	92	127	219	43.6
2. 需要子女照顾	103	128	232	46
3. 子女孝顺,不愿离开	1	3	4	0.8
4. 依靠子女赡养	1	0	1	0.2
5. 享受天伦之乐	11	21	32	6.4
6. 住房原因	1	2	3	0.6
7. 其他原因	7	5	12	2.4
总计	216	286	502	100.0

表五　　不愿者原因统计

人数 类别	男	女	合计	
			人数	%
1. 喜欢清静	69	74	143	40.1
2. 担心今后两代人关系不好处	46	49	95	26.6
3. 与子女有矛盾	16	26	42	11.8
4. 怕家务累	14	24	38	10.6
5. 住房原因	11	5	16	4.3
6. 子女婚后应该独立	5	9	14	4.1
7. 其他原因	8	1	9	2.5
总计	169	188	357	100.0

2. 老人究竟愿意在哪种类型的家庭中生活？这是一个很有趣的问题，919 个老人对此作了回答，部分未婚和无子女的老人也参加了进来。统计如下：①愿意和一个已婚子女共同生活的 251 人，占 27.3%；其中不论子女只和一个过的 97 人，占 10.6%；愿意和一个已婚儿子一起生活的 103 人，占 11.2%；愿意和一个已婚女儿过的 51 人，占 5.5%。②愿意过独居生活的 407 人，占 44.3%。③愿意子女婚后都在一起生活的 227 人，占 24.7%。④愿意和孙子女一起生活的 13 人，占 1.4%。⑤其他方式 23 人，占 2.3%。

以上和前述表一的数据基本平衡。各种家庭类型的选择中，数量最多的是老人独居家庭，其次是直系家庭。选择联合家庭的老人有近四分之一，表明了传统大家庭观念在这些老人思想中颇有影响。由此可见传统的子孙满堂的大家族还是部分老人的理想。推论到未来 21 世纪的老人，传统家庭和亲子关系在他们的观念中恐怕也将是割不断,情深长。另一方面,这也许只是反映了这部分老人思念外地子女,盼望大团圆的殷切心情。

3. 老人们认为我国城市老人居住单位应以何种方式为主? 对此问题,我们列了几个指标,供老人填写。837 个老人作了回答,占总数的 87.1%:①敬老院或老人宿舍,共 134 人,占 16%;②托老所,共 51人,占 6.1%;③与已婚子女组成家庭,共 360 人,占 43%;④老人独居小家庭,共 279 人,占 33.3%;⑤其他,共 13 人,占 1.6%。

本调查点内,要求自费进养老院、自费筹建老人宿舍的呼声甚高。有的老人是为了解决家庭住房拥挤问题,大多数老人则因家庭不和睦,愿意进敬老院或老人宿舍。这是一个很大的变化,以前的老人都不愿住敬老院,所以这和城市敬老院越办越好不无关系。

四、地位和形象

1. 老人与经济:据调查,87.7%的家庭由老人掌握家庭日常经济收支。由女老人掌管的占 70.2%,男老人掌管的占 17.5%,有 11.2%的家庭由老人的晚辈掌管经济,其中由儿子掌管的占 4.5%;由女儿掌管的占 3.8%;由儿媳管理的占 2.3%;由女婿管理的占 0.5%;孙辈管理的 0.1%。尚有 1.1%的家庭由家庭成员共同管理经济收支。目前,家庭日常生活安排,主要是指一日三餐伙食费用的管理。这是一种吃力不讨好的事情,但是在一定程度上反映了老人的家庭地位。

我们又对 258 个直系家庭进行了调查,其中 195 个家庭,子女每月交生活费给老人,占 75.6%。看来,这是目前直系家庭中两代人经济联系的主要方式。已婚子女的生活完全依赖老人的是极少数,共 5家,占 1.9%,其余多数是由子女供养老人的家庭,共 41 家,少数是由老人交生活费给子女或老人收入全部交给子女的家庭。

据调查,老人在经济上需要补贴子女的家庭不足五分之一。646

个家庭的调查表明,老人不补助子女的家庭 525 个,占 81.3%;需定期补助子女的家庭 23 家,占 3.6%;老人对子女不定期进行补助的家庭共 84 家,占 13%;老人对子女有点零星补助的 14 家,占 2.2%。这说明退休金收入水平不高的老人中,对子女补助少是正常的现象。但占总数 37.2%的家庭,老人为子女的婚事动用或用尽了毕生的积蓄。

综上所述,可以得出结论,大多数老人是家庭日常经济的管理者,他们在家庭经济力量的对比中占有一定的优势。

2. 老人和住房:我们调查的 961 位老人的住房情况大致如下:

从老人住房的类型分析:住正式房间的 787 人,占 81.9%;住棚房的 27 人,占 2.8%;住阁楼或过道的 98 人,占 10.2%;住厨房的 10人,占 1%;晚上临时搭铺或离家外住的 39 人,占 4.1%。因此,没有正式住房或床位的老人总计占 15.3%。

从老人住房的代际密度分析:老人和年轻夫妇各自独居一室的 524 人,占 54.5%:与未婚子女或孙辈合居一室的 260 人,占 27.1%;与未婚子女及孙子女合居一室的 21 人,占 2.2%;与已婚子女及孙子女共居一室(即三代合居一室)的 127 人,占 13.2%。

老年人需要有自己独立的生活用房,54.5%的老人得到了满足,目前如果和未婚子女合居一室的老人一般尚无异议的话,那么和已婚子女夫妇合居一室的老人却已感到无法容忍。

据了解,85.5%的家庭住房是老人原来多年的住房,儿女结婚用房挤占了老人的住房是个普遍的现象,为了给年轻人让房,原来只有一间房的老人只能上了阁楼,进了厨房或外出借宿。老人为子女结婚让房,在一般舆论议来是天经地义,年轻人则认为是理所当然,老人的心理是复杂的,心甘情愿又无可奈何。的确在有些家庭中,老人没有让房,于是就争吵四起,家无宁日。所以,在一片家庭住房紧张声中,老人是可悲的自我牺牲者。

3. 老人与家务劳动：961 位老人中，烧饭菜的 677 人，占 70.4%；采购副食的 561 人，占 58.4%；收拾房间的 516 人，占 53.7%；照顾幼儿的 253 人，占 26.3%；督促孙子女学习的 74 人，占 7.7%；缝洗全家衣服的 245 人，占 25.5%；不做家务活的 110 人，占 11.4%。

即使一些需重体力的家务劳动，起主导作用的也是老人。741 个家庭中，老人经常拖地板做大扫除的共 401 家，占 54.1%；买粮食的 426 家，占 57.5%；买煤或换煤气的共 343 家，占 48.1%。由此可见，老人为家庭尽力从而也为社会作出了贡献。老人是家务劳动的主要承担者，理应受到社会和家庭的承认和尊重。

4. 老人地位的自我评价："在家庭各种事务中，您的话起什么作用？"我们通过上述问题，让老人对自己在家庭中的地位自我评价。961 个老人中，认为自己的话在家庭事务中起决定作用的 449 人，占 46.7%；认为自己的话在家庭事务中起参考作用的 412 人，占 42.9%；认为自己的话不起作用的 100 人，占 10.4%。可见 86.9% 的老人的家庭地位是高和比较高的，不同程度地受到家庭其他成员的尊重。

五、乐趣和烦恼

1. 老人的乐趣何在？414 个家庭中，258 个家庭的老人认为家庭乐趣在于子女的孝顺，家庭的和睦，晚辈的成才，全家能朝夕相处，节日家庭的欢聚等，占 62.3%。以逗弄第三代为乐趣的 55 家，占 13.3%。以老夫妻相爱为乐趣的 35 家，占 8.5%。以看电视、喝酒等物质享受为家庭乐趣的 57 家，占 13.8%。以与猫做伴为乐趣的 1 家，占 0.2%。由此看来，多数老人认为人到老年需要一个关系融洽的家庭。在和睦家庭中，老人会重新感到生活的意义和生命的价值。相反，在缺乏和睦气氛的家庭中，老人感到忧郁和压抑，严重的会患上老年性精神病症，有的不由自主地把感情寄托在物质享受和小动物上。因此家庭对老人所起的作用属积极或消极,老人有无家庭乐趣,关键在于子女和老人的关系是否和谐有序,也在于老人能否从第二代身上得到欢娱和快慰。

2. 老人对自己的子女评价如何?孝顺子女知多少?有 574 个家庭的老人对自己的子女晚辈作了好的评价,占家庭总数的 77.4%。认为子女都很体贴老人的家庭共 160 个,占 28%;认为子女对老人态度一般的 79 家,占 13.8%;46 家老人认为子女中有一子一女能做到孝顺老人,占 8%;认为女儿孝顺的 142 家,占 24.8%;认为儿子孝顺的 95 家,占 16.6%;认为儿媳孝顺的 26 家,占 4.5%;认为女婿孝顺的 7 家,占 1.2%;认为第三代最体贴老人的 19 家,占 3.3%。

这些子女做了些什么事情令老人如此满意呢?综合起来,有以下几个方面:老人有病时陪医、陪夜;设法解除老人的寂寞,如平日和老人聊聊天,节假日陪老人上公园、看电影,和自己妻子、儿女出去旅游时,不忘邀请老人一起去等;帮助老人克服体力上的困难,如抢做家务活,帮助老人洗澡等;关心老人生活,如按时交生活费,发薪时或老人生日时买点小礼品以表心意;有事情和老人商量,尊重老人的意见。看来以上事情不难做到,而且有的子女只是做到其中一两件,老人就非常满意了。

3. 不和睦家庭知多少?老人自诉为不和睦的家庭共 120 个,占家庭总数的 16.2%。不和睦现象发生在婆媳之间的 52 家,占 43.3%;发生在父母与已婚子女之间的 25 家,占 20.8%;发生在老人与未婚儿女之间的 2 家,占 1.7%;发生在岳婿之间的 9 家,占 7.5%;发生在兄弟姐妹之间的 9 家,占 7.5%,发生在叔嫂、姑嫂、妯娌之间的共 4 家,占 3.3%;发生在老年夫妻之间的 17 家,占 14.2%;发生在第二代夫妻之间的 2 家,占 1.7%。以上资料说明,不和睦现象发生在老人与第二代之间是多数,共占 73.3%。其中婆媳不和的数量尤为突出,占一半以上。其次是老年夫妻之间的不和也占一定数量。

造成不和睦的大量原因是争夺住房。此外尚有经济摊派,赡养问题,子女干涉老人再婚,生活习惯的冲突,家务琐事的碰撞等。婆媳不和的原因中,除物质利益、住房利益的原因外,厌恶、嫌弃老人的不道德行为也很突出。如有的老人常遭到儿媳的白眼和责骂,厌恶老人情绪还影响了第三代,并通过第三代赤裸裸地表现出来。造成家庭不和睦的老人方面的原因,主要是有些老人没有摆平子女儿媳之间的物质利益关系。

4. 老人的苦恼来自何方?上述 120 个有不和睦现象的家庭中,有 48 位老人认为家庭不和已成为自己最大的苦恼。这 48 位老人仅占全体的 5%;作为整体来观察,他们有以下的特点:一是女性多,共 38 位,占 79.2%;二是丧偶老人多,共 40 人,占 83.3%;三是高龄老人多,70 岁以上老人共 30 人,占 62.5%;四是无收入和低收入老人多,无收入老人 11 人,收入在 60 元以下的共 31 人,合计 42 人,占 87.5%。

这些老人的苦恼全部来自子女媳婿的恶行。子女对老人施以恶行的方法已不是饿饭、殴打或沉重的劳动,大量施行的是精神上的折磨,正如有个老人所说子女们的"冷言冷语难听,冷面孔难看,冷饭难吃"。有的小辈常指着老人说:"你为什么不早点去死?!"有的强占父母的住房,使老人无处安身。有的在生活上刁难老人,如不准老人使家庭用具,甚至不准使用马桶。有的终日板着面孔不和老人说话,老人说点话,小辈们连连喝止:"烦来,烦来!"(上海话,即讨厌极了之意)有的子女不负赡养责任,互相之间把老人推来推去。由于这些子女的无情绝义,有的老人已向社会发出"救救老人"的呼吁。

六、结论

1. 与西方的老人家庭迥然不同,我国老人的大多数生活在与子女共同组成的家庭中,家庭结构类型呈多样化。老人家庭的各种模式正在各放异彩,齐头并进。其中直系家庭历来占多数,显示了我国传统家庭特有的生命力。与此同时,随着社会经济和科学文化的发展,城市老人家庭的小型化、核心化的趋势必然会日益明显。

2. 多数老人家庭地位稳固。每月固定的劳保收入,多年来为家庭子女付出的心血,是老人们在家庭中获得稳定地位和获得子女尊敬的基础。目前老人们愿意继续为家庭作出贡献,他们掌握着家庭日常开支,承担着全部或大部的家务劳动,维持着家庭团结的气氛,甚至分担着子女的忧难。凡此种种,其目的无非是想为年轻一代创造学习工作的条件,并让他们有机会参加各种社会活动。当子女成家缺房时,他们甚至可以做出牺牲,奉献出自己晚年生活赖以立足的住房。当然,为此他们也要求子女尊敬、关心和疼爱他们,并对老人们付出的心血和做出的牺牲给予高度的评价。

3. 多数老人的处境良好,受虐待的是个别的老人,对处境满意程度差的老人是少数,在全体老人中大约占 10%~17% 左右。数据如下:①本人没有经济收入靠子女养活者占 10.4%;②健康状况不佳者占 13.3%;③在家庭事务中不起作用的老人占 10.4%;④与已婚子女共居一室的老人占 13.2%;⑤居住在厨房、阁楼、过道或在家庭中没有固定床位的老人占 16.3%;⑥由于和已婚子女关系不好而不愿和已婚子女组成共同家庭的老人占 14.3%;⑦自诉为不和睦家庭数量占家庭总数的 16.2%;⑧认为敬老院和老人宿舍是老人居住的最好方式的老人占 15.1%。

为改善老人处境,我们特提如下建议:

1. 社会和家庭共同来解决老年人住房问题

住房对每个人的生活都是重要的物质因素,老年人尤其如此,它在很大程度上影响着晚年生活的质量。目前,我国基层老人对住房要求不高,只是希望在家庭中有自己独立的居室。这样,他们认为才可能按自己的志趣去安排生活,个人按自己的意愿去支配个人财物,老人的尊严才得以维持,个性才得以发挥。从而可以摆脱人际关系的种种干扰。做到确保老人住房的基本要求,国家需要有一个经济发展的过程。但是在目前,家庭和社会如果通力合作,采取各种措施,老人对住房的基本要求还是有可能满足的。为此,我们建议:

①今后民用建筑的设计要面向大多数,要适应家庭结构、规模发展的需要。我们认为二至三居室的单元既适用于核心家庭,又适用于传统家庭。

②老年公寓、老人宿舍的建造和试用已提到日程上来,这是面对老龄化形势的一项必要措施。今后进入婚龄的独生子女,必然不能留在父母身边。身边无子女的老人将日益增多,他们晚年生活的各种需要可以从老年公寓、老人宿舍中得到满足。目前居住条件恶劣或不愿与子女共同居住的老人对老年公寓和老人宿舍抱有很大的兴趣。所以,我们希望有关设计部门应充分研究老年人的特殊需要,设计出适合老人心理、生理需要的住房。

③退休老人的原工作单位,在住房分配方面,要把退休职工和在职职工同等看待。对与已婚子女合居一室的老人和住阁楼、过道或没有固定床位的老人应予以特别关注。

④社会对住房的分配和销售应实行奖励性政策。老人没有自己独立居室的主要原因是子女结婚挤了老人的住房。因此,住房分配和销售上需实行奖励性政策,作为现行住房分配制度的补充。如对住房确有困难的五好家庭给予优先或优惠照顾等。这对确保老人的住房利益,明确两代人相互的权利和义务,净化社会风气等方面必有巨大的推动作用。

⑤在家庭中,两代人要同舟共济,齐心克服住房困难。家庭在住

室的安排上首先确保老人居室,使老人得到了安居,这样的第二代社会应予表扬和奖励。我们也希望至今还住不安寝的老人和子女们能在家庭范围内作些妥善的安排,共同度过目前住房的暂缺时期。

2. 加强老年医疗工作是群情之所盼

据一般估计,老年人在门诊医疗对象中占40%,在需要住院的对象中占60%。又据上海市卫生局的资料,65岁以上老人患一种慢性病者占70%~85%,有的老人同时患三四种甚至七八种。面对人口老龄化形势,设立老年病专门医院和老年病防治的研究机构已属必要,为此,又必须从现在开始在高等医学院校设立老年病系学科,培养这方面的专门人才。

本调查区的老人对疾病的治疗和病后的护理表示了极大的关注,其迫切程度仅次于住房方面的要求。我们仅从微观角度,根据老人的要求提出几项可行性建议。

①定期体检。老年病有隐匿期长、症状不典型等特点,因而常常造成难诊和误诊。定期体检对于老年病的及早发现和及时治疗显然十分有利。限于条件,现在对离休干部的体检抓得比较紧,这是对的。但希望体检的范围能逐步扩大到退休职工和社会老人。

②优先看病和就近看病。上海的医院已实行70岁以上老人优先看病的办法,在全国属先行,值得各地仿效。我们建议应把优先看病的年龄放宽到65岁,65岁是国际上通用的老龄化年龄标准。为了方便老人就医,还应该允许退休老人就近选择合同医院。

③改善医疗态度。上海是个老龄化城市,医生救死扶伤的职业道德正面临挑战。老人们殷切地希望处在老龄化前哨的上海医务人员不但能治好疾病,而且态度温和关心病人,使老人感到温暖,从而满怀信心地和疾病作斗争。

3. 满足老人精神生活的需要,社会和家庭都有责任

人到老年,一要生活有所依,二要精神有所寄。我国的城市老人,生活有所依问题已经基本解决,而且解决得令老人较满意。本调查中43.3%的老人把晚年生活安定,收入有保障列为自己一生中最高兴的事。相形之下,老人的精神生活就显得贫乏了。据调查,52.8%的老人对如何度过自己的晚年毫无打算。这从侧面反映了有半数以上的老人缺乏应有的精神生活,久而久之,孤僻、痴呆等心理和生理病症就会乘虚而入。为此,我们建议:

①家庭和子女应该关心老人的精神生活。老年人喜欢清静但又害怕孤独,喜欢热闹又不爱喧器。针对老年人心理矛盾的特点,如对有文化的老人可以给他借些书报杂志.对所有的老人常和他们谈谈天,通通各种信息,陪他们散步等,但活动不要安排很多。

②各街道和各居委会应因陋就简地创办老人活动站(室)。在征求老人们对老龄工作意见时,38.2%的老人要求建立老人活动室。老人们可以在那里看书报、玩棋牌。活动室还可以组织各种讲座,采取老人们自己办,自己讲的方式。活动站办得好,可以活跃老人的文化生活,开阔老人们的眼界,增加人际交往,文化站管理得好,会形成一个老人中心,能够促进老人的自助活动和老龄工作的全面展开。

举办老人活动站需要场地,这是最困难的事情。我们建议:过去有过的老人活动站应该恢复起来,挪作他用的场地和房屋应该归还;和附近的学校联系,利用学校的空闲时间和空闲教室,作为老人活动的阵地;街道附近的企事业单位,解放军的老干部活动室可以定时向附近老人开放等。我们相信具有远见卓识的各级领导一定能把老龄问题重视起来,善于把各项事业的经济效益和社会效益结合起来,创办起各种形式的老人文化活动站。

4.“老有所用”的渠道亟须沟通

老龄人口中蕴藏着丰富的人力和智力资源,如能得到开发和利用,是一股不可低估的建设力量。从个人来说,老人退休后继续工作,既有利于身体健康,又有利于提高生活积极性。日本把退休老人再工作称之为"第二人生"。

据调查,961位老人中,有266个老人愿意退休后继续工作,占全体的27.7%,141人具有各种技能特长。但因缺乏一个专门机构,因此,老年人力、智力供需之间沟通不畅。我们主张多种渠道、多种方式为老人创造贡献余热的机会,但主渠道应该是最了解老人技能和要求的各企事业中的工会(或退休职工委员会),和各街道的老年人协会。希望退休后再工作的老人可以到那里去登记,需人的单位可以到那里去联系。我们调查所在街道的老年人协会正是这样做的,取得了很好的成绩。

5. 发展以老年服务为中心的第三产业以解决老人燃眉之急和后顾之忧

从资料分析,城市老人的独居家庭将日益增多,发展老年社会服务事业将成为客观需要;即使直系家庭中,老人虽是家务劳动的主力,但显然是力不从心却在勉力而为。还有突发性的疾病急需送医、病后照顾和护理等一系列问题,处处都使老人忧心忡忡。

961个老人病时或病后照顾,依靠老伴的占52%,依靠子女的占38.2%,依靠媳、婿、孙辈照顾的占3%;以上家庭照顾合计占93.3%;其余则依靠邻居、亲友、单位组织、街道干部等照顾,其中邻居照顾最多,单位照顾最少。

家庭照顾对于老人来说是最佳方式,家庭成员对老人最了解,其照顾和护理使老人感情和精神上感到快慰。要承认感情的医疗效果,要承认爱抚的力量有时胜过医药。同时这也是家庭应尽的义务。不论社会服务事业如何完善,老人病时和病后照顾以家庭为主始终是合理的。

此外,也应看到完全依靠家庭照顾也存在弊病:一是加重了在业人口的负担,二是加重了另一部分老人的负担。老人病了,半数以上由其配偶负责照顾,照顾患病老人工作量大,时间长。通常是一个病刚好,另一个又病倒。因此,我们认为以老人服务为内容的第三产业是家庭照顾的辅助形式,也是日渐到来的人口老龄化形势不可缺少的行业。

6. 在广泛开展敬老宣传的基础上,创立中国老人节

尊老敬老是人类文明社会最早的道德准则,也是做一个文明人最起码的标准。因此,在全社会广泛开展敬老宣传,实在很必要。谁家都有老人,谁都要步入老境。只要宣传得法,我们民族的传统美德一定能发扬光大,并将吸引着世界的注意。

我们倡议,建立中国老人节,时间定于每年农历九月重阳。创立老人节是我国人口老龄化发展的需要,是建设社会主义精神文明的需要,是发扬我国传统美德的需要,是中华民族承上启下密切两代人关系同建中华的需要,也是发扬我国优势进行国际交流的需要。

每年老人节的纪念活动以基层和家庭为主。贯彻互补互济互助的原则,发动社会、集体和家庭为老人服务,也鼓励老人组织起来为社会、集体和家庭贡献力量。各单位在此期间表扬尊老的个人,奖励那些为国家社会出力的老人。

我们相信,只要指导思想正确,不搞形式主义,通过老人节作为团结联系的环节,定能把我国社会主义精神文明建设推到一个新的高度。

(《社会学研究》1986 年第 4 期)

人口老龄化究竟是一种什么性质的社会现象

人口老龄化是指人口中老年人口比重逐渐增加的趋势。人口老龄化是一种什么性质的社会现象？对社会发展会产生不利的影响吗？对此，远在 1982 年世界老龄问题大会的文件中已经指出："人口老龄化一般不会造成社会经济发展的障碍。"（世界老龄问题大会文件，老龄问题与经济政策结论部分）但近年国内受日本某"人口学家"的影响，加之一般人缺乏对老龄问题的了解，人云亦云，"白发浪潮""人口负担加重"等流言广为传播，实有辨析之必要。

一、人口类型的转换

人口老龄化与人的个体衰老是完全不同性质的两种现象。尽管个体衰老是老年人口产生的原因，但人口老龄化绝不意味人口整体将走向衰老和死亡。人口是永远生生不已的。人口老龄化甚至可以说是人口发展向最佳状态转化的一种趋势。这种发展在人口学上就称作人口类型的转换。

人口类型转换的最基本因素是人口中出生率和死亡率的降低。低死亡率代表了人类长期努力和追求的良好愿望——长寿的实现和提高。而低出生率也只是一个文明发达社会才有的标志。因为只有育龄妇女文化水平的提高和就业率增加，养老保险的普遍实施，人的生殖欲望才能有所降低。这两种社会进步因素作用的结果，就导致了人口老龄化发展的必然趋势。也正因此我们才能肯定人口老龄化是人口发展的一种最佳状态。

国际上对人口老龄化,现在已经有一个约定俗成的标准,即 60 岁以上人口占总人口的 10% 以上或 65 岁以上人口占 7% 以上，就称这个人口是"老年型"人口,或称这一人口已进入"老龄化社会"。也许正是这一名称引起了人们的误解,其实它只是人口老龄化程度的一个尺度而已。

二、一个导致错误认识的公式

不过除了对名称的误解之外，人口学中还有一个人口负担系数公式,也是导致对人口老龄化产生误解的重要原因。这个公式是:

$$人口负担系数 = \frac{少年人口(0\sim14岁人口)+老年人口(60岁以上人口或65岁以上人口)}{劳动人口(15\sim59岁或64岁人口)}$$

按照这一公式的数学关系,少年人口或老年人口的增长,都会导致劳动人口负担加重。但是进入 21 世纪以来,由于社会养老保险在世界范围推广和人的寿命的延长,老年人体质的增强等,世界老龄问题大会已经明确指出:"把老年人看成是受供养人口的观点，对老年人自己和对社会……都是十分有害的……必须打破这种无稽之谈。"(世界老龄问题大会文件:老龄问题与人道主义)这样一来,原来的人口负担系数公式就必须进行一个重要的改正,即从受供养人口中去掉老年人口的部分。

其次,由于现代人口统计学资料的完备,人们还可以发现,根据原来的人口负担公式,人口负担系数有趋于一个常数的可能。这种可能实际上是一种猜想,它像数学的哥德巴赫猜想一样,事实虽然大体无误,但数学推导尚需待之异日。

三、一种对人口结构的猜想

这种猜想可较完整地表述如下:①受供养人口即少年人口加老

年人口比重波动于 40%~45% 左右，而劳动人口波动于 60%~65% 左右。试以中国人口的实际和预测数字举例，如下表：

选定年份中国人口年龄结构比重表

年份	少年人口 0—14 岁人口（％）	劳动人口 15—64 岁人口（％）	老年人口 65 岁以上人口（％）
1953	36.3	59.3	4.4
1964	40.7	55.7	3.6
1978	35.8.	59.7	4.8
1982	33.6	61.5	4.9
1985	28.4	66.0	5.6
1990	24.4	69.4	6.2
1995	23.6	69.6	6.8
2000	23.8	68.7	7.5
2010	18.8	72.3	8.9
2020	15.3	73.0	11.7
2030	18.8	65.4	15.9
2040	15.4	64.4	20.2
2050	16.4	63.8	19.8
2060	21.2	60.1	18.7
2070	17.2	63.0	18.8

资料来源：1953—1985 年据实测数字，1990—2070 年据田雪原中位预测数字。

这种现象几乎可以从世界上任何一种人口中发现。②少年人口和老年人口的比重是互补的。所以，根据人口负担系数公式人口老龄化虽然增加了劳动人口对老年人口的负担，却减少了对少年人口的负担。由上一节我们已经知道把老年人口视为受供养人口是错误的，所以，人口老龄化实际上是逐渐减轻了劳动人口对少年人口的负担。这也就等于人口负担系数的减少。③就一个人口来说，由于少年人口和老年人口比重之和也趋于一个常数，即使是人口的负增长也只是出生率略低于死亡率而已，不可能受供养人口全是少年人口或全是老年人口。在上举中国的预测数字中，自 2030 年以后中国的总人口都是负增长。但前述的猜想情况也仍然不变。由此看来，我们还可进一步澄清一些不正确的认识。

四、澄清几种疑难和谬误

①人口老龄化是社会发达进步的结果，是人口发展的必然趋势，应视为一种社会良性运转和人口发展的最佳状态。把人口老龄化视为灾难是一种完全错误的理论。事实上，现在全世界据联合国《社会统计概览》(1981 年版)刊登的对 146 个国家的统计，已进入老年型人口的国家和地区已达 38 个，它们都属发达富裕的国家；相反，凡是年轻型人口国家和地区却都是贫困和不发达国家。

②人口老龄化会增加劳动人口和国家的负担吗？人口老龄化只会减少劳动人口的负担已如前述。以我国的实际情况为例，我国自 20 世纪 70 年代初实行减少出生的计划生育政策以来，20 年来全国少出生了 2 亿至 2.5 亿人口。尽管由此导致老年人口比重有所增长，也就是加快了人口老龄化的速度，但这只是一个空的比例增长，实际上老年人口的绝对数并没有大的变动。但从而却使我国政府和社会减轻了 1.6 万亿元至 2.5 万亿元的抚养少年人口的费用。这实在是一项很大的节省。这也就是为什么实行计划生育可以促使我国较快地富裕起来的根本道路。

③我国在社会主义初级阶段就进入老龄化社会，将使国家和社会不堪负担吗？目前国家支付的养老保险金实为老年人年轻时创造的剩余价值的储蓄。我国 50 年代初即已建立起劳动保险基金，只是在"文革"中的 1969 年被一纸公文破坏无余。现在重新征集，遂在企业中产生

由在职职工养活离退休职工的错觉。即使如此,目前每年离休退休金支付总数的 200 余亿,只占国民生产总值的 2%~2.5%,基本符合我国社会经济发展的阶段负担。即使 2000 年以后,退休职工总数估计将不至超过 5000 万,那时退休金的支付估计也仍只占国民生产总值的 3%左右,不会更高。至于占老年人口 75%~80%的农村老人养老问题,则可以从现在起就推广社会养老保险、人身养老保险等自储方式逐步解决之。所以,认为我国人口老龄化来临过早,也是一种不必要的担忧。

④人口老龄化将使劳动力不足和劳动力老龄化吗? 到下个世纪我国劳动人口的绝对数将有所减少。但是,劳动力的不足是相对于被供养人口而言,而且随着科技的发达,劳动力的需求将更加考虑素质的提高。事实上,发达国家实现老龄化社会最长者已百余年,短的也有几十年或十几年的历史, 均不见有因此而短缺劳动力的记载。所以,这也是一种无需的杞忧。至于是否会导致劳动力老龄化的问题,这是将劳动人口和劳动力这两个概念混为一谈所致。随着人口的老龄化,劳动人口部分的年龄中位数可能会略有提高(如增加五岁),但是,这并非劳动力的老龄化。因为,只要进入劳动岗位的年岁上限不降低,退出劳动岗位的年岁下限不延后,就不会出现在岗劳动力的老化。这是很明显的道理。

就现在已经进入老龄化社会的国家和地区的实际情况看, 由于人口结构这种转变而导致社会经济衰退的还没有一个实例。所以,我们要在 2000 年以后,达到小康社会,就应努力促进人口老龄化的这种人口结构的转变,澄清对此的一些模糊和错误认识,同时,更重要的是做好迎接人口老龄化的准备,如建立和充实社会养老保险基金、大力推行人身养老保险、切实保证计划生育的实施等,保证在下个世纪使我国实现一个繁荣富裕的有中国特色的老龄社会。

(《社科纵横》1992 年第 4 期)

老年学

【老年学】（Gerontology）是近代科学领域内发展起来的一门新学科。从前，人类寿命较短，人们对自己老年期最关切的事是如何获得长寿和减轻疾病的痛苦，主要是重视老年医学方面的研究。我国约于战国时期就有了炼制延年益寿金丹和适于老年人体育锻炼的方法。西方医学界在抗老防老医疗方面的研究也起步较早。20 世纪中期，世界老年人在全人口中的比重有了较大的增长，老年人在社会上的可见度显著增强，对老年人和老龄问题的研究远远越出了医学的范围，而扩展到社会学、心理学以至教育学的领域，出现了老年社会学和老年心理学；它们与老年生物学、老年医学共同构成对人的老年、老龄过程和老龄问题的综合研究，统称之为老年学。当前老年学研究范围有：老年生物学：研究机体衰老变化，衰老的组织变化，衰老原因与理论探索，人类寿命与长寿，人类寿命与环境关系，死亡与临终，老年性生理等；老年医学：研究老年病防治，防老抗老临床治疗，老年病预防，老年保健与营养，老年传染病，老年性医学等；老年心理学：研究老年发展心理，老年精神活动功能变化，社会环境对老年人的心理影响，退休对老年心理影响，老年精神病等；老年社会学：研究老龄问题总体构想，人口老化趋势及其社会影响，老年人的社会组织，老年人社会保障制度或社会保险制度，老年教育，老年人政治参与，老年人赡养及其他社会问题，老年人人才开发等。老年学形成一门学科约完成于 20 世纪四五十年代。第二次世界大战以后，有关人的老年研究就从主要是医学研究发展成为一种综合性研究，形成一门有广泛学术基础的学科。老年学现在已经有了专门的学术组织或团体，如老年学会；专门的学术研究信息园地，如老年学杂志期刊；专门的学术著作和教育机构，如老年学系、老年学院等。我国是个有尊老敬老传统的国家，近几年来有关老年问题工作机构先后建立，老年学的学术组织已有老年社会学会、老年人问题研究会和老年医学会等。有关老年学的刊物有《中国老年》《老人天地》《老人》《长寿》以及《中华老年医学杂志》等，也出版了少量有关老年学的专著、文集和调查报告等。

（王康主编:《社会学词典》，山东人民出版社，1988 年，第 143 页）

老年社会学

【老年社会学】（sociology of aging）运用社会学的理论和方法对人的老龄化和老年社会群体进行研究的一门学科。它既是老年学的组成部分，又是社会学的一个分支学科。

产生与发展　人的老龄化是老年社会学产生的最根本的社会条件。现代社会由于科学技术的进步、医学的发达，人的寿命越来越长，老年人口在总人口中的比例越来越高。这种人口的老龄化过程已成为发达社会必然出现的一种趋势。据联合国 1980 年《社会统计概览》公布的数字，从 1960—1985 年全世界 65 岁及其以上的老年人口将由 1.5676 亿增加至 2.7449 亿。老年人口在总人口中所占比重也将由 5.25%增加至 5.69%。在 187 个国家和地区中，老年人口比重超过 7%的国家及地区已达 38 个。人口老龄化的趋势预计在 21 世纪还会加速。同时。现代社会工业化和都市化的结果，老年人的社会经济地位发生了变化，改变了老年人赡养关系，并使老年人的社会显著度大为增加。这些因素大大促进了老年社会学的系统研究。

早在 20 世纪初，西方国家就已有学者开始从事现代老年医学与老年保健研究，并出现了老年医学这一名词。40 年代西方国家生物学家借用希腊文合成了 gerontology（老年学）一词，老年学逐渐成为一门正式的学科。社会学界也有一些学者致力于老年社会学的研究。1948 年美国社会学家 O.波拉克撰写了《老龄的社会调整》一书。美国社会学者 E.W.伯吉斯在该书的前言中指出："该书之所以重要，因为它给社会学家提供了一个指导未来研究的基础"。到 80 年代,欧洲、北美、日本和苏联等一些人口老龄化发展较快的国家,有关老年社会学的研究成果已相当丰富。中国老年社会学研究始于 80 年代初期。中国老龄问题委员会和地方老龄问题委员会、中国老年学会和地方老年学会陆续成立以后,有关老年人和老龄问题的研究也迅速发展起来。

研究对象与范畴　人的老龄化是一种生物过程,也是一种社会过程。老年社会群体的存在与发展,实际上是这种过程的产物。老年社会学就是研究这种过程的社会方面以及老年群体的各种社会特征与活动规律。研究内容和范围大体包括:①人口老龄化的过程。人口老龄化是人的老龄化作用于整体人口的一种结果,同时又是社会人口发展的必然趋势和优化状态。它的最重要的指标是老年人口在总人口中的比重。老年社会学根据这一比重及相关指标,研究人口老龄化的程度及其发展的规律与特征。②人口老龄化与社会发展的关系。社会学家对人口老龄化与社会经济发展之间的关系进行了多方面的探索。它涉及劳动就业、劳动生产率和劳动人口的关系;对消费市场的影响;与社会人口负担及赡养负担的关系;对建设规划的影响等。当代西方国家的一些老年学学者,对人口老龄化与社会发展的关系作过悲观的推断。1982 年维也纳老龄问题世界大会对此则给予了相反的论断。大会认为:"年龄在 60 岁及其以上人口的增长和儿童数量的相对减少,将显著地改变社会和经济许多结构。人口老化不一定会造成严重的经济障碍。"③老龄化与家庭。老年人的家庭虽然会受整个社会家庭演变的影响,但由于男女寿命的差异,老年人的家庭必然具有本身的特点,如鳏寡老人增加、代际关系、赡养关系问题等。④老年人的社会保障和社会保险。社会保障制度和社会保险是近代工业社会的产物,也是老年劳动者生活保障的主要依靠。有关这方面的研究涉及老年社会保障及保险制度的建立、基金的征集、享受的范围及条件,以及基金的管理等问题。⑤老年人就业与人才开发。社会愈发展,老年人的寿命就愈长。科学技术的进步使老年人可承担的工作也多起来。因此存在着老年人就业或重新就业的问题。⑥老年人的教育问题。教育的终身性已经得到当代社会越来越普遍的承认。老年人的教育不仅有助于老年人自身生活的调整,还有助于社会的协调发展和发挥老年人在科学技术上的作用。⑦老年人的扶养与服务机构。在现代社会中,对老年人的扶养与服务,将更多地由社会承担。老年人的扶养与服务机构的建立、组织管理将愈来愈重要。⑧老年人闲暇时间利用与文娱保健活动问题。老年人闲暇时间将比过去多,社会保障制度的普遍实施,老年人用于闲暇时间的消费也比过去多,如何满足老年人这方面的需要已成为一个重要课题。中国学者将上述问题归纳为老有所养、老有所为、老有所学、老有所乐和老有所医5个问题。此外,有关老年人的社会问题还有老年人的住房问题、犯罪受害问题、自杀问题等。

(毕可生　邬沧萍)

(中国大百科全书总编辑委员会《社会学》编辑委员会中国大百科全书出版社编辑部编:《中国大百科全书——社会学》中国大百科全书出版社,1991年,第150页)

老年社会保健

【老年社会保健】(healthcare of the aged) 国家或社会机构推行和提倡的以增进、保护老年人身心健康为目的的社会性服务。随着社会的老龄化，老年保健服务的组织与措施发生了重大变化。由重视传染性疾病、急性疾病和发病后的治疗，转向重视治疗和照顾慢性多发性疾病，重视增强老年人的体质和心理健康，重视引起老年人身心健康不佳的社会、环境和人际关系因素，不断查验老年人身心的功能，以及恢复和保护老年人身心功能等方面。老年社会保健服务与措施的工作重点是老年疾病的早期诊断与预防，关心老年人的营养，防止发生意外事故的措施，注意环境卫生与安全，提供定期体检便利等。

一些发达国家和推行社会保障制度、社会保险制度的国家及地区，老年社会保健资金已包括在社会保障和社会保险制度规定的经费项目中，老年社会保健服务已具备财政或经济的支持。在尚未实行社会保障制度的发展中国家和落后的农村地区，老年社会保健资金匮乏。老年社会保健服务主要由政府有关老龄机构管理，由老年医院或门诊部、养老院、护理之家、疗养院、日间托老所以及老年精神保健中心等机构承担。即使在发达国家，仍有不少于70%的老年保健服务是由家庭承担的。在推进老年社会保健服务方面，重点是帮助高龄老人以及鳏、寡、孤独者。国家或地区要制定出保健和经常性护理政策及方案，提供对家庭老年保健服务的指导和帮助，建立社区服务和可供选择的社会保健机构，增加从事老年保健工作的医务和护理人员。

各国政府还应考虑利用税收、保险计划筹集资金,以保证老年人享受到所需的护理和保健服务。

（中国大百科全书总编辑委员会《社会学》编辑委员会中国大百科全书出版社编辑部编:《中国大百科全书——社会学》,中国大百科全书出版社,1991年,第148—149页）

老年社会价值观

【老年社会价值观】(socialvalues of the aged)社会多数成员对老年人的作用、意义的基本看法或总的评价。影响对老年人的价值判断的因素主要有社会生产力发展水平、老年人在生产中的地位、风俗习惯、家庭结构、宗教信仰和政治制度等。

老年社会价值观首先取决于社会生产力的发展水平和老年人在生产中的地位。在史前社会,生产力低下,人们谋生方式主要是向自然界采集食物,无较多的食物剩余和储藏。老年人不仅无力为他们自己和部落采集足够的食物,即使随部落游居也较困难。在这样的社会中,人只在他们还能发挥作用时才受到尊重,一旦衰老就将被群体抛弃。日本北海道的虾夷人,亚洲东北部和美洲北部地区的土著居民爱斯基摩人,南美洲玻利维亚的山区西利诺人都曾经有过遗弃老年人的风俗。原始社会后期、奴隶社会、封建社会和工业社会早期,老年人逐渐成为技能、工艺的传授者,他们被视为知识和技能的代表,因此老年人的社会价值不断提高。发达工业社会,由于技术更新迅速,劳动强度增加,老年人常成为解雇的对象,社会上重视老年的社会价值逐渐为重视青年价值所取代。随着社会的更加发达和科技的不断进步,老年人在人口中的比重日益增加,都市化使老年人的社会显著度更加突出。生产过程对劳动的要求,高强度已渐为高技术所取代。老年人自身也开始进行有组织的行动,以争取自身在社会上更好的生活和工作权益。老年人的社会地位在发达工业社会中有所恢复,老年人的价值也随之提高。

各种社会的传统风俗习惯是影响老年社会价值的重要因素。最明显的例证是中国汉民族在长期封建社会中崇尚大家庭及族长制，儒家传统笃信孝道影响深远。老年人一贯受到尊敬。又如美国西南部印第安人的霍皮族，老年人受到全民族供养。他们不但负有传授关于维持群体生存知识的责任，还通过歌曲、故事、游戏和舞蹈等形式向整个群体传播有关神话、传说和历史。犹太人也具有尊重老人的风尚，据信部分原因是长期受到别的民族歧视，从而形成一种家庭和集体的牢固团结，发展了对老年社会成员负责和尊重的意识。

家庭结构是影响老年社会价值观的又一因素。一般大家庭中老年人地位较高。老年人既是一家之长，又是道德、行为的楷模和智慧、技能的保有者。大家庭中老年人的殊荣地位，不仅是东方封建社会家庭结构的特点，也是古代西方如希腊的雅典、罗马以至中世纪欧洲的大家庭共有的特点。在近代工业社会城市中，核心家庭逐渐取代大家庭，老年人失去了过去在大家庭中的特殊地位。家庭结构的改变，伴随着工业化早期生产过程中对老年人的排挤，形成社会上老年价值观降低的趋势，导致某些"歧视老年"现象的产生。

宗教也是影响老年社会价值观的重要因素之一。回教教徒严格遵守《古兰经》尊敬老人的信条，形成了传统的敬老风尚。又如早期笃信宗教教义的清教徒社会中敬老风尚也极浓郁。几乎世界上所有的宗教都有宣传尊敬老人的教义，在各种宗教社会群体中老年社会价值观都是较高的。

政治因素对老年社会价值观也有重要影响。古代希腊、罗马都有过"老人统治"时期。由老年人组成的元老院等机构成为社会中最高统治力量。近代社会中老年人为争取自己的权益，组织和推动有利于提高老年人社会地位的运动，如美国的灰色权利运动。这种政治因素都有助于提高社会对老年人的价值观。

（中国大百科全书总编辑委员会《社会学》编辑委员会中国大百科全书出版社编辑部编:《中国大百科全书——社会学》,中国大百科全书出版社,1991 年,第 149 页）

老年歧视

老年歧视（Agism, Ageism）一种以年龄划界的对年老者的歧视。老年歧视有多方面的表现。凡由不符合老年人实际情况的偏见、成见而产生的看法、做法都属老年歧视。这种歧视往往形成一种社会风尚。例如，对老年人的心理状况、生理状况、工作能力、生活能力等的误解和曲解，在社会组织中排挤老年人，在社会生活中轻视老年人等等。形成老年歧视的原因是多方面的，或由于社会价值观的影响，或由于政治或经济的因素，也可能是由于无知或缺乏道德修养等等。

（王康主编：《社会学词典》，山东人民出版社，1988 年，第 143 页）

人口负担系数

【人口负担系数】(Dependencyratio of population)是总人口中劳动人口和供养人口之比。这一比例通常根据人口年龄构成计算,即 14 岁(或 18 岁)以下的少年儿童人口与 65 岁(或 60 岁)以上老年人口之和与 15—65 岁(或 18—65 岁,15—60 岁)的劳动人口之比。其公式如下:

$$人口负担系数 = \frac{14\ 岁以下人口数 + 65\ 岁以上人口数}{15—65\ 岁人口}$$

人口负担系数一般均以每百人(或千人)劳动年龄人口负担多少非劳动年龄人口(亦即供养人口)数表示之。如人口负担系数为 67.5 时,即指每 100 名劳动人口负担非劳动人口 67.5 人。这一系数表明人口年龄构成对人口经济活动的影响。它并不意味劳动人口都有家庭负担,也不是说非劳动人口都不参加经济活动,只是依年龄划线的一种含有一定象征意义的比较数字。发达地区的人口负担系数都低于不发达地区的人口负担系数,工业发达国家的人口负担系数也普遍低于工业不发达国家的人口负担系数。影响人口负担系数高低的关键是人口出生率的高低,少年儿童人口急剧增加无疑会提高人口负担系数,但少年儿童人口却又是未来劳动人口的后备力量。所以,少年儿童人口、劳动人口和老年人口之间存在着一种相互制约的连锁关系。为了达到降低人口负担系数的目的,适当地控制人口的增长是必要的。

(王康主编:《社会学词典》,山东人民出版社,1988 年,第 20—21 页)

个体老龄化

【个体老龄化】(aging of individuals)个体的人经过出生、发育、成长至衰老的连续过程。从严格的生物学意义上说,老龄化过程始于人的胚胎发育。但老年学一般只研究老龄化过程中的衰老阶段。个体老龄化这一生物学过程具有以下特征:①普遍性。所有个体无例外地都会经历老龄化过程。它与某种疾病只在某个或某些个体上的生物变化过程不同。②自身性或自然性。个体老龄化或衰老是个体内部发展所产生的变化,不是由外部因素,如事故外伤所引起的。③有害性。衰老是一种对个体有害的发展,它将导致人的机体和机能动作等方面的衰退。④退行性。衰老是一种不可能为正常的身体发展所逆转的功能退行过程。⑤综合性。老龄化是一种由人体多种器官和功能的老化和衰退所组成的综合过程。⑥渐进性。个体老龄化是一种长期的渐进过程。

人个体的生理老化,主要表现在身体器官的老化和功能的衰退。个体衰老的主要生理趋向是:①骨质疏松;②皮肤褶皱;③毛发变白;④脑重减轻;⑤血酸平衡的恢复速度减慢;⑥心脏每分钟压出血量减少;⑦肾小球数量减少;⑧肾血浆流量减少;⑨神经传导速度减慢;⑩肺活量减少;⑨性腺活动减弱;⑥基础代谢率降低等。

个体衰老老化的心理表现与人体生理老化有密切关系。主要表现有:①感官知觉迟钝;②记忆过程的某些环节能力有所衰退;③结晶智力随年龄增高不至减退,而非固型智力有所降低;④运动和活动力均表现出迟缓现象;⑤性格如排除外因影响,可能因年龄增长有所变化;⑥睡眠周期有缩短趋势等。

　　个体老龄化生理和心理方面的各种表现都会因个体的遗传素质、家庭环境、教育程度、社会化经历、生活机遇、性格个性特征、健康状况等诸多因素的影响而发生较大的差异。个体生理方面的衰老机制有一部分可以有量的衡量标准,而心理方面的衰老、老化机制则难于有量的统一标准。至于全身性的衰老指标除了女性以闭经为标准外,男子几乎无标准可循。而且更为重要的是,个体老化或衰老将随着社会物质文明与精神文明的发展而发生同步变化, 即个体老龄化进程与人寿命的延长同步。

　　(中国大百科全书总编辑委员会《社会学》编辑委员会中国大百科全书出版社编辑部编:《中国大百科全书——社会学》,中国大百科全书出版社,1991 年,第 73 页)

有关老年人的科学研究(Ⅰ):
研究的作用与过程

引　言

　　老年学是一门以观察得到的、进行过计量的和经过实证的知识为基础的科学。它所研究的对象是老龄过程和老年人的有关资料。这种资料经过系统的科学考察,然后通过分析、讨论而形成理论或系统的论述。本章将首先讨论研究的作用,然后考察研究之过程及其各个组成环节。

第一节　研究的作用:解释与预测

　　人们为了支配与控制自己生活的世界,经常要对这个世界加以解释和预测。整个历史过程中,不同文化对世界的解释和预测使用着不同的依据,如直觉知识、常识、传统、个人经验、舆论或权威性经典的论断等。所有这些依据,用于解释和预测世界,严格地说都是跛脚的。常识中包含着许多互相矛盾的陈述。如果我们依靠常识作为真理之依据,那么就会说"地是平的",其实"地球却是圆的";还会说"石头与金属都是由坚固物质构成的",而其实石头与金属也并不完全是坚固的,它们不过是分子排列致密罢了。即使是作为过去时代智慧的"传统",也非真理的一个可靠的依据。传统曾认为"妇女与黑人智力都低于男性白人",其实它和前述的解释与预测一样,都是不足为据的。

另外也还有一种可作为解释与预测之依据者,即研究。尽管研究未必是完善的,但是现在人们却普遍相信,它是解释与预测的最准确之依据。其理由有三:第一,它是一种彻底地、学术性地、客观地、系统地和实证地调查问题的方法。第二,研究的性质本身就鼓励一种批判性的和探索性的探讨。而且研究的这种性质不光是对于调查,也是对于研究本身来说的。第三,通过研究所获得的结果,其他人也可以运用类似的方法,以检验其得出的结论是否相同。因此研究允许别人加以评价、批评以至重复试验。

本章之下一节将讨论研究过程及其某些重要环节。

第二节　研究过程

研究过程可以说是为满足一个研究者的疑问而做的某种科学尝试。通过研究过程,研究者试图对一直缺乏科学解释的问题找出回答。

合乎要求的研究对于了解所研究的现象是必不可少的。如果研究过程不符合要求,则收集的资料就会是不正确的。从这样的资料得出的结论或解释,当然是歪曲和错误的。因此,合乎要求的研究就成为获得必要的正确阐述和预测知识的基础。

研究者在着手一项研究时,经常是从一个可能需要历月经年,甚至可能需要几十年才能完成的探索开始的。他们经常会发现,历时几年的研究并不一定对科学知识整体增加任何意义重大的资料;他们也可能发现他们的研究以及由此得出的结论常和现存的观点相抵触,甚至反复遭到人们的否定。像哥白尼、伽利略、达尔文、孟德尔和弗罗伊德这样一些人物,与其说他们一开始就作为解决困难问题的研究家而受人欢迎,不如说当时他们受到的詈骂、责罚或嘲笑更多。

有些实例表明,研究者因其工作,甚至受到体罚、监禁以至杀害。因此,可以清楚地看出,研究工作并不是一桩轻易而又报酬丰厚的工作。

从研究者开始产生疑难至最后得出研究结果,多数研究都将经历八个阶段:

第一阶段:问题或假设的形成

问题。大部分富有意义的研究都是在某种理论指导下进行的。而一般地说,理论就是能够对观察的现象提供解释或说明的一系列逻辑上相互关联的命题。研究者正是通过理论而对世界进行解释,或对其加以概念化,理论也可以使研究者推断出某些事件的后果。研究者常具有不同的理论倾向,从而使他们对世界的解释或概念化各不相同,甚至对于同一事件也会提出不同的原因分析。正是经过理论的分析,才能提出研究的问题,找出需调查的重要变量并加以测度,而且对其结果进行解释和赋予含义。当一项观察现象不符合现存理论体系的推断时,这种现象经常会激发起研究者的研究兴趣,这样一些活动过程将同时是对理论的检验。研究也经常在不同的社会环境、不同的人口中,以新的方法检验某种理论的解释和论断的价值。新方法的研究结果可能会修正某种理论,可能对该理论提出实用性的严重怀疑;可能限定该理论的解释和论断的价值范围;也或者证明该理论在现状下是有用的。因此,正如我们将看到的,理论在研究过程的八个阶段的大部分阶段中,都是一个重要的组成部分。

假设。研究者在考虑提出一个问题之后,他们就会对该问题形成一个科学的可资验证的假设。这种假设的形成可以说是研究过程的第一个阶段。一种假设是对研究者的问题的尝试性答案,它是对研究后果的某种基于已有知识的预测,而且经常与研究者的理论倾向相一致。研究过程的最终目的当然是解答问题和检验假设。因此,我们应该指出,研究者可能提出多种假设。某些研究中,一项研究就可能有上百个假设。

假设的重要性质,在于它必须能加以科学验证,也就是说任何一种答案都应该是能应用科学技术检验或获得的。但是我们还应了解,科学并不一定能回答所有重要问题,因为有许多问题,由于没有验证方法去测度待考校的现象,所以,科学现在还不能给予解答。

研究过程中观察的重要性。所有研究过程中,观察是关键环节。任何研究结论总是与资料的正确性相一致,如果资料由于观察错误而不正确,则结论也就不可能正确。霍尔敦(Horton)和亨特(Hunt)在他们的《社会学》一书中指出,科学的观察和"走马观花"在七个方面是不相同的。

1. 科学观察是更准确的。研究者应反复核实他们的观察,以确定其仪器之读数或对某些行为模式报告的正确性。

2. 科学观察应比日常所见更为精确。例如,一个外行可以说现在老年人"大概"比过去多,但是一个研究者就要引用确切的数字或百分比,还可能要陈述发生这种变化的原因。

3. 科学观察是系统的。也就是说研究者收集资料不能采取随意的态度,最好先制订收集资料的计划,然后按计划进行工作。

4. 科学观察要进行记录。因为人的记忆易于发生错误,所以研究者不能仅仅依靠他们的记忆完成其观察资料的收集工作。只有及时记录其观察之所得,才不至遗忘重要的细节。

5. 科学观察是客观的。研究者不应允许他们自己的价值观、信念、意见或成见主观地左右他们的观察。

6. 科学观察应该由训练有素的观察者去进行。他们了解什么是应该探求和应该记载的东西,而不易为不相干的和无意义的事物引入歧途。

7. 如果可能的话,科学观察应在有比照的条件下进行。研究者应力求能对所有可能影响研究结果的变量进行比照研究。因为如果他们能了解研究中所有变量的相互关系,他们就可以确定他们的结论和说明。

研究过程中价值观的重要性。价值观是影响研究的另一重要因素。事实上,价值观的重要性在研究过程的第一阶段就应加以考虑。价值观确定着事物的合乎需要性和重要性。它把行为、态度和信念划分为正确的和错误的,合乎道德的和不道德的,美的和丑的。价值观在研究中之所以重要,是因为它能从两个方面左右一项研究。第一,它能影响研究者有倾向性地制订计划、选择样本或提出访问的方式。第二,它可以影响对观察之事实所做的说明与解释。我们应该注意,事实本身并不会对自己做出解释,解释事实的是人。因此,同样的一组事实往往可以有几种不同的解释。

所有的研究者都有自己的价值观,因此,就不存在什么"游离于价值观之外"的科学。决定使用科学方法,而不使用空想的推理,这本身就是一种价值选择。由于价值观影响着研究,而且研究者又都具有自己的价值观,对研究者来说,能"意识到"自己的价值观就很重要。因为研究者如果能意识到自己的价值观,就能更清醒地知道他们如何影响其研究及他们对观察事物的解释。

还应该指出的是,研究者只能回答关于事实的问题,而不是解答关于价值观的问题。因为价值观是一种意见、信念或关于世界的论断。

第二阶段:有关文献的复查

研究过程的一个重要部分是要对有关文献做一番考察。这种复查应在研究的初期做出，以便了解问题或假设是否已经意外地有了圆满的解答。如果问题的答案是成功的，当然就无须做进一步的研究。如果还没有理由充分的答案，那么，对有关文献的复查就首先能使研究者知道有哪些已被证实为有益或无效的不同的探索与研究思路。对文献的复查还可以为研究者提供该领域中已存的新概念、资料来源、测量方法、理论观点和学者，以有助于他们的探讨。

第三阶段：写出研究计划

研究过程应按研究计划进行。所以，在第三阶段研究者就应写出成文的研究计划、大纲或步骤，以确定如何取得问题的答案和如何验证假设。研究者在研究计划中还应详细说明所使用的方法和测量手段、研究对象及应调查的变量与因素。

确定所要研究的变量。研究计划应指定须考察的变量。这就是说确定所要研究的原因变量及其效应。例如，研究者可以进行一项确定不良健康状况对人的精神状态或社会活动的影响之研究，研究者经过调查以后，就能说出不良健康状况在人的精神和社会活动方面引起的某些变化(这两种类型的变量，我们在下文中讨论自变量与因变量时，还将做彻底之研究)。研究者的理论倾向在这一阶段也是重要的，因为它将对他们调查的原因变量起决定性的作用(第六阶段将详细阐明"原因")。例如，考察老年人的精神状态问题，研究者是否考虑调查对象的健康情况、宗教归属、经济地位、婚姻状况、活动水平或者指甲的长度等都常取决于研究者的理论倾向，从而使他们着眼于不同的原因变量。

研究的设计。研究计划的另一个接着应该确定的方面，是所使用的研究设计类型。科学研究中，有两种基本的研究设计，第一种是横向研究设计；第二种是纵向研究设计。横向研究设计基本上是由在时间的一点上进行一种单一的观察所构成。而纵向研究设计则是由在两个或几个不同的时间基点上，对同一组事物进行一系列观察所构成。

横向研究基本上是关注于对某一特定事物组、在某一特定时间基点上提供一种描述。例如，一项横向研究设计可以是对超过75岁者的心理的、社会经济或健康特点提出一个轮廓的描述。而相反，一种纵向研究设计则关注于记录经历岁的变化。在纵向研究中，按研究者的设计一般有一项特定的因素，它将在被观察的诸变量中引起一种变化。例如，研究者可以对即将在一年之内退休的人们进行自我概念的测验，然后又对他们在退休一年之后再进行测验。如果他们在自我概念方面发生了重大的变化，那么，研究者就能推知退休会引起自我概念的变化。应该指出的是，往往并不是退休本身、或仅仅是退休本身才带来那些观察到的变化，引起这些变化的原因也可能是存在于因退休而导致的收入之丧失、交往之减少或职业身份之丧失等事变之中。

横向研究适于对某一个别群体做一种纯描写性的陈述，然而，用它作为确定为什么各种年龄组之间存在区别的依据则不可。杰克·勃特文尼克（Jack Botwinick）在他的《老龄过程和行为》一书中曾摘录了罗伯特·卡司吞保姆（Robert Kastenbaum）的一段话：

我于偶然的机会中，曾和居住在库欣医院（Cushing Hospital）附近社区中的老年人谈过话。我注意到他们中的许多人都带有意大利口音。我也跟这一社区的年轻成年人谈过话，但他们并不带有意大利口音。作为一个人类行为及其发展的研究者，这种差异引起了我的兴趣。经过深入思考，我得出了这样的结论：当人们进入老年时，往往带上了意大利口音。

卡司吞保姆的讲法显然是不够严肃的。合理的解释应该说上面提到的老年人可能是意大利移民，他们是在以意大利语为基本语言的文化环境中长大的；而上述的年轻人则可能是第二代或第三代美籍意大利人,他们是生长于以英语为基本语言的环境中。而且,年轻人的英语还受到大众媒介(如广播、宣传媒介等)和教育过程的影响。这里的问题是人们经常认为老年人与年轻人的种种差异都是由于年龄的增加而产生的,但实际上,这种差异却可能由于他们属于不同的年龄组或不同的两代人的缘故。因此,老年人的带有意大利口音,并非是因年龄增加而发生的变化,而是由于他们和年轻人属于不同的年龄组、亚文化群或两代人的原因。

横向研究设计虽能查明现存于诸年龄组之间的差别，但是它经常只能假定这些差别是由介入因素例如老龄过程所引起的,它往往无法查明这些差别是否永远存在。

在纵向研究设计中,同一套观察程序在两个时间点上进行,一般说来,某些事物将在这两次观察之间发生。也就是说,既在某些事物发生之前进行观察,又在其发生之后进行观察。观察者用这种方法可以知道事实上是否发生过某种变化。例如,使用横向研究设计,研究者可能发现在自我概念测验中,老年人得分低于年轻人。然而,却很难查明老年人的这种低分究竟是表示比过去的得分的一种增加还是减少或不变的趋势。而如果使用纵向研究设计,研究者就能查明变化的程度和趋势。

纵向研究有两种类型:回溯研究和未来研究。回溯研究是从现在着手追溯至过去。这种研究也叫事后(ex post facto)研究。研究者在事后研究中观察已经发生的事,然后试图发现它们发生的原因。当研究者一旦确认由回溯研究所表明的存在于因果之间的那种稳定的相关之后,他们就有可能据以进行未来的研究。未来研究是从现在着手向未来探究。研究者在未来研究中,其注意力在于研究将会发生的事件。

老年学的大部分研究设计都是横向的。横向研究一般比纵向研究较易完成,能较快地得到结果,所费也较少。

研究技术。研究者考察了假设之后,就应决定将使用何种获取资料的研究设计和技术。本书无意成为一部研究技术专论,因此,只就最通用的几种做一概述。

调查研究是行为科学中在资料收集方面应用最广泛的一种形式,它主要通过访问和问卷表以获取资料。访问包括研究者向被访问者提出问题,记下他们的回答;问卷表则由以书面列出的一系列问题组成。研究者发给某些人问卷表,让他们笔答问题。

作为收集资料手段的访问和问卷表都存在许多问题。一般地说,这些问题大致可分三类。第一类问题:回答者未必对问题很了解,问题的措辞比较含糊或者可能有几种解释,那么,答问者就可能按自己的了解解释问题,它将和研究者的了解完全不同。第二类问题:回答者可能不说真话,则答案将是歪曲了的,回答者可能要迎合研究者,或可能只是不愿公开某些看法、事实、意见、感觉或倾向。第三类问题:回答者可能给出答案,尽管他们自己对此事本来就没有什么所谓"意见"可言。换句话说,回答者可能不假思索就乱说一通,所谓"即席谈话"而已。而答完之后,他们会发现他们给出的答案未必符合他们自己的真实感觉或信念。

由于资料可能为上述原因所歪曲,所以专家设计和参与访问及制定问卷表就很重要。应该训练调查者使之掌握问卷表和访问,以尽量缩小他们对调查结果的个人主观影响。再者,调查者如果在访问技巧上和问卷表结构上更熟练一些,则更易得到正确的资料。

老年学中的另一种研究方式可称之为统计比较研究。统计比较研究主要是对通过调查所获得的资料之利用。这种研究包括查阅记录的事实,然后做出结论。例如,假定研究者从精神病院得到具有功能性精神失常症状的 65 岁及 65 岁以上者的资料,他又得到了他们入院前的居住地址,根据这些地址,经过统计比较研究,他会发现这些患病老人大部分来自收入低、犯罪率高、失业率高、居住拥挤、房屋破烂的居住区。那么,他就得以得出结论说,以上这些因素是产生老年人功能性精神失常的原因。

统计比较研究还有两个基本问题。第一,统计可能是不精确的。例如,过去精神病机构经常成为贫穷、无家可归、不能自理或被其家庭所抛弃的老年人的收容所,因此,当时在这种机构中的老年人并非精神失常患者。即使当代社会,由于很少有专为老年人的经过训练的门诊心理学家和专为老年人设计的诊断设备,这种精神病机构中的老年人也未必尽都是精神病患者。这样一来,研究者就很可能是在一个没有精神病患者的团体中调查精神病因。实际上,他们所了解到的不过是助长个人能被接受进入精神病机构的倾向因素而已。第二,统计比较研究所处理的与其说是"人",还不如说是书面的事实和数字。虽然统计比较研究不能说没有价值,但对许多研究者来说,与人们商讨答案比与数字堆打交道更有意义。因为后者往往只是客观情况的一种机械反映。

参与观察法是行为科学中收集资料的另一种方法。这种方法是研究者亲身参与并观察所研究的课题。人们一般认为凭借这种直接的探索研究者能得到关于所研究群体的新的深入见解。

这种方法也存在两个基本问题。第一,大多数情况下,研究者很难"真正地"体验到研究对象所体验到的事物。例如,一个年轻的研究者可以参与某种已展开的感觉丧失模拟程序,这种程序的目的是让人们去体验老年人某些感觉的丧失。毫无疑问,这种程序有助于发展感情移入。然而,这种程序又有其局限性,因为,参与这种程序的人知道自己可以在以后的任何时候完全恢复他们的感觉。这样一来,暂时的而且易于恢复的年轻研究者感觉丧失的体验,就会完全不同于许多老年人持久的、不可恢复的感觉丧失的体验。第二,这种类型研究的局限还在于研究者会以冲动的感情卷入他们所从事的工作,以致使研究完全失去客观性。

我们将论述的最后一种类型的研究是实验。实验不同于其他形式的研究。它不是简单地试图找出存在的事物,而是研究者自如地控制某些变量,以观察发生的后果。依靠保持某些变量恒常不变和改变另一些变量的类型和数量,研究者往往能确定某些变量的相互关系或相互影响。例如,在查明"减少死亡忧虑方案"对老年人的影响时,研究者可以研究两个组:即实验组和控制组。先测验实验组的死亡忧虑感,而后对其施以"减少死亡忧虑方案"之后,再测其死亡忧虑感。即使发生了死亡忧虑感的显著下降,研究者仍不能说是该项方案带来了这种变化,因为还可能有其他因素。比如,受试验者至该项计划结束时已经更老而对死亡的行将到来变得无所谓了。因为预知死亡的难以避免,往往会影响死亡忧虑感的变化。所以研究表就还要使用控制组。控制组应由与实验组极为相似的研究对象所组成,而且应与实验组同时进行测试,但对他们不暴露"减少死亡忧虑方案"。如果实验结束时,两个组都经历了死亡忧虑感的下降,则几乎可以确定这种方案是无效的。如果只有实验组减少了死亡忧虑感,则可确定这一计划是有效的。

有三个在实验法中经常使用的词语是读者应该了解的:即变量、自变量和因变量。变量简单说来就是可变之量,或随时间而变,或因组别而变,或属个别与个别之变,或属社会与社会之变。举例来说,变量可以是种族、年龄、性别、等级,甚至头发的长度或价值观之量。研究者进行实验一般都要研究两种类型的变量。第一种是自变量,自变量也就是研究者可以操纵的变量。例如,研究者要发现"减少死亡忧虑方案"的不同效应时,则由于这种方案是研究者可以操纵的,那么它在研究中就成为自变量。因变量基本上可说是实验的结果或后果。在上述举例中,它就是实施"减少死亡忧虑方案"后,继续存在的死亡忧虑感程度。该项方案的一种类型可能使死亡忧虑感减少为零,而另一类型之方案又可能毫无效果。这样,在实验结束时,死亡忧虑感的量(因变量)就取决于"减少死亡忧虑方案"的类型(自变量)。

研究过程第三阶段的另外一个环节,是给所有重要的或含义不明的词汇下定义。例如,"老年"究竟是指某些人年龄超过 55 岁、65 岁、75 岁或 85 岁者呢? 还是"老年"应依生物学的、生理学的、社会学的或心理学的特征而定? 科学中,词汇应该从专业性方面给予确切的定义。所谓一种"专业性的定义",就是将某些事物根据可度量的标准给以定义。例如,"热的"应定义为一定温度之上。"正常智力"应定义为智力在一定范围内的减退或变动。"孤独"应定义为在某一特定时期内社会接触少于某一数量。

第四阶段:样本与抽样

第四阶段,研究者选择适宜的一组个体进行研究,这一组个体就叫作样本。样本是从全体中抽取的。对这一组个体,研究者进行观察并做出结论。一般说来,因为全体的范围太大,研究者不得不研究它的一小部分或者一个样本。非常重要的是,样本必须能代表所抽取样本所在的全体。如果样本不能代表该全体,则结论就不可能准确。研究者如果不能得到有十足代表性的样本,一般都要在他们的研究中加以说明。

过去老年学已经为使用蹩脚的抽样方法而自食其恶果了。许多早期的老年学研究由于只是从慈善机构或"长期照料机关"的人口中抽样,所以特别强调老年时期各方面的衰退现象,因而,这些早期老年学的样本就没有代表性，从而与之相应的资料和结论必然是不符合客观实际的。

应该指出的是,为了保证老年学初步阶段研究的正确性,一般抽样技术是难于使用于老年人的。为了得到有代表性的抽样,研究者必须善于将人口按年龄、性别、收入、种族、宗教和职业去分层归类。尽管如此,许多必须分层的老年人口资料也未必是非常准确的,因为,即使人口可以进行分层，而得到有代表性的样本的机会也还是可疑的。这是因为老年人比之其他年龄组的人更不愿意作为研究的对象。尽管年轻的心理学和社会学家们严格地按研究者的要求标准办事,但被研究的老年人仍然会顾虑重重,一些老年人害怕被当作"广告"或招摇的"典型",对接受研究也会是迟疑不前的。而且,许多老年人,特别是老年中心或老年俱乐部里的那些人，也是被过分地研究过来研究过去。此外,一些老年人机构根本就不愿接受研究的打扰,其成员更不想被当作试验品。

第五阶段:资料汇集

研究过程的第五阶段是研究者利用各种计量手段从样本中汇集资料。他们应处理自我概念量表、问卷表和智力测验等。通过计量方法,研究者旨在获得确切的和经过验证的观察材料。计量既可以是单纯而具体的,如年龄、性别等,又可以是较为复杂的,如智力、自我概念或精神错乱程度等。

因为计量方法使研究者跟许多不易观察到的概念打交道, 所以它在行为科学中是重要的。在运用计量方法时,有两个重要术语应该注意:即有效性(或称效度)和可靠性(或称倍度)。如果某种计量方法是有效的,那么,它所量度的东西就应被认为是可量度的。如果某种计量方法是可靠的,那么,它在一个测验期和另一个测验期内的量度既应是准确的也应是衡一不变的。

第六阶段:归类、分析和解释

这一阶段是将已经依计量方法汇集起来的资料加以归类、分析和解释。资料归类是组织资料以便于分析。分析一般地指统计分析。统计学是所有行为科学研究者应该熟悉的学问。研究者运用统计知识可以把大量的资料转换为一种组织起来的、图表化的、图解的和紧密联系的整体。更进一步说,使用统计可以使研究者进行归纳、推论和从他们的资料中得出结论来。正是在这一研究过程中,研究者在研究开始时提出的问题才得到解答,才会证实他们的假设是否可以接受。

事实的解释。这一阶段最困难的方面是对资料的解释。事实不能解释自己,而是人们对事实进行解释和说明。同一组事实可能有很不相同的解释,这主要依赖于研究者的理论倾向。例如,如果老年人智力测验的得分低于其他年龄组, 这一事实既可被解释为老年人的智力低于其他年龄组, 也可以说这种智力测验的设计对老年人是有偏见的,所以,同一事实或同一组事实会受到两种截然不同的解释。解释或说明是研究过程最重要的目的。它也是研究过程中最困难和最易带主观性的部分。

确定因果关系。研究者在解释事实时, 一般都试图确定因果关系。因为老年学的目标不仅是把行为分类,而是要能理解、预测和阐明行为,所以因果关系的概念很重要,老年学的这一目标要求研究者找出因果关系的要素。一项变量要能引起一种效应, 取决于两项因素。第一,必须有一种独特的原因性变量。第二,这项原因性变量必须足以自行产生出效应,这也就是说,没有原因性变量存在,就不会发生效益。例如,年老是否导致自我概念的衰退?答案是否定的,因为有许多老年人的自我概念是积极的。这里老年本身或仅仅是老年本身不是一种符合要求的原因性变量,许多年轻人也具有消极的自我概念,因此,老年就不一定引起自我概念的衰退。因果关系在行为科学中,往往并非是一种变量的结果,而是几种变量联合作用的结果,所以,因果关系是不易确定的。

确定因果关系还因为有年龄、时期和分组效应之间的相互影响而特别困难。所有这些效应相互作用,而且使老年学家难以区别及分解出什么是所观察的变化之原因,由于它们在老年学研究中较重要,对这三种效应将在以下做一简短之考察。

第一种是出生分组效应。出生组是一组在同年(如,1910 年)出生的人或在同一年岁组内(如,1905—1910 年)出生的一组人。研究者相信,由于出生于某一时期和面临着流行于该时代的价值观、信念和经历,每一个出生组都会与其他出生组不同。随着时间的进一步推移,出生组之间的时间差距越大,区别也越大(有时甚至达到世代差异的程度)。例如,出生于 1910 年的人们和出生于 1955 年的人们就具有非常不同的幼年期社会化过程、教育经历以及在世界事物中的不同处境。因此,研究者就有必要探讨老年人的行为是否由他们所隶属的出生组所左右。

第二种效应是时期效应。时期效应简单说来是指当前的事变,如,经济衰退、世界大战等,甚至可能是一种流行的事物,如,生态学、反战潮流等。时期效应同时对所有的出生组产生影响。例如,大规模失业、性信念的改变或世界大战等都将对所有现存的出生组产生影响。然而,这些因素对不同年岁组的影响方式却又不同。例如,在美国,第二次世界大战影响于 1925 年的男性出生组的方式与影响于 1941 年男性出生组的方式就非常不同。所以同一个时期效应对不同的出生组可以有很不同的影响，而且能使不同的出生组对同一种效应引起很不同的反应。因此，研究者有必要探索老年人的某种行为是否为时期效应所诱发。

第三种效应是老龄过程。每一个出生组都会发生某种生物学的变化。较年轻的出生组可以预期地会产生成熟性的变化，在妇女如月经来潮，在男性如颜面毛发生长；老年组也可以预期地会随年龄日增而发生衰退变化，如妇女的绝经和男性的秃顶。因此，研究者也应探讨老龄过程效应对老年人行为的影响。

"原因"（Cause）和"相关"（correlation）常常被完全相同地使用，这种用法是不正确的。相关只是表明两个变量之间存在相互关系，但不是因与果的关系。例如，如果文献资料表明自我概念（亦称自我观即一个人对自己的内心印象——译者注）随年龄的增长而衰退，那么此处的年龄也可能只是一种相关量，而不一定是原因因素。换句话说，年龄本身并不能自行导致自我概念的衰退，而是随年龄增长而来的一些因素产生更大的影响。这些因素如健康不佳、收入降低或有意义角色的丧失等。如果能发现在某一年轻的人口中也存在着这些因素，而且该人口的自我概念测验成绩也很低，那就更能说明正是这些因素引起自我概念的衰退了。所以，应该更谨慎地使用"原因"这个词。

第七阶段：研究过程的评价

研究过程的第七阶段是关于整个研究过程的评价。研究者应检查对产生资料、解释资料和作出结论来说都很重要的诸如计划、计量方法、抽样、理论倾向和其他等因素。研究者在发表其成果之前，最好能让几位同行审阅或评价一下他们的研究报告，以便确定他们的一系列做法是否有错误。

评价，而不是简单的接受，是研究者之间进行学术交流的一项基本前提。在我们今天的社会中,我们不断地受到大量信息的冲击。对这些信息不做任何评价就把它们接受下来,已成为屡见不鲜的事。这种状况是不幸的,因为,人们匆忙吞下的信息许多都是虚假的和容易使人误入歧途的。

研究者如果要具有正确的预测和解释问题的能力,他们就应理解评价资料的重要性。虽然人们对读到或听到的东西未必能一一加以调查,但是为了确定资料的是否可信,有些问题可以加以探讨。最重要的问题之一是资料的来源。这就是资料来自谁或什么地方?如果资料来自期刊,那就要问一下,该期刊是怎样获得这些资料的?该期刊是好的资料的可靠来源吗?作者为何提出这些资料?如果资料的来源是某一个人,那么就应考察一下,这个人是否有合格的资格去谈论这个问题?他是如何得到这些资料的?如果别人也去接触这个问题,是否同样能获得这些资料?这里提到的不过是评价资料时可以探询的数百个实质性问题中的几个而已。因此,我们的主要意思简单说来就是:资料如果不是经过某种程度的评价,就不应轻易接受。

第八阶段:提出研究报告

研究过程的最后阶段是提出研究报告。这一呈报阶段包括提出一份详细的书面报告,它应包含所有重要的研究步骤和研究过程中的发现。然后将其分送给相应的科学团体,它们对该报告加以考核和使用。

基本上说来,研究过程就是试图把可靠的知识跟传说、无知,神话、迷信、幻想和谎言区别开来。虽然它并非总是尽善尽美的,但研究过程的确比其他过程会产生出更为可信的结果来。

本章提要

过去的漫长岁月中,有关人类行为的知识大都来自常识、传说和少数权威人士。所有这些来源,不一定准确。为了得到真实可信的有关人类行为的知识,老年学家当前在使用研究过程。使用研究过程所获得的资料比之用旧方法所获得的,具有更大的预测和解释问题的力量。

研究过程基本上通过八个科学阶段试图解释研究者的疑难,这一过程开始于研究者思考中的某一问题,而终结于研究过程最后结果的发表。

（［美］克伦塔尔著，毕可生等译:《老年学》，甘肃人民出版社，1986 年）

有关老年人的科学研究（Ⅱ）：研究的结果

——生命期的概念和老年学的理论

引　言

本章将论述老年学研究的结果。首先，论述生命期的概念及有关生命期的研究；其次，将研究老年学家所创造并用于阐明老年人行为的理论。

第一节　生命期

科学家探索着人类行为的模式和规律性。生命期概念（也称生命过程、生命之路、生命周期或人的发展阶段）就是行为科学研究者对人的一生过程中发生的系统变化进行概念化和计量的一个尝试。生命期概念说明人随其年龄的增长而要经过按权利、角色、责任、身体特点和能力之差别划分的各不相同的分隔时期这一事实。人在其整个一生中，作为实际年龄、身体、社会和心理诸方面变化的结果必然会陆续进入和走出各生命期。

生命期概念还说明，某一特定社会的绝大部分人在其生命的不同时期都不断地既发展着又丧失着或既被赋予又被剥夺着某些权利、角色、机会、责任、特权或能力。

生命期一般分为三个阶段，每一阶段又可做更细的划分。第一阶段为幼年期。它包括新生儿（出生至两周内）、婴儿（至一周岁）、幼儿

(一至三周岁)和学龄前儿童(三至五岁)。第二阶段是青少年期。它又
可细分为儿童期(五至十岁)、青年早期(十一至十五岁)和青年晚期
(十五至二十岁)。最后阶段是成年期。它几乎构成生命周期四分之三
的时间,所以也分得最细。一般可分为成年早期(二十至二十五岁)、
成年中期(二十五至四十岁)、成年晚期(四十至六十岁)、退休前(六
十至六十五岁)、退休(六十五至七十岁)和老年(七十岁以上)。

老年学家的研究对象虽可能有所不同,但一般是研究六十岁以
后的一段生命期。老年学家不仅描叙生命末期阶段身体、社会和心理
的特点并把它们与其他生命期的特点相比较,而且更进一步还要弄
清各生命期之间诸特点变化的原因。

几乎所有学科的各个部门都关注过生命期的概念。例如,心理学
家至少是由于弗罗伊德的时代和他的发展的性心理学阶段,而对生
命期发生过兴趣。生理学家们从希皮克拉底(Hippocrates)(希腊医学
之父——译者注)和加林(C.Galen)(希腊名医——译者注)起直到目
前都论述过随年龄的增长,身体发生的一系列变化。几十年来,社会
学家观察到年龄增长所带来的角色、权利、前程、机遇、行为和责任等
方面的变化。人类学家则研究了生命期概念在社会与社会之间的差
别。下一节我们还将看到,不光是许多学者而且还有各种非学术界的
作家也研究了生命期的概念。

关于生命期的文学观点

生命期或成长发展阶段的概念不能说是近代才有的。几千年来,
作家们就把大自然的季节变化与人类的生命期做了类比。但是像"春
荣、夏茂、秋收、冬藏"这种诗歌式的概括到底太简单,它根本不是一
种人类生命期的科学探讨。

菲塞(Visher)在他的《老年:它的补偿与报酬》(1947年)一书中

记述了早在公元前 7 世纪,希腊诗人所罗门(Solomon)曾写到过有关生命期的诗章。所罗门把生命期分为十个阶段,每一阶段定为七年。

另一位关于生命期描述经常被引述的作者是莎士比亚。莎翁在其《如愿》一剧中对于生命期作了玩世不恭的嘲讽式的描述。

此外,还有其他的文学著作也对生命期进行了描述,如密尔顿的《失乐园》以及卢梭、达尔文等的著作。虽然,生命期的文学概念颇富意趣,但它们都是非科学性的,对于今天的科学工作者来说是远为不足的。

生命期的构成环节

生命期的科学概念涉及三个应该加以说明的术语:即"年龄分等""出生组"和"过渡仪式(过渡礼)"。兹分述如下:

年龄分等。因为所有的社会都有关于不同年龄组功能水平的设想,所以实际年龄在所有社会中都是一个重要的变量。由于有这种设想,社会上各年龄组的人就被拒绝或被允许从事某些形式的活动或行为,或者接受某些机会。因此,人们依其年龄而被分配或被拒绝给予某些权利、角色、机遇和责任。例如,在美国,十六岁以下者就被拒绝给予像驾驶汽车、喝白酒,参加地方、州和国家选举的权利。尽管允许他们从事的某些活动又未必允许老年人参加,但同时,六十五岁及其以上者也会得到或丧失某些权利。例如,年纪已达六十五岁的大多数人,都有接受社会保险或医疗照顾津贴的权利,但同时他们又丧失了某些角色,如强制性退休法令阻止他们担任全劳动角色等。

以年龄分等为基础,人的一生被分为不同的生命期。虽然年龄分等基本上按实际年岁划分,但我们必须知道,不同的社会可能把同一实际年岁做不同的分等。例如,虽然有的社会不许十二岁女孩结婚,而有的社会却又规定十二岁的女孩可以结婚。我们还应知道,年龄分等有时是准确的(如取得驾驶执照的年龄),而有时又可能只是大致如此的(如大部分人开始进大学、退休或死亡的年岁等)。

还有必要指出,虽然有的社会把生命期划为两个或三个,而有的社会也可能划为八九个。例如,人们认为生命期的划分数目在美国正在增加。由于年轻人受教育期的延长、人们的提前退休、老年人健康状况的改善,已经产生了青年、中年和中年老人这样一些新的生命期。

除新产生的生命期之外,纽加顿(Neugarten)和达旦(Datan)在他们的《生命期的社会学展望》一文中还论述了生命期的节奏在美国也有了变化①。表 5.1 表明过去的七十六年间妇女的某些生活事件的中位年岁发生了重大变化。例如,妇女离开学校和进入寡居以及死亡的中位年岁都比以前推迟了,而她们结婚、生头一个孩子和生末胎及看到最小子女婚嫁的中位年岁都比过去提前了。表 5.2 则说明男子结婚和有第一个孩子以及看到最小子女婚嫁的中位年岁都较过去为早,而鳏居中位年岁则较过去为晚。

表 5.1 和表 5.2 都表示生命期某些生活事件的发生时间在实际年龄上有重大变化。这些变化表明,同一社会的不同世代可能有不同的生命期,或者同一生命期可能发生于不同的实际年龄。

表 5.1 不同年度妇女的生活事件的中位年岁变化

年度 中位年岁 生活事件	1890	1950	1966	1980(预测)
离开学校	14	—*	18	—
结婚	22	20	20	19–21
生头胎子女	24–25	—	21	

①P.B.巴尔特斯,K.W.莎耶主编:《生命发展心理学》。

续表

年度 中位年岁 生活事件	1890	1950	1966	1980（预测）
生末胎子女	32	26	26	26–28
寡居	53	61	64	65–67
最小子女结婚	55	48	48	47–49
死亡	68	—	78	—

* 本表资料采自两个来源，而且不是可以完全进行类比的。

— 表示无可用数字。

表 5.2　不同年度男子的生活事件的中位年岁变化

年度 中位年岁 生活事件	1890	1950	1960	1980（预测）
结婚	26	23	22	21–23
生头生子	36	—*	28	—
生末生子	36	29	28	
最幼子女婚嫁	59	50	49	
鳏居	57	64	66	

* 同 5.1 表。

资料来源：同 5.1 表。

出生组。出生组是指出生于同一时期内的一组人。研究者选择出生组时，可以挑选某一年为期，如选 1910 年，也可以选一段年度如 1910—1912 年为期。

研究者设计一个出生组之目的，在于分析分组效应。他们相信由于出生于某一时间期和在某一年岁面临某些事变，则特定的出生组与其他出生组相比有其独一无二的特点。换句话说,人们相信一组处于一个特定历史时期的年岁者,他们与其他年岁组者是不同的,既不一定经历过同样的事变,而且即使对同一事变也会因年龄不同而有不同的感受。因此,不同的年龄组中的人尽管经历同一些事变,但他们受事变的影响会有所不同。人们还相信这种差异将对人们的出生组产生各不相同的长期影响。学者们相信,人在某一年龄经历的一次特殊事变可能直接关系其一生的成长发展。例如,第二次世界大战对人们的影响,直接与他们当时所处的生命期有关。战争为许许多多处于青年期的男性青年提供了表现英雄气概的机会,并使他们面临种种社会化经历。战争也使许多处于儿童期的儿童一出生就失去了父亲,使许多试图建立美好家庭的成年期妇女丧失了丈夫。经济大萧条期同样对经历过它的大部分人有所影响,尽管这种影响对一岁者、二十一岁者或七十一岁者肯定不同。对幼小者这种影响总是微小的,它不过意味着少一点食物、衣着和玩具而已。对已经进入劳动力市场的人,它却经常意味着挫折和逆流而上地寻求职业的困难。对老年人它则意味着自己的数十年积蓄一旦耗尽和突然变为自己成年子女累赘时,必然产生的前途渺茫感的降临。莱利(Riley)主张经历上的差别可能导致"组群中心观"的产生,即不同出生组对同一现象的看待方式截然不同[1]。

学者们现在认为个人出生的历史时期、个人的社会化过程以及个人的经历都对其将来的行为具有影响。因此,如经济大萧条、美国门罗主义、世界大战、嬉皮士运动、反战运动以及水门事件等等,各自以其独特的方式对各出生组人的行为施加影响。显然,由于一个出生组本身也具有多面性,出生组内人的行为、价值观或态度之间不可能

---

①M.W.Riley:《社会老年学和社会的年龄分层》,《老年学家》,1971年。

有完全的相关,但在某些情况下,它们之间的关系还是相当紧密的。

"世代隔阂"经常被用来说明出生组之间的差异。正如,20世纪60年代成长起来而今天又做了父母的人曾经常常感到与他们的父母辈之间有一种世代隔阂一样,现在他们也感到与其子女之间也存在着近似的隔阂。当他们的子女开始了解新的数学概念、人类性行为、死亡和临终、抽象的思考、生物反馈和电脑科学的知识时,其关于现实、价值观、规范和行为的概念,都将和他们父母的这类概念日益不同。

计算机卡片也可以作为另一个例子说明出生组之间的差异。当代社会中,老年人有时为了领取救济金、购买商品等需要填写计算机卡片,但是由于计算机并非老年人过去世界的一个组成部分,他们经常感到难于理解计算机卡片的目的和作用,因此他们不是填得不正确就是填废了卡片。然而,对于出生于1960至1965年龄组的人来说,计算机已经是生活中的一种现实了。这一代年轻人正是在接受计算机作为现代生活的一个自然的、正常的部分中成长起来的。

我们还可以以空间技术作为出生组之间差异的最后一个例子。就1900年左右的出生组的人来说,空间技术并非他们原来的现实生活的一部分。但是二次大战后的一代人却是和《大尉威底欧》《闪电戈登》《超人》《星球旅行》《2001年》《星球大战》以及其他一大批科学幻想小说一起成长起来的。与前代人不同,他们越来越相信火箭和宇宙飞船是现今世界的一个自然而正常的部分。然而,对于1900至1910年出生组的许多人来说,看到第一次登月旅行简直已经是一种几乎令人不可思议的非同凡响的经历了。

至此,我们已经理解了年龄分等产生了不同的生命期。以人们所隶属的生命期为基础,他们又有了指定的不同权利、角色和责任。我们也考察了出生组。所谓出生组,简而言之就是指人们出生的某一时期,而且,在该时期中,人们所经历的某些事变被认为具有重要意义。因为不同出生组的人是在不同的年岁上经历了同样的一些历史事变,他们所感受的影响也就不同。同一历史事件对不同的出生组的人来说,甚至会产生不同的长期效应。下文我们将研究从一个生命期到另一个生命期的变化将如何发生。

过渡仪式(过渡礼)。几乎所有的社会都有它列出事件将在何时发生的时间表。换句话说,人们具有内在的指明一定的角色、行为、权利和责任在何时出现较为适当的"社会时钟"。从一个生命期到另一个生命期的转换预期于何时发生,也会有一定的时间。一般地说,这种从一个生命期到另一个生命期的转换是通过"过渡仪式"而发生的。虽然,某种形式的行为可以预期发生于青年,但这一行为却又可能被认为不适宜于一个成年人。所有社会都有一些"制裁"办法,以调节其成员的行为。"制裁"办法包括对符合社会要求的奖励和对背离社会要求的惩罚。制裁办法既可以是官方的也可以是非官方的。例如,某种否定性官方制裁办法可以是对罪犯的宣判或处以罚金,而一种否定性非官方的制裁办法,则可能是人民对一个违背社会要求者的非议。一种肯定性的官方制裁办法可能采取晋级或提升的方式,而一种肯定性的非官方制裁办法则可能包括口头的赞扬。人们不论是想在一个生命期多留一些时间或是想尽快地进入下一个生命期,都可借助于运用社会制裁办法。

由于伴随"过渡仪式"而来的,往往是一组新的前程,所以人们就要学会考虑他们自己在结婚、生育子女、担负一种职务、完成一段教育学程、退休、进入晚年等这样一些作为生活里程碑的事件上是"过早""过迟"还是"恰逢其时"。如果"不合其时",就会有实际的损害。纽加顿(Neugarten)和哈哲斯塔德(Hagested)指出,过早寡居的妇女或过早退休的男子同这些事件如时发生的人相比,时常会给他们的社会交往和社会关系造成更多的难题①。

"过渡仪式"这个概念源自人类学。文字前社会中,"过渡仪式"包括一套详尽的仪式。经过这一仪式之后,人们就改变了他们的身份、角色、权利和责任等。许多文字前社会中,一般只有两个生命期,即童年期和成年期。随着月经的开始,女孩子经常经过"过渡仪式"而在一夜之间就正式地从童年身份改变为成年身份了。男孩子的"过渡仪式"一般是在社会认为其身心功能都已与成年人一样足够成熟时举行。

应该指出的是,不光是由于开始行经或长出须髭等生理变化才举行"过渡仪式",生理变化的文化含义对"过渡仪式"的举行具有更为重要的决定作用。在文字前社会中,女孩有了月经一般标志着婚期的来临,但当代社会中,月经开始并不具有同样的含义。

当代美国社会中,"过渡仪式"一般不像文字前社会那样郑重其事和公开举行。这是由于美国社会的多样化和生命期分期较多的缘故。然而,正式的"过渡仪式"在当代美国社会中也还是存在的。例如,毕业典礼、初进社交界者的舞会、婚礼或退休庆宴等。一些非正式的"过渡仪式"则如,乔迁志喜、生子喜庆或职务升迁祝贺等。像心脏病、关节炎这样一些身体上的变化,也可以作为生命期变换的标志。

生命期概念的局限性

虽然生命期概念是一个有用而且有启发性的手段,但是它仍然具有一定的局限性。

第一,生命期的概念显然受到文化、时间和世代的限制,也就是

---

①B.L.Neugarten,G.Hogested:《年龄和生活过程》(R.H.Binstock,E.Shanas 主编:《老龄过程和社会科学手册》,1976 年)。

说，一种生命期概念不可能适用于所有的时代和所有社会中的所有的人。某个社会与另一个社会的生命期概念应该是不同的。

更进一步说，同一社会中不同年龄组的人们的生命期数目可能不同，而同一生命期又可能有不同的实际年龄界限。

第二，生命期概念还会受到诸如社会阶级、种族、性别、教育等一大批因素的限制。例如，社会底层的人一般进入就业和建立家庭的生命期时间比高等阶层者要早。

第三，虽然生命期概念便于使用，但它也能掩盖老年人的多样性。老年者并不是一个只与实际老龄因素相关而与其他因素无关的统一的单一化群体。因此，在"正常"的生命期之外，必然还有许多变异。

第四，生命期概念的主要局限可以说是它并未回答"为什么"的问题。生命期概念用于研究明显的行为，却并不研究行为发生的原因。例如，在研究1910年年龄组人们的行为时，我们会发现他们中大多数人已进入退休生命期，然而，我们却并不知道他们退休的原因。生命期研究只做分类，而不能表明退休者究竟是因为有一项足够的收入而退休，还是因为健康状况不良或已达强制退休年龄而退休。尽管指明生命期的模式和规律是有用的，但生命期研究的局限性正是在于它仅仅指明了这一点却并没有告诉我们模式和规律的存在原因。

第五，研究者创造了许多种生命期概念。由于他们研究的是老年人口的不同部分，又有不同的理论背景，也由于他们自己属于不同的年龄分组，因此，他们所形成的生命期概念也彼此不同。有些研究者以实际年龄为基础构成其理论结构；另一些研究者又以社会的、心理的和生理的标准为基础构成其理论结构，因而就有各种生命期概念，而这些概念又经常互相矛盾。

第六，人的生命期与生命期之间通常不出现突然的中断，但是却会有相当的交叉重叠。在实际中，依照人们的某些角色和身份，他们可以处于某一生命期，而依其另一些角色与地位，他们又可处于另外的生命期。这种交叉重叠给研究者进行分类带来了困难。

生命期概念研究小结

我们已经了解到，科学研究者发现人的一生要经历几个互相分隔而且各不相同的生命期。本书以后各章将详细论述成年生命期阶段的退休前、退休和老年部分。因为本书的主要意图在于描述老年人的状况，而不是要成为一本对各生命期之间的对比或演化进行研究的著作。

第二节 老年学理论

本章的这一部分将探讨由老年学家发展起来并加以使用的一些理论。此处所谓的理论（或学说）基本上是解释、预测和理解人的行为的一种尝试。它试图把几项整套的观察结合成一种合乎逻辑的创造性解释。相对说来，行为科学的大部分理论为人们所承认的时间还不长。从另一方面说，新的证据、新的解释又使大部分理论已经降到只是一种"意见"的地位。

理论可以分为宏观理论和微观理论两种类型。宏观理论对人的行为提出了一种非常广泛的一般解释。微观理论是一种专门化的理论，它试图对处于某种状况下或在某一个别群体中的人的行为进行解释。

一种完善的理论是应该能解释和预见这一理论主张所涉及的人类行为的。例如，某种关于人的犯罪原因的宏观理论，就应能解释所有的犯罪行为，而不仅仅说明少部分犯罪行为。某种微观犯罪理论，则应能解释该理论所涉及的犯罪。如果这种微观理论中出现一些例外,那么它就不攻自破了。

老年学中的宏观理论大约出现于 1960 年。自那时起,有几种理论开始发展起来,并为老年学家所应用。后来有些被废弃;有些则得到老年学界专业部门的支持。本章的其余部分将研究六种老年学理论,即:解脱理论、活跃理论、性格理论、亚文化群理论、角色理论和年龄分层模式。

解脱理论

老年学中持续时间最长而且引起争论最多的理论是解脱理论(Disengagement Theory)。作为一种理论,它源起于 1960 年,此后它多次受到攻击,也多次有所修正。它是一种功能主义(Functionalism)的理论。它主张进入老年时期的人应该逐渐退出重要角色,以便社会更好地发挥功能。由于年老者逐渐退出重要角色,一旦他们死亡,就不致损坏社会的功能。解脱理论也承认,尽管解脱过程难以避免,但由于人的不同健康状况和性格,解脱过程发生的时间将各不相同。

解脱理论者相信,随着老年人所担负的角色数量和重要性的减少,他们生活满足感的程度将会提高。因此,如果人在老年时能认识到自己不复年轻和有精力充沛者补充自己所担负过的角色这一事实,他们将会生活得更愉快一些。解脱也是一种使个人和社会互相脱离的过程。

解脱理论的支持者相信解脱具有以下四个特点:

1. 解脱是一种渐进的过程,也就是说,与其认为它是突发性的,不如说它是一系列事变的结果。例如,随年龄的增长,双亲角色的责任方面逐渐淡薄,各种工作角色在退休前趋于结束,社会团体和宗教职务上的角色也逐步被抛弃。所以,伴随年龄增长而来的是角色数量和角色强度的下降。

2. 解脱是不可避免的。因为无论是解脱的观念或解脱过程的发生，都是社会结构的组成部分，走完所有生命期的人必定会经历解脱过程。

3. 解脱是一种对于社会和个人来说都能互相满足的过程。它是社会和个人的共同期望。就发挥社会功能来说，让未经充分锻炼的人员去补充突然死亡的老年人所担负过的角色，对社会是不利的。所以，社会乐于看到老年人的逐渐解脱。相应地说，老年人从角色要求、焦虑和负担下安逸地解脱出来，也会感到愉快。

4. 按解脱理论者的说法，解脱也是一种社会规范。这种说法也为强制性退休法和行为的年龄规范等事实所证实。

解脱理论是从通常称为"堪萨斯城研究"（Kanas City Studies）中系统形成的。在这些早期研究中，人们记述了随着年龄的增长，人的社会交往，眼前角色的活动和角色数目等方面都有一种引人注目的下降趋势。解脱理论家们认为，这种下降趋势是合乎逻辑的，因为它们带来一种自然的、正常的和使人满意的所谓解脱过程。随着年龄的增长，人们对其角色更具选择性。那些要求付出很多精力和时间的角色或给予人们极少报酬或满足的角色可能被放弃，而能提供报酬和满足的少数角色将被保留。

从最初的堪萨斯城研究提出以来，出现了大量的检验这一理论的尝试。至今，各种发现是众说纷纭的。许多研究，特别是"活跃理论"家们所进行的研究，并未发现什么支持解脱理论的有力根据。"过于简单化"是对解脱理论的主要批判。许多老年人并没有解脱，而且似乎也经受不住解脱。对解脱理论家来说，也还有许多活跃理论家的反对性和质疑性文献资料需要认真加以考虑和对待。例如，活跃理论家主张与其说解脱是出于老年人的愿望，倒不如说在极大程度上是缺乏机会的结果。罗曼（Roman）和泰茨（Taietz）发现，如果给予连续性角色（如荣誉教授）的机会，则他们一般就不愿从工作上解脱①。另一些研究还发现，并不是年龄本身或仅仅由于年龄才引起解脱，而主要是与年龄增长的相关因素，如健康状况不佳、失去朋友和经济收入减少等引起解脱。在对"有成就的老年从仕者"这种现象作解释时，解脱理论者只能说他们不识时务或不知进退，或者说他们因属社会名流，或者说他们是"不成功的解脱者"而已。现在，解脱理论已得不到老年学家的广泛支持了。

活跃理论

解脱理论的出现为老年学研究提供了一种很有价值的推动力，因为它提出了一个引起激烈争论的课题，从而推动了产生大量新理论的研究。论证解脱理论的弱点所形成起来的理论之一就是活跃理论（Activity Theory）。活跃理论是解脱理论的反命题。尽管它是几个世纪以来论述老年人的文献中一个谈论已久的课题，但是直到解脱理论资料正式发表以后，活跃理论家们才开始对这一理论做了系统的和进一步的研究。

活跃理论可以称为老龄过程的"黄金岁月"观。活跃理论家认为理想的老年是人们在这一时期维持他们以前的活跃水平。这一理论基本上主张，为了老年的幸福，人们需要保持活跃。幸福的获得在于抗拒年老的袭击和尽可能久地维持中年的生活方式、价值观和信念等，因此，所谓成功的老龄过程就是保持中年的状态。活跃理论家相信，如果人的眼前的角色或社会关系一旦丧失，最重要的是要以另外

---

①P.Roman、P.Taietz：《组织结构与解脱》，《老年学家》1967 年第 7 期，第117—152 页。

的角色或社会关系去替代它们,否则,人的活跃程度就会下降,而人的生活满足感和称心如意感也将随之减退。因此,角色或社会关系的替换补充是必要的。基本上说来,活跃理论声称,人越能保持活跃,则生活也会越称心如意。不过,活跃理论家也承认他们的理论还是初步的,还不能解释老年人的全部行为。

至今,相对而言还只有不多的验证试图检验活跃理论的正确性。但就现有文献看来,大多趋于对活跃理论的前景持肯定的态度。

然而,并非所有研究都支持活跃理论。有些研究提出,活跃理论的基本设想未必正确。例如,莱蒙(Lemon)、本森(Bengtson)和彼得森(peterson)认为活跃理论缺乏足够的根据。这三人的研究资料指出,一个人的高昂精神状态并不取决于其所担负的角色数目,而最低取决于他与另一人的持久而牢固的亲密关系①。这项研究结果,得到洛温撒尔(Lowinthal)与黑文(Haven)的研究的支持。他们发现,有牢固的亲密关系的人和没有这种关系的人相比,前者生活得较为称心如意,而后者则易于意气沮丧。然而,他们也发现即使一位密友或知己也未必能对病患者发挥多大的缓解作用。因此,病患常为损伤个人精神状态之源。而且还应该指出,确有许多人好像并未受到缺少密友的不良影响,却仍然保持着高昂的精神状态。

对活跃理论还有另外一些批评。主要的批评之一认为,与其说高昂的精神状态取决于角色的活跃力,倒不如说具有高昂精神状态的人才易于建立友情、并且比精神消沉的人更能保持活力。另一个问题是,对许多年老者来说,幸福并非获自保持活跃。许多上了年纪的人

---

①B.W.Lemon、V.L.Bengtson、J.A.Peterson:《老龄过程的活跃程度探讨》,《老年学月刊》第 27 期,1972 年,第 511—513 页。

更喜欢一种摇椅式的通向老年的途径①。对这些人说来,维持其二十年前年轻时的活跃水平,意味着需要付出不可思议的紧张和精力。实际上,对于他们来说,仅仅维持中年的活跃水平和时时保持惧怕失误的警惕,将不但不会产生一个幸福愉快的晚年,而且会被焦虑、紧张和担心弄得焦头烂额。

性格理论

试图解释前述两种理论中的矛盾的一种理论,它大体上可称之为性格理论(PersonalityTheory)。

这种理论的主要支持者之一是哈维格斯特(R.J.Havighurst)。他声称,解脱和活跃理论都不足以说明已有的研究资料。他认为如果能以恰如其分的观点研究这些资料的话,则资料本身并不是矛盾的。我们已经知道活跃理论预言,高度活跃将带来高度的生活满足感,低度活跃只产生低度生活满足感。相反,解脱理论则认为低度活跃则带来高度生活满足感,而高度活跃只产生低度生活满足感。但是我们也看到,既有支持也有反驳这两种理论的丰富资料。哈维格斯特主张,解脱理论和活跃理论都不正确地把问题的焦点集中在以活跃程度的大小作为决定生活满足的关键变量上。他认为决定生活满足的关键是性格类型而不是活跃水平。换句话说,不同的性格类型需要不同的活跃水平以获得生活的满足。现在举出哈维格斯特所划出的八种性格类型中的两种以说明这一学说。"改组者"(reorganizers)性格类型者试图以新的角色代替失去的角色,以保持其中年状态,他们这样做时,就可能维持较高的活跃水平,并获得生活的满足。因此像"改组

---

①摇椅是老年人喜欢坐的一种扶手椅,可以前后摇动,此处引申为一种闲逸的生活状态——译者注。

者"这种性格类型的人就会支持活跃理论而反对解脱理论。反之,支持解脱理论的则是哈维格斯特的"解脱者"(thedisengaged)性格类型者。解脱者自愿放弃他们的大部分角色。他们喜欢闲逸的生活方式。他们的活跃水平虽低,却有高度的生活满足感。

亚文化群理论

阿诺德·罗斯(ArnoldRose)在他1962年发表的《老龄过程的亚文化:社会学研究的一个课题》①和1956年发表的《老龄过程的亚文化:老年学研究的基础之一》②两文中提出,老年人形成一种亚文化群(Subculture Group),而正是该群体的亚文化规定并指导着老年人的行为。亚文化群是一般社会中的一个群体,它既显示一般社会的许多文化特点,又显示它自己独有的为社会的其他部分所不具备的某些特点。一种亚文化群可能依年龄、性别、民族、人种、宗教或社会阶层等因素为基础而形成。

导致形成老年亚文化群的因素可有以下几种:首先是现在人口中老年人占相当大的百分比和数量的因素。曾经有过一段时期,老年人的数量和在人口中的百分比很小,而且分散于全国。当然,在这种情况下老年人很难从分隔的思想、信念、价值观和行为中形成一个统一的群体。但是,随着老年人在人口中百分比的不断增加,就使老年人易于形成一个老年人的亚文化群。其次是在一定程度上,老年人被排除于一般社会之外的因素。强制性退休、健康状况以及社会比较重视年轻人等因素,都促使老年人和社会上的其余人发生分隔。这种现象的形成不仅属于社会的原因,也有生理的原因。因此,老年人往往集中于

①《老年学家》2,第123—127页。
②《老年学家》4,第46—50页。

城市的某一部分或某一隔离社区。老年人数量与在人口中所占百分比的增加,再加上他们经常被排除于一般社会之外这种事实,就派生了第三种因素即所谓"年龄意识"的增长。老年人现在已经能意识到他们与社会上其余人的"差异"了。他们有不同的价值观、生活方式、兴趣、需要和行为。年龄意识由于年龄隔离和兴趣与需要的共同性而增强起来。老年人的兴趣与需要的共同性把他们团结为一个统一的社会群体。从这种团结中又进而产生了一种集体精神和群体自豪感。

亚文化群理论的支持者也承认,老年人的许多有特色的行为并非全受亚文化群的影响,而产生于另外一些因素。例如,生理变化、社会规范和世代变换等都具一定的影响。但是亚文化群理论家一般仍然相信,在老年人所隶属的所有亚文化群中,年龄亚文化群对老年人的影响最有力。换句话说,人种、宗教、性别或职业亚文化群都受年龄亚文化群的统属和支配。

亚文化群理论家还承认老年人口的各部分之间存在着很大的差异,并从而得出两点结论:第一,所有的老年亚文化群并不是同质的。正如老年人之间的不同一样,他们的亚文化群彼此也不同。例如,富有的老年人亚文化群无疑地与赤贫老年人亚文化群非常不同。第二,因为老年人是多样性的,亚文化群的影响也不会具有普遍性。在我们的社会中,必然有许多老年人由于地位、财富、权力或其他特点而被排除于老年亚文化群及其影响之外。例如,在业的和富有的老年人一般都包括在普通社会之中,因此就不大可能参加老年亚文化群或处于其影响之下。老年亚文化群理论的支持者还指出,有几种因素会使所有老年人与普通社会发生更紧密的联系而与老年亚文化群疏远。这些因素包括家庭联系、大众信息媒介、职业、福利组织和对自己年老的憎恨态度等。

老年人亚文化群中,有两种类型的身份地位。第一种身份地位是由社会所授予的。在决定个人的身份地位起一定作用的诸因素中,有些因素如财产的数量、职业、教育程度和成就等是社会性的因素。虽然这些因素的重要性无可否认,但随着年岁的增加,它们的重要性也在变化。例如,教育程度和财产对一个中学足球选手的身份地位的重要性就远不如对一位中年成人的身份地位重要。这些影响人们身份地位的社会性因素对生活于年龄混合社区中的老年人可能远比生活于年龄隔离社区的老年人具有更大的影响①。第二种身份地位是由老年亚文化群所授予的,而且与两种因素有关。第一种因素是身心的健康状况。健康状况良好的人比健康不佳者有较高的地位。第二种因素是社会活动。这一因素无疑也多少受到健康状况的影响。那些占据领导角色能影响其他老人或显示较高社会活动能力的人,当然在老年人亚文化群中会具有较高的地位。

老龄过程的亚文化群理论,对了解我们社会中的老年人作出了重要的贡献,它承认老年人和老年人亚文化群的多样性,使它成为一种颇具概括性的理论。将来,在老年人亚文化群的类型和其对老年人所具有的影响方面,尚须进行更多的研究。

角色理论

有几位老年学学者阐明了老年时期人的行为可以由角色理论(Role Theory)加以解释的看法。在社会学中,角色是据有某些位置(如,父亲、老师等)或一定地位按预期行为行动的个人。大部分角色理论家在这里都是借用了舞台艺术的模型。这种模型概念的主要含

①年龄综合社区是指某一社区中居住有各种年龄的居民;年龄隔离社区是指某一社区中的主要居民仅为某种年龄者,如老年隔离社区其主要居民为老年人——译者注。

义就是说,正如演员在舞台上担任不同的角色一样,人们在日常生活中也担任着不同的角色。换句话说,正如演员在舞台上的演出决定于脚本,决定于导演的指导,决定于同台演员们的演出和能力,决定于观众的反应和演员对人物的表演一样,人们在日常生活中的行为也服从于类似的影响。

让我们首先研究一下,决定演员在舞台上的行为的第一个因素:脚本。在"现实"生活中,我们的行为是由我们在社会中所担负的角色决定的。而我们在社会中担负的角色也有可以称之为属于他们的"社会脚本"。在一定的范围内,诸如父亲、老师或姐妹等角色都有指定的应做或不应做的行为。例如,作为父亲角色就要求有一定类型的行为。尽管父亲角色行为中有某些灵活性,但是父亲角色仍然要求父亲从事向他的家庭提供食物、衣着或居处等预期的行为。正如舞台上的演员按脚本行动一样,父亲也根据其在社会中的这一角色按社会脚本行动。

第二项决定演员在舞台上行动的因素是导演的指挥。导演支配着演员的演出。导演可以要求演员变化其风格、声调和手势等,以变化人物的形象。导演一般有权力让演员采取他认为恰当的姿势。日常生活中,也有许多处于类似导演地位的人,也就是说,有许多人有权力使我们按他们认为适宜的态度而行动。这些导演有权力并且能够提供指令要求我们按他们安排的标准扮演角色。如果我们偏离这些标准,导演就要加以纠正;如果我们符合导演的标准,他也会给予褒扬。日常生活中类似导演角色的如母亲、老师、经理、教练等。

第三种决定演员表演的因素是同台演员的演出和才能。也就是说,演员在舞台上彼此将相互影响。如果某个演员没有进入角色,很可能他的这种状态将影响其他演员的演出。因为在日常生活中人们彼此发生联系,就必然产生相互影响。在互相联系中,互相联系者的彼此地位以及他们的行为和情绪都将处于联系者的考虑之中。我们与班组长的关系与我们和同班组工人的关系很可能是不同的。也就是说,人们处于不同位置和角色地位时,要求人们对之作出不同的角色反应。而且,班组长情绪"好"或"坏"时,我们与他们相互影响也会不同。因此,在日常生活中,我们的行为是受我们与之发生相互作用的角色及该人的行为方式所左右。

第四种决定演员行为的因素是观众的反应。敏感和有鉴赏力的观众经常会引起演员的表演灵感,迟钝的或缺乏反应的观众则会导致相反的结果。日常生活中,也存在类似的情况,也就是说,我们的行为受到我们与之发生联系的人们的反应之影响。生活中的观众就是眼见我们行为的那些人。一般说,根据观众的反应和行为如通过手势、表情和口头信息等,我们是能够确定自己的行动是否受到欢迎。如果观众的反应是否定的,我们就很可能改变自己的行为。

最后一项决定演员表现的因素是对角色的解释。每个演员对人物的解释是不同的。日常生活中也如此。我们的性格和社会化的经历必将影响我们对角色的理解,而且最终影响我们对某些角色的刻划。大部分角色理论家相信,人们日常生活中的行为几乎和舞台上演员一样受到严格的限定。

角色理论的文献是丰富的,而且可以追溯到早期社会学家库利(C.H.Cooley)、托马斯(W.I.Thomas)和米德(G.H.Mead)等人的著作中。本书不准备彻底地分析角色理论,因此,仅只提出对基本上了解角色理论较为重要的几个基本概念加以说明。

这样的概念之一是"处境确定"(definitionof the situation),它是由托马斯首先提出来的。按照托马斯对这一概念的解释,在对一项刺激作出反应之前,人们要进入一种"考察和审思阶段",这就是所谓"处境确定"。当刺激发生时,人们并不是简单地作出反应,而是分析刺激、刺激者及彼此的处境,然后选择恰当的反应。一般说来,"处境确定"当然只是一个瞬间动作。

应该加以考察的第二个概念是"自我反照"(looking-glass self)。"自我反照"概念是由库利首先设想出来的。这一概念由三部分组成:第一,我们想象自己如何出现在别人眼中;第二,我们想象别人如何判断和评价自己的形象;第三,作为这种评价的后果,我们会产生诸如骄傲或屈辱等类的感觉。这种自我反照概念的内涵,只是要我们主观地解释与我们相互作用者的行为, 以确定自己扮演的角色是否正确。

尽管角色理论是一种非常一般的有关老年人的理论, 但它还是可以用来解释在老年人中所见到的普遍的波动不定的行为现象。这些波动不定的行为,正可以说是因为人们确定处境的不同,理解和反应自我反照的方式不同的结果。

年龄分层模式

年龄分层(Age Stratification)已经被宣布作为一种模式用以说明老年人的行为。因为提出这种意见的学者们认为他们的这种观念还不够成熟,还需要讨论和修正,所以他们声称他们的意见只是一种模式而不是一种理论。但是因为年龄分层模式已经受到老年学家们相当的注意和支持,所以,有必要在此加以讨论。

年龄分层模式承认有两种理由使年龄成为一种决定行为的重要因素,第一,年龄可能限制个人扮演某些角色的能力;第二,社会依年龄有区别地给人分配权力、角色、特权和机会。

年龄是一项决定角色类型和我们可以得到的选择权的因素。由于生理的、法律的或社会的制约,实际年龄可以影响角色的扮演;这也就是说生理年龄限制了角色的选择。例如,妇女直到生理上成熟之后,才能得到母亲的角色。而老年人与年轻者竞赛时,由于身体的局限,几乎不可能在竞赛项目中获胜。同时,由于法律的要求,年龄也决定着角色的选择。从法律上说,有限制担负某些角色的法律要求,也有使人们摆脱它们的法律要求。例如,驾驶汽车、饮用烈性酒饮料、参加选举或担任某些官职等都有年龄的要求,强制性退休法则强使人们脱离工作角色。

基本上说,实际年龄把人口分隔或分层为若干年龄层。每个年龄层都有与它相适应的一组权利、角色、义务和机会。当人们从某个年龄层进入到下一个年龄层时,他们就会获得该年龄层的角色。不过人们的能力有时会改变年龄层的影响。

分配给各年龄层的权利、角色、义务和机会迥然不同,因此,年龄层不光在年龄上不同,而且它们从社会所分享到的和贡献于社会的也不相同。

每一个年龄层中都有与年龄相关的角色期望,发生于每一个年龄层范围内的角色期望如服装款式、发型或语言等。例如,期望于青年的服装款式、语言和发型一般都与八十五岁的老年人不同。

为实现角色期望,就必定要有某些约束。符合角色期望的行为将受到奖赏,背离角色期望的行为将受到惩罚。

另一种用以加强角色行动的社会期望机制的是社会化过程。社会化简而言之就是学习我们生活于其中的社会信念、价值观和规范的过程。过去,社会化被认为只是青年人从事的一个过程,而现在,社会化则被认为是一个终生从事的过程。由于不同的年龄层有不同的角色期望,所以,社会化是一个防止我们行为失当的必要过程。通过许多不同的社会媒介,我们能学会许多受年龄制约的行为方式。

社会化也是一个使人从一个年龄层或一个生命期顺利地过渡到另一个年龄层或生命期的必要进程。如果一个老年人仍然保持年轻人的价值观、信念和规范，那么在他的愿望与可能之间就会发生冲突。例如,如果一位老年人年轻时体格健壮并经常能以五分钟一里的速度跑十里,那么这个计划在其老年时就必须加以修改,以免造成体力与抱负之间的矛盾。也就是说,人必须学会权衡某种与以前不同的体力活动的规划。当我们从某个年龄层向另一个年龄层转移的时候,我们同时就要对下一个年龄层的角色期望有某些先期的打算。这种先期的打算或考虑是从所谓的预社会化过程得到的。

当一个人从某个年龄层转移到另一个年龄层时,与特定角色相联系的期望也随之改变。例如,有幼年子女的父亲和有成年独立生活子女的父亲的角色期望就不会相同。起初,期望于父亲的是向子女提供衣、食、住和父爱,待其子女成年之后,父亲的角色期望就只剩向子女提供父爱了。

出生组概念在年龄分层模式中也是重要的。正如我们已经知道的,出生组简单地说,就是一组出生于同时并在同年岁经历某些历史事变的人。出生组之所以重要,是因为研究者相信,于某一年龄经历某些历史事变将给人以长期影响。例如,经济萧条对经历过它的人有长期的影响,但这种影响又依经历经济萧条时的年岁而不同,即1929年的经济大萧条对当时是三岁、二十三岁或八十三岁者所产生的效果当然不一样。

因为有不同的出生组经历,每个人对世界的看法也就各具特点。对性的概念、道德、种族平等、生育子女的愿望、医疗社会化以至男子发型的长度等的理解和评价都将不同。例如,当今年轻男子对父亲角色的概念与前一个出生组就有很大差异,过去认为父亲的角色是一个消极的角色,父亲并不专心于照料和抚育子女,现在,年轻的父亲则经常要照料和抚育子女,而且还得到过去的父亲角色期望中所不包括的许多其他角色。

虽然年龄分层模式已在较大程度上为研究者所接受，但是它仍有一些有待验证的问题。主要的问题是该理论没有考虑不同的社会阶级、民族、人种之间的差异和它们不同的感觉与期望。社会不单纯按年龄分层，它也按民族、人种和其他因素分层。因此，分层理论必须考虑涉及这些因素的行为。

本章提要

过去二十年间，研究工作极大地改善了老年学的研究状况，老年学知识无论在数量和质量上都起了变化。

近年来生命期是一个比过去研究得更彻底的领域。一些学科中的老年学家记叙并写出了有关老年人和其他年龄组的人之间的差异和差异的原因，他们记叙了随着年龄的增加，在社会的、心理的和生理的范围内发生的变化。

老年学理论领域也因对老年人的科学研究之发展而改观。老年学家创立了某些新的理论并借助于现存的一些理论去解释和理解老年人的行为。近几十年来，出现过好几种理论，但它们很少经得住对其进行的不断验证。

（［美］克伦塔尔著，毕可生等译：《老年学》，甘肃人民出版社，1986 年）

老年社会与家庭

人生来就是一种社会化的动物。尽管在人类学和历史学的著作中都讲到人类社会产生的条件和人组成为社会的过程，但没有人知道在人类的社会化以前是否还有过古代人类个体非社会化的生存时期。以前各章已对老年人的生理和心理诸方面的特征进行了论述。本章将对老年人的社会特征进行一些社会学的描述和论述。

第一节　老年社会群体与角色

老年人在社会中是以一种群体而存在的。老年人群体并非是一种志愿的结合，而是由于社会上按法定的、生理的、经济的或社会的条件被划入老年人这个社会称号下的人的自在群体。这个群体中的人所普遍具有的社会角色特征，就是社会学中所谓的老年角色。

一、老年社会群体

老年社会群体是社会学中划分的许多社会群体之一。通常社会群体的划分可根据性别划分，如妇女群体；根据民族如各种民族群体划分；也可根据年龄划分，如青年群体、儿童群体和老年群体等。老年社会群体就是这种基本上按年龄划分而形成的一种社会自在群体。老年社会群体的年龄界限，基本上是由多种条件（包括法定的、生理的、社会的和经济的多方面条件）综合形成的一种约定俗成的划定。首先，形成老年社会群体的最重要的年龄划定，是根据各国和各个民族社会上对退休年龄的规定。例如,西方发达国家的老年人多指65岁及以上的人而言;又例如,非洲、南美、东南亚一些国家多以60岁为退休年龄,这些国家的老年人则又多指60岁及以上者。另外,联合国人口组织为了统计的方便,在大多数情况下,将60岁及以上者划定为老年人,所以,目前就世界上通用的统计定义来说,老年人即指60岁及以上者。我国的情况比较复杂,一方面,法定退休年龄为女55岁,男60岁,所以,老年人即指女55岁、男60岁及以上者。但为了方便也笼统地指男女均为60岁及以上者;另一方面,为了与发达国家的统计口径一致,在统计上也有时按65岁及以上者为老年人的界限。本章老年人的年龄界限则随统计资料的实际,分别定为60岁及以上和65岁及以上。由这种年龄界限划定的老年人,在社会上尽管不必志愿结合,但与社会上的其他人,自然形成一种自在的隔离,从而产生了老年人的社会群体。

二、老年社会群体的人口统计特征

老年社会群体虽是一个自在的群体,但却具有一些明显的人口统计特征:

(一)老年社会群体的年龄结构特征　老年社会群体的年龄结构不仅与整体人口的年龄结构不同,而且与青少年人年龄结构形成截然相反的趋势。在青少年人口中,由于婴幼儿死亡率较高,因此,随着年龄增长人口比重越来越高。而老年人则因年龄越高死亡率越高,高年龄人口的比重也越低。例如,根据联合国人口司编制的资料,1975年全世界3.38亿老年人口中,60~69岁者占60.29%,70岁以上者只占39.71%[1]。中国古谚称:"人生七十古来稀",但随着社会经济的发

---

[1]资料来源:《老龄问题世界大会资料辑录》附表6。

达,人的寿命的延长,这种情况必定出现某种变化。这正如当今我国社会上流行的一句话说的那样:"六十小弟弟,七十多来分,八十不稀奇。"根据联合国人口的预测,到 2000 年,全世界老年人将达到 5.76 亿, 其中 60~69 岁老人比重将降为 57.46%,70 岁以上老人比重则将增加为 42.54%。我国第三次人口普查中老年人口为 0.766 亿, 其中 60~69 岁老年人占 63.46%,70 岁以上老年人占 36.54%, 约相当于现今世界发展中国家和地区老年人口的年龄结构水平。

(二)老年社会群体的人口性别结构特征 由于老年妇女一般较老年男子长寿,因此老年人群体的性别结构明显地不同于总体人口的性别结构,随着老年人口年龄的增长,性比例不断降低已是一种普遍趋势,只是在超高龄老人中性比例又略有回升。下表所列我国第三次人口普查资料,老年人口分年龄组的性比例变化反映了上述这种趋势。

表 5-1 中国第三次人口普查老年人分年龄组性比例

年龄组	性比例(女:100)
60~64 岁	100.59
65~69 岁	91.74
70~74 岁	81.32
75~79 岁	68.29
80~84 岁	57.39
85~89 岁	46.14
90~94 少	37.60
95~99 岁	43.68
100 岁以上	41.79

资料来源:中国第三次人口普查资料

此外,老年人口的性比例也随着社会经济的发达而有所变化。除个别情况外,社会经济发达的程度和老年人口性比例成反比例,亦即社会经济发达的国家和地区的老年人口性比例均低于社会经济不发达的国家和地区。下表正反映了这种情况。

表 5-2　1985 年发达国家和发展中国家老年人口性比例

年龄组	世界	发达国家	发展中国家
60+	79.44	65.73	92.02
60～64	90.00	76.51	100.01
65～69	85.76	72.04	95.19
70～74	76.50	64.92	88.59
75+	62.58	52.50	76.94

资料来源:1984 年世界人口预测,世界银行

(三)老年社会群体人口的文化结构特征　一般而言,老年人口年龄越高,文化程度逐步降低。这种特征反映了过去一代或几代人的文化教育状况。表 5-3 是我国 1987 年 60 岁及以上老年人口年龄分组文化程度表。由表中可以看出有文化的老年人的比重随着年龄的升高而降低,而文盲老人比重则随年龄升高而增加。老年人口的文化构成与总体人口的文化构成相比,老年人口的文化水平还处于更低一层的水平。也就是说,一般说来老年人的文化素质平均也低于总体人口的文化水平。例如,根据 1987 年老年人口调查,计算出老年人口文化素质指数(基本上亦可理解为人均教育年限)为 2.00,而当年总体人口的文化素质指数为 4.65,即比 60 岁及以上老年人口的文化素质指数高 2.65。此外,老年人口文化构成中,还表现出男性老年人口文化水平大大高于女性和城市老年人口文化水平亦大大高于乡村老

年人口的突出特点。1987 年全国老年人口抽样调查表明,乡村女性老年人口有小学以上文化人口比重仅占 3% 多一些,近乎 97% 的乡村女性老人均为文盲。城镇情况虽略好,但男性女性老年人口的文化水平差距仍非常明显。前述调查还表明城乡老年人口的水平差距也非常突出:城市男性老年人口的文化素质指数为 5.29,而县乡男性老年人口的文化素质指数仅为 2.13[①]。

表 5-3   1987 年全国(加权汇总)老年人口按年龄分组文化程度表

	60-64	65-69	70-74	75-79	80-84	85-89	90+
合计	100.00	100.00	100.00	100.00	100.00	100.00	100.00
大学	1.81	1.21	0.84	0.73	0.71	0.71	0.00
中专	1.75	0.83	0.56	0.38	0.17	0.53	0.00
高中	2.63	1.66	1.49	0.76	0.53	0.00	0.61
初中	10.33	7.31	4.83	3.13	3.29	3.04	4.29
小学	22.89	19.22	15.72	12.07	10.66	7.69	4.90
识字不多	12.76	12.89	11.94	9.99	8.50	7.15	5.52
不识字	47.80	56.84	64.59	72.91	76.09	80.95	84.66

资料来源:《社会问题研究》,张仙桥等著,P255

（四）老年社会群体人口的城乡分布   中国老年人的城乡分布,就其绝对数量来说,自然是乡村老年人口远大于城市老年人口。因为从人口总体上说县乡人口就远大于城市人口总数。根据 1982 年第三次人口普查百分之十抽样调查的结果, 中国城市 60+岁的老年人口

[①]本章所载 1987 年全国老年人口抽样调查数据均据张仙桥等著:《社会问题研究》。

共计 1465 千万,县乡 60+岁老年人口则为 6196 千万人。县乡老年人口几乎是城市老年人口的 4.6 倍。所以,就解决老年人的各种问题来说,基本的着眼点还应放在农村。这里还有一个值得深入思考的问题。尽管我国农村计划生育工作的实效不如城市,亦即少年人口远较城市为高,出生率亦高于城市;而且乡村的医疗条件也不如城市,可是乡村老年人口的比重却仍然高于城市。据 1982 年人口普查百分之十抽样调查的数字表明,城市老年人口在城市总人口中所占的比重为 7.10%,而县乡老年人口在县乡总人口中的比重却是 7.77%。这种情况也许只能用中国乡村的自然环境更有利于老年人的健康这一点加以解释了。

(五)老年人群体的人口民族特征　老年群体在民族之间存在着差异。这种差异形成的原因相当复杂,也正像世界上各国各民族之间的差异一样,难于用一两种单纯的原因做出肯定的解释。我国现有 56 个民族,就少数民族的总体来说,根据 1982 年人口普查百分之十抽样资料,人口老龄化程度要低于我国总人口的老龄化程度。即我国总人口中,60 岁及以上老年人口所占的比重为 7.43%,而少数民族中 60 岁及以上老年人口在全体少数民族人口中所占比重则为 6.88%,实际总数为 463 万余人。如果就各个少数民族的具体情况来说,那么老年人口比重超过我国总体老年人口比重的民族为数也不少。如:藏族为 7.57%,维吾尔族为 7.89%,壮族为 7.46%,布依族为 7.62%,畲族为 8.82%,阿昌族为 7.98%,普米族为 7.42%,怒族为 8.12%,俄罗斯族为 11.66%,京族为 7.99%,赫哲族为 7.46%,门巴族为 11.50%,纳西族为 7.95%,珞巴族为 9.7%等。为什么这些少数民族中的老年人口相对较多? 这除了社会经济发达程度等复杂原因之外,还与以下几个因素有关:①本民族身体素质较好,如维吾尔族和壮族;②出生率较低或婴幼儿死亡率高,如赫哲族和门巴族;③本民族既有长寿的素质，同时出生率低且婴幼儿死亡率也高，共同影响了老年人口的比重，如藏族；④由于人口迁移的原因，即青壮年人口外流而造成老年人口相对较多，如俄罗斯族等。

三、老年角色

角色理论自从 1935 年由美国社会学家乔治·米德（GeorgeH·Mead）引入社会学领域以后，即成为社会学者用以分析研究个人行为方式的一种重要的规范模式理论。老年角色就是某个社会中老年群体的具有的特征行为方式的概括。

老年角色的行为模式，是约定俗成的。例如，行动轻捷是青年角色的行为范畴，如果一个鬓发苍白的老年人仍然行动轻捷，则显出一种不调和感，但这种不调和终究只是一种约定俗成的习惯，并无任何硬性的行为规范加以限制或约束。老年角色的行为模式也因所处的环境的不同而不同。例如，家庭中和社会上，城市中和乡村中老年角色的行为模式都有所区别。在家庭中，老年人具有祖辈的角色，而在社会上老年人只是一种衰老者的代表。老年角色也还因时代和社会发展阶段的不同而有不同的行为模式。在封建社会，老年角色是具有威严、支配和权力的行为与地位的象征。而到了近代工业化社会，这种地位和行为模式都有相当地下降。

半个多世纪以前，中国老年角色是一种具有相当威严、支配性的、权威性的形象。这种形象是与中国将近两千年封建社会尊老习俗相一致的。但是随着社会的步入工业化时代，老年角色的形象已经大受贬损。在城市社会中尤其如此，特别是近年部分大众媒介的一些错误宣传，如一再谈论几个在职职工负担一名离退休人员，使社会上不少人将老年人视为一种累赘。老年人在家庭中还是一个较受人尊敬的角色，因为现在城市家庭中，老年人往往还是向家庭提供主要收入的人。此外,也还因社会急剧变革,老年人和年轻人的思想境界产生相当差异,老年角色和青年角色的行为模式和社会地位都出现了较大的代沟现象,这也是当今社会的一种客观事实。

最后,应该指出的是老年角色在很大程度上都受到社会的老年价值观的影响。对老年价值观的系统认识将有助于更全面的了解老年角色的社会模式。下一节我们将系统地论述老年价值观。

第二节 老年社会价值观

老年社会价值观是社会上人们对老年和老年人所采取的一种评价态度。我国人对"人生观""宇宙观"比较熟悉,而价值观这一概念则是随着20世纪70年代末学术开放和社会学重建而流行起来,故比较生疏。通常所谓的价值观显然包括主客观两个方面:一是老年人对自身或老年期的评价;一是社会上其他人对老年人的评价态度。当然这两种态度都具有一般社会态度的属性,它必然随社会群体的地位、经济状况、时代特征、政治权利以及个人的性别、年龄、文化程度等诸多因素而有所差异,因此,老年价值观遂成为一种多变的社会态度。

一、老年价值观的历史回顾

古代老年社会价值观无疑受到生产力发展的制约。一个丧失劳动力的老年人,对于社会上其他人来说就是一个无用的人和累赘。因此,当时老年社会价值观自然是不高的。进入文明社会后,老年人的地位很快得到提高,这不光是由于血缘亲族感情因素使然,而且因为一方面社会生产力的发达使赡养老人成为可能;另一方面是由于老年人的经验和技能受到社会的尊重的缘故。在我国秦汉以前,社会和家族对老年人的尊敬与奉养已相当普遍。中国当时虽未形成如西方希腊、罗马时期的老人统治,但老年人的社会价值已得到相当高的评价。从那时至清末,在长达 2000 余年的封建社会中,老年人的社会地位由于封建社会生产的特点,家庭中家长制的确立,政治上专制特权的施行以及社会风俗中宗法制度受到公认,得到了空前提高和巩固。这不仅是习俗性的社会规范,而且一直受到历朝法律的保障和维护。这种尊严的地位自然导致较高的老年社会价值观。因此,尊老敬老意识在我国始终与封建宗法主义制度相伴并存,愈久愈固,以至于在中国的文化意识中形成一种民族的传统观念。社会发展到近代,工业化生产代替了小农经济模式,民主平等思想与封建专制思想发生了尖锐的矛盾对立。这种社会变革和冲突的高潮就是辛亥革命和五四运动。政治变革和文化的冲突是与生产方式与生产关系的改变同至俱来的。当时,尚处在开始阶段的工业化生产和都市化进程都以青壮年劳动力为社会的宠儿。中国与西方不同的是从封建主义的小农经济直接转向资本主义生产,中国并无保护手工业劳动者的发达的行会组织,而保护广大劳动者权益的社会保险和社会保障制度还远未诞生。反封建的浪潮一度席卷社会,猛烈地冲击着 2000 多年中国封建社会奠定的封建社会规范和道德观、价值观念。随着社会的大变革,在城乡中上层老年人旧有的权势遭到挑战,平民老年人的生活保障也遇到了威胁。中国历史上老年人的社会价值观至此遂进入了一个空前的低谷时期。

二、当代中国老年社会价值观

进入 20 世纪 50 年代,城市中由于在职职工劳动保险制度的施行,与现代工业发展相配套的社会保障首先从经济上给予老年人以收入保证。城乡民政工作的开展,"大跃进"时期蜂拥而起的借以显示社会主义优越性的敬老院,在某种意义上都有助于使敬老养老成为社会主义的新的道德规范。当时,老年社会价值观究竟如何,虽无具

体社会调查可为依据,但可以估计得到的是较以前有所提高。然而,好景不长,进入大动乱的十年"文革"时期,几乎一切革命的对象大部分都可归入老年人或准老人的群体中。这次运动实质上就年龄分层而言,是对城乡老年人一次不小的打击。例如,据 1988 年中国九城市老年人口抽样调查①中,"认为十年动乱是对大多数老年人的一次冲击"者占抽样人数的 33.8%,而认为"不是"者则占 12.5%。所以,认为"文革"是对老年人的一次冲击的竟 2~3 倍于持否定态度的人。不过,这次名义上以"文化革命"为口实的封建专制复辟,却与历史上封建专制社会就年龄分层而言的得益者恰巧正反颠倒。由此导致的老年价值观的低落,甚至粉碎"四人帮"以后也一时难以恢复。

十年改革开放中,老年社会价值观得到相当程度的恢复与提高。这主要有以下 4 点原因:(1)自 20 世纪 70 年代末,对于自 50 年代至"文革"中的一切冤假错案无例外地全部平反,解放了一大批老年人,恢复了他们的社会地位甚至权利;(2)伴随大量老革命家离休,他们平生功业与成绩被大力宣传,使全社会重新认识了老年人的社会价值;(3)人口老龄化的发展引起了政府和社会的关注,有关机构的普遍建立,老年学的研究与宣传,有助于提高全社会对老年人的评价;(4)城乡老年人在家庭中对子女的小家庭无论经济上或其他方面都可能有一定的帮助,因而无形中增加了老年人在家庭中的重要性。然而尽管有以上诸原因,对老年人抱歧视态度和不理解老年社会价值者仍有相当数量。

三、老年社会价值观的具体表现

近几年各地的一些社会调查中反映出的老年社会观价值观有以

———————————

① 据 1988 年中国九大城市老年人口抽样调查补充问卷表。

下一些表现：

（一）老年人对老年价值观的认识　老年人对老年价值观的认识大致表现在 3 个方面,根据 1988 年九大城市老龄调查资料,第一,在关于"老年人应得到什么样的待遇"的调查中,认为"老年应享有与年轻人相等生活"占 44.1%,认为"现在财富为老年人过去创造的,理应受到尊重,享受更好的生活"的占 26.7%,两项合计共占 70.8%。相反认为"老年人要靠青年人养"和"青年人正在创造财富,理应比老年人有更多享受"两项合计只占 24%,就此可以认为大多数老年人对自己过去的社会贡献还是有认识的。第二,是关于对自身现状的衡量。这在九城市调查中, 认为老年人在经验方面较青年人占优势者占抽样总人数的 59.1%,认为在知识方面老年人占优势的只占 9.3%,而认为青年人占优势的却上升为 48.5%,认为各有所长的占 40.7%,这种情况反映出某些老人认为自己的知识已经陈旧过时的心态。在观念方面,认为各有所长的在这一方面回答者最多占总人数的 60.4%,认为老年人占优势占 11%, 认为青年人占优势的也不过只占 26.6%。第三,是关于老年人对自己前景的展望。在九城市老龄调查中对"老年人是否还有社会作用"的回答表明,认为老年人"不行了,成了家庭社会的包袱"者只占 21%,认为"老经验过时了,没用了"者占 9%,而认为"还可工作,起一定作用"者占 53%,"有丰富经验可继续贡献"者占 12%。可见,对老年前景抱乐观态度者仍然是大多数。又如,1985 年吉林市的一项调查,老年人自我感觉良好的占调查总人数的 51.3%[1]。

（二）社会对老年人的价值观　根据九城市老龄调查补充调查,对 "你认为现在老年人的社会地位与 20 世纪 50 年代相比是提高还是降低"的答问中,认为提高了的占总人数的 46.3%,持否定意见的

---

[1]《城市退休老人心理调查》,《老人》1985 年第 1 期。

只占 19.3%。由此可见较多的人都认为经过 10 年改革开放,社会上对老年的价值观比 50 年代是提高了。对老年人的价值观如果缩小到家庭的范围,那么亲属对老年人的价值的评价就比社会上一般人对老年人的评价将会更高一些。如九城市老龄调查表明,家庭中晚辈对老人尊敬的达到调查总人数的 83%,而不太尊敬和不尊敬的则只占总人数的 13%。以上这些资料表明,改革开放以来,中国传统的敬老社会道德有相当程度的恢复,老年社会价值观无论是社会上和家庭中都有明显的提高。

(三)年龄差别对老年价值观的影响 随着年龄的增长,老年人的身体状况和精力必然日渐衰竭。这是自然规律,也是年龄差别影响老年价值观的最根本的原因。此外,年龄差异所以导致态度的变化还受社会经历不同的影响。这种影响在老年学中被概括地称之为出生组效应和时期效应。所谓出生组效应是指同期出生的人大致会有相同的经历,因而对事物的评价会有接近的趋势;时期效应是指某一时期发生的社会大变故会对人的社会态度有所影响。一些社会调查中表明,年龄差别引起老年社会价值观的变化比较明显。老年人随着年龄增长对自身价值评价将日趋低落。例如 1988 年九大城市老龄问题调查中,60 余岁老年人认为自己"还可为社会作贡献,起一定作用"的,占该年龄组总人数的 61.2%,但至 80 岁年龄组,这一比重已急剧下降为 6.5%,在心态及对社会和周围事物的评价方面也随年龄而有较显著的变化。如据九大城市老龄调查,老年人对个人身体和家庭子女的关注都随年龄增长而增加;相反对朋友和国家的关注程度则随年龄增长而日趋淡漠。这种心态正反映了老年价值观的转变(参看表 5-4)。

表 5-4　按年龄组分老年人对周围事物关心程度人数比重表（%）

年龄组	口答	个人	家庭子女	朋友	周围社会	国家	其他	合计
60-64 岁	0.7	6.1	39.0	1.0	3.9	47.8	1.7	100.0
65-69 岁	0.8	5.3	37.6	1.1	2.7	50.9	1.6	100.0
70-74 岁	0.5	7.4	37.5	0.7	2.9	49.3	1.8	100.0
75-79 岁	1.4	9.9	38.3	0.9	2.0	46.1	1.4	100.0
80-84 岁	1.5	9.1	38.2	0.4	4.7	44.7	1.5	100.0
85-89 岁		10.0	55.0		1.3	32.5	1.3	100.0
90+岁		13.80	40.0		4.6	40.0	1.5	100.0

资料来源：1988 年中国九大城市老龄问题调查 A2-A205 表

　　（四）地区间老年价值观的差异　老年社会价值观地区差异的原因比较复杂，是由多种社会因素促成的，诸如地区人口老龄化程度、社会风气、住房条件、家庭规模、经济发达程度，以至生活水平等因素错综影响的结果。根据 1988 年九大城市老龄问题调查（参看附表 5-5），家庭中晚辈对老年人的尊敬程度均高于社会上青年人对老年人的尊敬程度。这种情况是易于理解的。因为，在家庭中老年人一般价值值均高于社会上。但是若按地区差别考察，则可以看出，上海这一老年人口最多的城市，社会上青年对老年人尊敬程度反而较低，西北西南较不发达地区城市如贵阳和兰州、社会上青年人对老年人尊敬程度又都较高。形成这种差别的原因，也许可以归于现代工业化社会的通病和由于家庭规模、住房条件导致的社会风气等原因。一般说来，工业化社会中，青壮年劳动力的社会价值较高，而且，都市导致家庭规模缩小、住房困难等造成亲子之情淡化，都可能形成老年社会价值观降低。

表5-5　分地区老年人在家庭中和社会上受晚辈和
青年人尊敬程度表（%）

	北京		天津		哈尔滨		上海		武汉	
	家庭中	社会上	家庭中	社会上	家庭中	社会上	家庭中	社会上	家庭中	社会上
不答	0.7	1.3	0.7		1.1	0.2	0.9	1.1	2.0	1.3
很尊敬	47.2	14.0	65.9	33.8	67.7	45.3	29.3	4.0	27.8	7.7
比较尊敬	43.1	43.5	25.3	40.8	23.2	29.5	41.7	31.8	52.2	43.2
一般	6.8	29.2	6.2	17.3	5.3	15.8	20.9	42.1	14.3	34.3
不太尊敬	1.1	5.6	0.8	3.3	0.5	3.9	3.3	12.5	1.8	8.5
很不尊敬	0.9	2.3	0.5	1.2	0.5	4.0	1.6	4.7	1.3	2.8
不知道	0.3	4.2	0.8	3.7	1.8	1.4	2.2	3.8	0.5	2.2
合计	100.0	100.0	100.0	100.0	100.0	100.0	100.0	100.0	100.0	100.0

	成都		贵阳		西安		兰州		总计	
	家庭中	社会上	家庭中	社会上	家庭中	社会上	家庭中	社会上	家庭中	社会上
不答	1.6	0.6	2.0	0.7	1.0	0.6	1.4	1.4	1.1	0.8
很尊敬	26.4	6.2	43.3	13.3	36.0	6.7	43.8	10.4	43.8	15.9
比较尊敬	51.0	31.6	34.2	33.8	48.8	37.3	41.6	34.6	39.2	36.8
一般	16.4	38.8	14.9	32.7	11.0	37.1	8.8	26.4	11.9	30.5
不太尊敬	3.6	16.0	2.0	8.0	1.3	8.8	2.8	12.4	1.9	8.4
很不尊敬	0.8	4.0	1.8	2.7	1.3	3.5	1.2	5.4	1.1	3.3
不知道	0.2	2.8	1.8	8.9	0.6	6.0	0.4	9.4	1.0	4.3
合计	100.0	100.0	100.0	100.0	100.0	100.0	100.0	100.0	100.0	100.0

资料来源：1988年九城市老年人调查汇总表A203，A204。
注：程度标准均据老年人主观感觉与印象。

（五）性别与老年社会价值观的差异　男女老人的老年社会价值观存在差异是较易为人们理解的。如根据九城市老年人状况的调查，不论是家庭中或社会上女性老人"最受尊重"的比重都比男性高，然而值得注意的是同样是不论家庭和社会上"最不受尊重"的老人比重也是女性高于男性。这种矛盾的现象，可能是反映了城市一些女性老人是家属型老年妇女，她们无独立的经济收入，因而在家庭中和社会上都成了"最不受人尊重"了。

老年社会价值观除因上述一些因素的影响而产生水平各异的社会价值观以外，也还有另一些因素或由以上因素派生出的原因而形成的不同社会价值观。例如，经济地位的影响。封建社会中，尤其是中国北方妇女，她们在家庭中多只从事从属性劳动，因此无经济地位可言。老年妇女更处于受歧视的境地。50年代以后，中国城乡妇女多逐渐具有了相对独立的经济地位。因此，女性的社会价值观得到显著提高。又如，民族习俗的影响，如西北地区信奉伊斯兰教的民族，尊奉《古兰经》的教导，大多有敬老的风俗，因此，老年人无论在家庭中或社会上都受到同族人的尊敬。此外，如政治变革，社会制度的推行（如中国的建立离休制度）都会对老年社会价值观产生一定的影响。总之，老年社会价值观是一种受到多种社会因素影响的社会态度，它的改变受客观社会规律的支配，而且随时代的重大变革与演进而有所变化。

四、提高老年社会价值观是老龄工作的目标之一

老年社会价值观既是一种社会态度，那么，人们要改进社会现状，对某种社会态度施加影响，使其向有利于社会发展的方向转化，这就是一切社会工作的重要任务之一。所以，老龄工作也应当致力于提高老年社会价值观。

提高老年社会价值观的途径，不在于硬性地改变人们头脑中的观念，而在于从实际上改变影响老年社会价值观的一些可变因素。诸如推广社会保险，确立老年人的经济保障。发挥老年人的才智，实行部分老年人老有所为的愿望。明确老年人退休金来源的性质，消除中青年人对老年赡养的误解等等。只有经过长期多方面细致的工作，才能实现老年社会价值观的提高。

第三节　老年婚姻与家庭

家庭是人类社会生活的初级群体，也是社会生活和社会结构的基本单位。婚姻是人类社会中一项最重要的社会活动，它又是产生家庭的前提。但是，在一般社会学著作中论及家庭婚姻，大多以中青年人的家庭与婚姻为对象。本节则专就老年人的家庭与婚姻状况与问题进行一番探讨。

一、老年婚姻

本节所涉及的老年婚姻并非是指可能产生的婚姻状况，而重点在于已经形成的婚姻状况。这种情况与青年人婚姻状况与问题是截然不同的。老年人的婚姻状况自然是已婚者占了老人群体中的绝大多数。不过在这些已婚者中却包括了原配夫妻婚姻、离婚再婚、丧偶再婚等各种不同的情况。老年人由于男女寿命的差异，而且尽管夫妻情好绵密也不可能真的做到同年死去。所以，丧偶者必然随年龄之增长而日益增加，这已经可说是老年婚姻中一项突出的特点。根据中国1982年第三次人口普查的资料，在各个年龄的婚姻状况中，34岁以前各年龄组中丧偶者均不超过1%。45~49岁年龄组的丧偶者也还不超过5%。但是到了60~79岁年龄组中丧偶者已经上升至41%，而80岁以上年龄组中的丧偶者已高达80%了。与丧偶者比例不断上升的

情况相反,是有配偶者的比例相应地不断下降。根据前述资料,60~79
岁年龄组的有配偶者的比重已经下降至 56%,至 80 岁以上年龄组有
偶者的比率更下降至 17% 了。老年婚姻的第二项特点是老年妇女有
配偶率较之老年男子的有配偶率下降的幅度较大。例如根据中国第
三次人口普查 10% 抽样调查资料表明 60~79 岁年龄组男子有偶率为
70%,而老年妇女则已下降至 44%;80 岁以上年龄组男子有偶率为
37%,而老年妇女已降低到 7% 了。这种情况不仅仅是因为老年妇女
一般较老年男性寿命长,还因为,按照中国人的传统社会风气,老年
妇女丧偶后再嫁者的可能性远较老年男子再婚的可能性要小得多,
而且还会受到来自社会多方面的阻力,也包括老年妇女自己思想的
束缚。同时,应该指出的是老年妇女有偶率下降较老年男子幅度大,
还包括老年妇女再婚的选择条件更远较男子为低这种因素在内。因
为按照社会习俗老年男子可以从比自己年龄低的老年妇女,甚至比
自己年轻得多的妇女中选择自己的再婚对象,而老年妇女则只有从
比自己年龄更大的老年男子中选择再婚对象。老年婚姻的第三项特
点是尽管当今老年人的婚姻大多开始于 20 世纪三四十年代,那时社
交并不公开,但至今为止,一次性婚姻仍占了大多数。尽管封建观念
和婚姻至今仍很猖獗,它们曾经破坏过许多年轻人的婚姻幸福,制造
了许多震撼人心的爱情悲剧。可是,"先结婚后恋爱"的婚姻方式,却
也产生了不少幸福婚姻,甚至还有像中国著名的爱情小说《浮生六
记》中描写的那种美满伴侣。看来人们毕竟是赞赏、向往和追求忠贞
不渝的情感生活。这种意愿与风尚大致古今中外概不例外。根据
1987 年抽样调查加权汇总资料[1],中国老年人口中,一次性婚姻达到
82.4%,二次性婚姻仅为 14.9%,至于三次性婚姻才不过 1.7%。又据

---

[1]张仙桥等著:《社会问题研究》。

1988 年中国九大城市老年人口抽样调查资料,答问者明确表示夫妻关系一直不很好的,仅占已婚者(即指有配偶者)的 2%。因此,在中国的老年人中,只要双方寿命较长,维持一个较稳固的婚姻关系仍然是大多数。与这种情况不尽相同的,是西方社会老年人婚姻的不稳固性,一般均大于中国的老年家庭。例如据美国 1977 年人口普查资料[1]表明男女 55~64 岁老年人口中离婚者分别为 5.2%和 6.2%, 而中国 60~79 岁老年人口中男、女离婚者分别只占 1.57%和 0.39%(参见下表)。老年人婚姻的再一项特点是一般来说大都初婚年龄较早,而且终生生育率高,子女都较多。中国的老年人口尤其如此。根据《1987 年中国 1%人口抽样调查资料》[2],60 岁以上老年人口的初婚年龄为 15~19 岁之间者竟占 47%,20~24 岁之间占 35.2%。这样早婚的普遍现象,与年轻人的晚婚较普遍的情况已经大不相同。根据上述同一调查,15 岁以上人口的初婚年龄在 15~19 岁之间者仅占 27.3%,初婚年龄在 20~24 岁者占 52.3%,而初婚年龄在 25~29 岁之间的晚婚者已经占 17.2%的较高比重了。所以,随着近代社会经济的发展,生育期望改变与教育的提高,中国早婚的人减少了,晚婚的人增多了。这种情况的变化,无疑地突出了老年过去早婚的现象。可是有趣的是,西方一些发达国家老年人青年时代的初婚年龄却与中国老年人出现相反的情形。据(美)里·克伦塔尔《老年学》(中译本 390 页)刊载的资料表明,出生于 19 世纪的老年人他们的初婚年龄男子为 26 岁,女性为 23 岁;20 世纪中叶初婚年龄已降为男性 23 岁、女性 20 岁;至 20 世纪 60 年代以后则更降为男 21 岁、女 19 岁了。我国老人的初婚年龄早,老年妇女终身生育率也高,她们的子女自然人数也多。仍然是据 1987 年老年人口抽

---

①[美]里·克伦塔尔:《老年学》中译本,甘肃人民出版社。

②《中国 1987 年 1%人口抽样调查资料》,中国统计出版社。

样调查,初婚年龄为 17 岁的女性老年人口以生育 8 胎以上所占比例
最大,其比重达 33.8%;其次为生育 6 胎和 7 胎,占 12% 左右;生育两
胎者仅占 5.9%。同生育胎次多少关系较为密切的因素除上述初婚年
龄早以外,老年妇女的文化程度也与生育胎次多少有关。同是前述抽
样调查表明,在抽样老年妇女中具有大学文化程度生育 3 胎者所占比
重最多为 22.6%,胎次越多人数越少,反之,生育胎次越多则文化程度
也越低。如生育 8 胎者大学文化者只占 4.8%,高中为 11.3%,初中为
13.2%,小学为 19.5%,文盲半文盲则达 26.5%。

表5-6　中、美老年人口婚姻状况参照表(%)

	未婚		有配偶		丧偶		离婚	
	男	女	男	女	男	女	男	女
美国								
55-64 岁	5.8	4.6	85.6	70.1	3.4	19.1	5.2	6.2
65-74 岁	6.5	6.3	80.4	49.5	9.3	41.1	3.8	3.1
75 岁以上	4.6	6.6	69.2	21.5	24.3	69.7	1.8	2.2
中国								
69-79 岁	2.5	0.3	70.6	44.2	25.3	55.1	1.6	0.4
80 岁以上	2.5	0.3	37.2	7.1	59.5	92.5	0.8	0.1

资料来源:美国资料据1978年美国人口普查署。转引自《老年学》中译本。中国资
料据1982年三次人口普查10%抽样。

老年人婚姻的最后值得提及的一点是,随着社会都市化和工业
化发展,家庭核心化趋势的增长,在不少老年夫妇中出现了婚姻关系
的"第二个春天"。这是因为子女走向社会,独立成家以后,老年夫妇
突然深切地感到了彼此相依为命的这种新的依附关系。同时,他们在
逐渐摆脱抚养子女,忙于工作和事业的匆匆忙忙的生活以后,也有了
更多的时间来体会和玩味夫妻生活的甜美。据 1988 年中国九大城市
老年人口抽样调查中,老年夫妻认为一生中空巢期(子女均已工作成

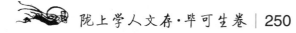

家后)和退休后夫妻关系最好的竟占 8.4%，高于认为婚后未生育子女时夫妻关系最好的比重。

二、鳏寡老人

在老年人的婚姻状况和问题中，鳏寡老人是一个值得单独讨论的老年亚群体。我们在以上的论述中已经指出过，老年婚姻的最重要的特点之一，是由于人的寿命长短不一，女性一般又较男性寿命更长一些，因而在老年群体中，随着年龄的增长鳏寡老人也日渐增多。

老年人夫妻双全自然是一种幸福。人们在祝愿新婚夫妻时总是希望他们"白头到老"。所以，进入老年的人失去伴侣是一件极大的不幸。有些老年学研究已经充分显示丧偶老人比夫妻双全老人发病和死亡率都高。据《上海市老年人问题研究》[1]抽样调查表明，夫妻双全老年人无病精神很好的占双全老人的 29.5%，而丧偶者无病精神较好的老年人只占丧偶老人的 25.8%。

丧偶老人再婚这是近年在老年人中和社会上引起的一个众议纷纭的话题。以前，老年达官贵人丧偶者再娶根本不成其为问题，而老年妇女丧偶者再嫁大都可能性极小。近年随着社会对老龄问题的重视，封建观念的淡化，法治的推行，老年再婚所遇到的来自社会和家庭内部阻力已经日益引起人们的重视和非难。破除重重障碍获得理想的老年再婚伴侣者固然已经大有人在，这也是社会上大多数尊重法治和理性的人应当给予支持的。但是，作为一种研究，还可以考虑，是否所有丧偶者都宜于再婚，都有再婚的愿望，再婚后的婚姻是否都是成功的。根据上海社会科学院潘穆的研究[2]，老年再婚有"三多三

---

①《城市老年生活研究》，上海大学文学院，1985 年。

②《老年学词典》，甘肃人民出版社，1988 年，第 308—309 页。

少"和"四性"等特点。即,主观上想再婚的多而相对来说成功的少;老年男性要求再婚多,老年女性少;对老年再婚反对的较多,支持的较少。这里应特别指出的是所谓多和少都是相对而言。例如,根据 1988 年中国九大城市老龄抽样调查,在 2055 位样本丧偶老人中,有再婚想法的只占 3.7%,不便表态的也只占 9.1%,而 87.2%则表示不想再婚。在有再婚要求的丧偶老人中女性只占 23.7%,相反,在不想再婚的丧偶老人中女性却占了 77.6%。所谓"四性"则是指老年再婚的目的是"互助性"的,条件是"实惠性"的,年龄的"差距性"和婚礼的"简单性"等。至于由此而产生的婚姻其后果究竟如何?仍然是一个很难确定的未知数。尽管如此,我们还应该积极促成和鼓励老年再婚。因为,老年再婚对丧偶者说来毕竟是一种追求幸福的选择。

三、老年家庭

家庭对老年人说来似乎比年轻人尤为重要,因为老年人随着年龄的增长,社会的接触会日渐减少,而家庭的接触和活动则将日益增加。最后,家庭将成为绝大多数老年人终结的归宿。所以,人进入老年之后,家庭必将成为他们最重要的生活天地。

老年人的家庭按凌毕在《上海市的老人家庭》[①]中共分为六类,即:(1)老人独居家庭;(2)老人核心家庭,指老人和未婚子女组成的家庭;(3)直系家庭亦称主干家庭Ⅰ型和Ⅱ型,即指老人或老年夫妇与一个已婚子女组成的家庭,其代际多为三代,Ⅰ型是老人或老年夫妇与一个儿子的核心家庭组成的直系或主干家庭,Ⅱ型是老人或老年夫妇与一个已婚女儿的核心家庭组成的直系或主干家庭;(4)联合家庭,指老人或老年夫妇和两个以上的已婚儿女的核心家庭组成的

---

①凌毕:《上海市的老人家庭》,《社会学研究》1986 年第 4 期。

多代大家庭;(5)隔代家庭,指老人或老年夫妇与年幼未婚孙辈组成的家庭;(6)其他家庭,指老人和其他亲友组成的家庭。根据对老年人家庭的多次调查表明,目前中国的老年人家庭结构中,直系或主干家庭(三代户)当排在第一位,核心家庭(二代户)排在第二位,老人独居或老人单身户当排在第三位,而联合大家庭则无论城乡均居末位。下表是 1987 年全国 60 岁以上老年人抽样调查老年人口家庭类型结构表。由表中可以证实上述老年家庭结构的大致状况。老年人家庭的这种结构分布,多少与总人口的家庭结构分布有一些差异。就总人口来说核心家庭有上升的趋势,但老年人家庭中主干家庭和隔代家庭都有上升趋势,而核心家庭则趋于下降。产生老人家庭这种发展趋势的原因,大致有以下几点:(1)老人为了分担年轻子女的困难,挑起抚育第三代的任务,也有的老人为了排遣自身的孤寂多领养第三代,遂形成了隔代家庭。(2)老年人与子女居住在一起本来是中国的传统家庭形式,但无论乡村和城市中大家庭或联合家庭都因为自身内部矛盾往往难于解决,加以工作地点分散,大家庭诸多客观困难,因而日趋解体,但老人为了缓解子女结婚用房紧张、维系亲子关系和相互照顾等原因多保持了主干家庭的形式。不过这种主干家庭在条件允许时,又多采取分灶形式,即居住在一起,但伙食分开。其原因自然是消除两代人在生活上差异所引起的纠纷。(3)主干家庭 II 型的产生和发展是当代老人家庭值得注意的一项变化。主干 II 型家庭即老人与女儿的核心家庭居住在一起的家庭。这种家庭与过去"入赘"的家庭不同,女婿并不表示出依附于岳家的关系,而是一种平等互助的关系。这种家庭表现出一个最突出的优点是岳婿关系远比婆媳关系为融洽易处。因此,这种家庭大多数和睦少纠纷,显示出一种极具生命力的家庭形式。

表 5-7　1987 年中国老年人口抽样调查老年家庭类型表(%)

家庭类型	全国	市	镇	县
单身户	3.4	5.2	6.5	1.9
一对夫妇户	12.9	20.9	22.5	7.5
二代户	29.2	34.6	31.1	26.9
三代户	50.0	36.9	37.6	58.0
四代户	3.0	1.6	1.7	3.8
老人与其他亲属户	0.4	0.4	0.2	0.6
其他	1.0	0.4	0.3	1.4

四、老年人家庭地位

　　老年人家庭地位受多方面因素的影响,例如,经济收入、户口关系、住房分配、文化程度、男女性别、社会风尚,以至最难以确定的家庭素质等等。据多项调查,城市老人在家庭中不太受尊重或无发言权的,一般均在 10%~5% 左右。例如,根据 1988 年全国九大城市老龄问题调查,在家庭中各项重要事务,如经济开支、处理家庭大事和子女婚姻大事上表示不起作用和无发言权的老年人, 所占比例分别为:13.8%、13.2% 和 29.9%。又据《上海城市老年生活研究》中的一项抽样调查,老年人在家庭事务中无发言权的男性占抽样总人数的 0.37%,女性则占 3.64%。除上述一些因素影响老年人家庭地位和发言权以外,随着年龄的增加,老年人在家庭中的地位也会发生一种超脱性的变化。例如,因耳聋而导致年轻人不愿向老年人多询问,或老年人自己不愿多过问家庭中的事务等等。

五、老年人的居住条件和意愿

老年人的居住条件和意愿影响着老年人的家庭生活。目前中国老年人在家庭中的居住情况大致是乡村老人居住条件好过镇，镇又好过城市，小城市又好过大城市。按调查数据，老年人居室 6 平方米以下为低水平，6~12 平方米为中等水平，12 平方米以上为高水平。三种水平按县、乡、镇和城市的分配比例为：县乡低、中、高的分配比为 1:3.4:5.4；镇为 1:3.4:2.7；城市则仅为 1:2.2:1.2。显然，城市老人居室面积远低于县乡农村。与这种情况相反的是老年人独居一室者城市则比例较高，镇与县乡则次之。城市老人有自己单独居室者城市占抽样总数的 73.5%，镇占 77.1%，而县乡则只占 50%左右。从整体来看，老年人口的住房问题相对而言似乎较小，但是仍有一些老年人在进入老年后仍然居住条件恶劣，或与子孙挤在一室，或蜗居于城市阁楼中，或住房低矮，甚或居于棚户危房之中。仍据前述调查表明，这类老人，城市占抽样总数的 12.5%，镇占 9.3%，县占 5.3%。

老年人对家庭规模的意愿，反映了老年人对家庭的理想模式。这种意愿同样受到多种因素的制约。但是总的看来，与过去人们"五世同堂"的理想不同。现代的老年人则大都愿意子女成家后都分出去住。如天津和武汉市的抽样调查表明[①]，老年人愿意儿女婚后都分出去居住的，天津占抽样总人数的 57.69%，武汉占 46%。但是这其中仍有许多老年人也表示虽愿意子女婚后分出去居住，但却希望住得近一点，以达到互相照应和便于往来的目的。

[①]胡汝泉：《从天津、武汉等市调查看我国城市老人家庭生活》，《社会学研究》1986 年第 4 期。

第四节　老年赡养

老年赡养在任何社会中都是一个重要问题。从历史的发展看来，老年赡养经历了由家庭转向社会的变化，赡养的方面也经历了由经济的负担到服务和侍养方式的发展。本节所论老年赡养主要是就老年赡养的发展和趋势变化，以至存在的问题做一概括论述，至于老年赡养中的社会保障制度及退休制度等则另有专章论述。

一、老年赡养的历史

人到老年丧失劳动力和自理能力，需要受人赡养和侍奉，这种情况必定自有人类社会以来就已存在。但是，由于原始社会生产力极端低下，人类供养他人的能力极为有限，而且当时人的寿命较短，社会上的老年人也较少，所以，弃养老人这种做法，曾经在许多原始人的社会中都存在过。然而，人类社会一旦进入生产力较为发达的文明社会，弃养老人就很快被普遍废止。只有极少数未开化的民族仍然保留着这种习俗或这种习俗的象征性遗迹。在东西方自文明社会以至整个封建社会历史过程中，赡养老人几乎无例外地都是由家族和家庭中的晚辈承担。与此同时，国家也规定了相应的法令，将赡养老人的责任以法律形式固定下来。西方的如罗马法典——查士丁尼法典，对赡养老人就有明确的规定。中国西汉宣帝至成帝（公元前73年~32年）的王杖诏令和王杖诏书令简（1959年、1981年在甘肃武威出土）明确规定了"……高年受王杖，上有鸠，使百姓望见之，比于节，有敢妄骂詈、殴之者，此逆不道……"等，亦有对不尊敬老人者的最为严厉的法律惩处规定。至于作为社会规范的孝敬父母和赡养老人的习俗，则可以追溯至更远的年代。如西方的"摩西十戒"（公元前1200年）中"当孝敬父母"已成为当时以色列人社会应广泛遵守的一条戒律。中国春秋时期孔子的学说中也已经极力推崇"孝"行。孔子在《论语》中就指出:"孝悌者,其为仁之本也。"他当时如此推崇孝行,其实只是反映了当时社会上赡养老人已成为普遍的道德行为之一。这种事实表明,自社会进入文明时期以来,赡养老人、敬重父母都是中外各种社会与民族普遍实行的一种社会规范。可以说,家庭赡养是赡养老人的最主要形式。在这个时期内除家庭养老以外,还有宗教养老、社会养老和国家养老等形式产生。尽管这些养老形式都不是养老的主要形式,而且,其主要对象也大都只限于鳏寡孤独无家可归的老人,但它们究竟起到了家庭养老之外的重要辅助作用。在宗教养老方面,特别应指出的是基督教。基督教不仅在一般教义中教导信徒尊老养老,而且有些教会组织如天主教的方济各会和奥古斯丁会、基督教的救世军等都致力于建立慈善机构,收养和救济孤贫老人。社会养老方面,起源于九世纪至十一世纪较为兴盛的欧洲行会,对于行会中的年老会员及其老年亲属,有给予一定奉养或帮助救济的规定。在中国则是义田或义庄、义社的设立。义田、义庄或义社都是由一个族姓或一个村落以至一个地区的人采取"集资"的方法,购置一定田产,以其剩余产品、地租或利息等作为老、弱、病、残及贫困者的救济。这种义田性质的救贫办法,据史书记载,远在公元前吴越时期就已有设置。《越绝书》称越王"勾践治以为义田"。以后,北宋时范仲淹设置的义田、义庄最为著名。殆至清末民初,这种民间各族姓或村落设置的义田、义庄等,已相当普遍。不过,这种义田或义庄的救济对象并不完全限于对老人的赡养,而且即使是对老年人也只针对老年孤独无依靠者。所以,赡养孤老也只是义田、义庄的一个救济对象而已。至于国家养老,欧洲出现较晚,约于中世纪末,资本主义兴起以后。当时社会矛盾较为突出,为了缓和社会矛盾,西欧各国政府开始注意"救贫"工作。英国伊丽莎白女王时期于 1601 年颁布了"救贫法",在贯彻"救贫法"的过程中,各级政府逐步参与救济事业的管理,设立了相应的机构,遂成为以后普遍出现的救贫及公立养老机构的先声。不过,这种养老机构其主要对象仍然是少数孤寡无依的贫困老人。中国的国家或政府养老或者开始更早一些。《周礼》中记载大司徒的职责时称:"……以保息六。养万民,一曰慈幼,二曰养老。……"又疏注称"案王制云五十养于乡六十养于国七十养于学彼谓大夫士也。……老人众多非贤者不可皆养……"那么这时的所谓国家的养老也只限于少数"贤者"或"大夫士人"而已。自此至秦汉以降,虽历代都有敬老尊老规定与行事,却没有更具体的养老办法或专职机构出现。直至北宋时期才开始有广惠仓的设立。《宋史·食货志》载"嘉祐二年(公元1057年)诏天下置广惠仓……以给州县郭内之老幼贫疾不能自存者……"广惠仓的救济对象虽然只限于老年人中的"不能自存者",但它毕竟是中国最早的官方赡养老年人的正式机构。自宋至清以前,元、明两代官方救济赡养老人的做法一仍宋之旧制,只是广惠仓的职能转归常平仓承担,其他方面则无何发展。至清代始有较大发展。一方面民间的义田、义庄等大为增加,一方面官方救贫机构和方式也有所改进,到满清末年,沿海地区的救贫机构已增设了栖流所、习艺所、迁善公所、育婴堂、施医局、埋葬局、施粥厂等。其中栖流所、施医局、埋葬局和施粥厂等机构的职责中都包括对孤寡老人的赡养、医治、救贫以至丧葬的项目。及至辛亥革命以后至民国时期,老年人的救贫赡养则由社会部负责,解放区及当时的边区政府则由民政部负担,但这种救贫赡养仍然限于贫困孤寡老人。

二、现代老年赡养

社会保险或社会保障制度,劳动保险,以至由此而产生的退休制度,实在是现代老年赡养上一种划时代的进步。由社会救济,向社会

福利、社会保险概念的转变,首先应追溯到 16 世纪空想社会主义者的提倡。当时,著名的英国空想社会主义者欧文(R·OWen 1771—1858)在他所管理的工厂中缩短工时,改善劳动条件和工人生活,创办模范工人子弟学校,成立托儿所和幼儿园,致力于建立集体福利的机构模式。但是,完全现代的保险福利概念还是到 19 世纪才最终形成,体现这种新概念的法律和具体的实施办法,最初在俾斯麦当政的德国付诸实现。1883 年至 1886 年德国政府先后通过了《疾病保险法》《工伤保险法》《养老、残废、死亡保险法》等。这些保险法都是采取危险与困难分担的保险福利原则,集合劳动者、雇主和政府的财力对劳动者遇有疾病、伤害、养老、残废和死亡时,给以保险金的福利救助。以后,英国也先后于 1911 年至 1946 年通过了《国民保险法案》《寡妇、孤儿及老年补助年金法案》等。体现了英国著名社会学家、费边社理论家韦伯夫妇(Webb,Sidney1859~1947andBeatrice1858~1943)所倡导的社会推行的福利与个人责任并重,强调积极的预防准备性福利保险比消极的救济更为重要的新概念。稍后,美国总统罗斯福所推行的"新政"时期,也于 1935 年颁布了社会保险法案,使美国社会保障有了永久性的立法和制度,成为以全国人民为对象,由政府相应机构主持,普及全国的社会福利行政。几乎与此同时,北欧三国以及欧美的发达国家都普遍实行了不同形式的社会保险制度。苏联于十月革命后,在贯彻马克思主义关于分配再分配的理论中,应扣除"用来应付不幸事故、自然灾害的后备基金或保险基金……为丧失劳动能力的人等等设立的基金"(马克思:《哥达纲领批判》)等原则也建立了劳动保险制度。中国则于 20 世纪 50 年代初期,建立了适合中国国情的劳动保险制度。至 80 年代,在发达和发展中国家中,建立起较稳固的社会保障性的养老退休制度的国家和地区在全世界范围内已有近 120 个。总上情况看来,近代的老年赡养大致有以下特点:①赡养老人的主要责任,已经由家庭转向社会;②赡养老人,大多采取了社会保险或社会保障制度的形式;③就世界各国的保险性质来说,不论是社会主义国家的劳动保险,还是西方国家的社会保险,老年赡养基金的主要来源,基本上是剩余劳动的一种储蓄,也就是人们在年富力强时,向保险管理机构交纳一定数量的税金或投保金额,或者将再生产资金的一部分划归劳动保险基金,待年老时享用;④老年赡养覆盖面相当广泛。但也并不相同,如北欧三国所谓的"福利国家"等,则是全民性的,有些国家则只限于雇佣劳动者,至于中国则包括了国家机关、企事业职工以及部分集体企业职工;⑤随着老年人经济收入的解决,为老年人服务的机构相继出现,如全收费或部分由基金资助的养老院、老年护理之家、老年休养所、老年公寓以及娱乐性的老年活动中心、老年娱乐中心等等。

三、我国老年赡养的现状

我国目前还是发展中国家,因此,正在经历着由家庭养老向社会养老的较长期的转化过程。据 1987 年 60 岁以上老年人口抽样调查资料,老年人口收入来源可分为退休金、从子女取得、本人劳动所得(包括再就业)、个人储蓄和保险、金融资产性收入、社会救济等项。其中退休金、子女供给和本人劳动收入为三项最主要来源,约占老年人口收入来源的 90%以上。就这三种老年人主要收入状况,城乡之间有很大区别。城市中老年人的收入来源以退休金为主,约占全部城市老年人口收入的 63.7%,子女供养占 16.8%,自己劳动所得则只占14.6%;镇的情况较接近城市,镇老年人口的收入中子女供养部分有所增长占 21%,退休收入下降为 56.3%,靠自己劳动所得养老与城市老年人口中靠自己劳动所得养老所占比重没有什么大的差别占14.7%;县乡情况则与城镇基本相反,县乡老年人口收入来源分类中,退休金收入者大为下降,只占 4.7%,子女供养占 38.1%,完全靠自己劳动所得收入则上升为 50.7%,如果按当时的实际老年人口数计算,则中国农村尚有将近 3100 万老年人口是靠自己老年的劳动收入为生的,还有靠子女供养的估计也有 2300 余万人。

老年人收入来源构成同时与年龄和性别构成有密切的关系。就年龄差别来说,年龄越高主要依靠退休金养老和依靠自己老年劳动所得养老的人越来越少,而依靠子女供养的人则越来越多。例如按前述抽样调查:城市老年人口中 60~64 岁组靠退休金养老者占该组老年人口 66.1%,到 70~74 岁组降至 62.3%,80~84 岁组降至 48.3%,90 岁以上降至 25%。县乡老年人口赡养来源不同者的比重,在以上四个年龄组中,靠自己老年劳动收入赡养者分别由 66.5%,降至 33.4%,最后更降至 7.7% 和 2.6%,靠子女和少数其他亲属赡养者所占比例则由 23%,上升到 55.5%、78.6% 至 82.1%。按性别情况来说,男性老年人靠退休金赡养和靠自己劳动收入赡养者无论县乡或城市均多于女性老年人,而靠子女或其他亲属供养者一般女性老人又均多于男性老人。仍据前述抽样调查,靠退休金来源的男性老人在城市中比女性高 25.1 个百分点,镇高出 36 个百分点,县高出 5.9 个百分点;靠自己老年劳动为生的男性老人城市中比女性高 10.4 个百分点,镇高出 9.8 个百分点,县高出 30.4 个百分点;但是靠子女和亲属供给的老年人口在城市中女性比男性高出 28.7 个百分点,镇高出 34.7 个百分点,县高出 33.5 个百分点。由此看来,男性老人的赡养(包括领取退休金者在内)多系自立型,而女性老人的赡养则基本上偏重于依附型。

由以上情况不难看出,中国自 50 年代初实行劳动保险以来,至今也还只有约占全国老年人口八分之二强的老年人口享受到现代养老保险办法的实惠,至于受到国家或社会救济性赡养的孤寡老人(亦即县乡中的所谓五保老人)则为数更少,总数当只在 200 万~300 万之间。而大部分城乡(尤其是县乡)中的老年人仍要依靠子女、家庭亲属和自己日渐微薄的劳动能力赡养自己。估计这种情况短期内不易改变。因此,中国在推行养老现代化的过程中还面临着何等艰巨的任务!各种形式、各种层面的养老保险业务还有待大力加以开发与推行。

四、老年社会救济

社会、国家、宗教团体等对丧失劳动能力的孤寡贫困老人给予救济或赡养是老年人赡养救助最有历史性的做法。中国在 1949 年以前官方由社会部主其事,民间则有宗教团体主办者如佛教红卍字会、天主教会等设立之养老院以及民间慈善团体开设之慈善院、收容院等,但所收容和赡养人数均不多,且无具体数字资料可资查考。中华人民共和国成立后,始逐渐全部归民政部统管。1958 年人民公社化过程中,镇县乡的五保老人收养几乎全部由公社操持。当时,收容五保老人的养老院蜂拥而起,"遍地开花",然而,经过低标准时期,这些匆忙建起的养老机构又几乎大部纷纷解体,而代之以由集体分散供养的形式。至 80 年代,农村的五保老人(孤寡老人)或由集体供养如收容于养老院,或采取集体供给分散赡养的方式,或采取责任田代包制等办法解决。城镇老人则由官方开设的社会福利院收养或发放固定的生活费。1983 年据民政部全国普查资料[①],在城市有社会福利院 886 所,共收养孤寡老人 22047 人。在农村共有孤寡老人(亦即五保老人)2612358 人。农村乡、镇、队举办的敬老院共 14047 所,供养老人 169000 名。至 1986 年,据《1987 年中国统计年鉴》这些数字均有所增长:城市社会福利院增至 1009 所(收养老人无数字)。农村集体办的养老院增至 26678 所,收养老人 285186 人。

①《中国人口资料手册》,中国人口情况资料中心,1984 年。

五、老年服务机构

老年服务性机构是针对老年人而设的服务性侍养机构，用以解决老年人生活不能自理的困难。世界上一些发达国家随着人口老龄化的到来，已建立了多种老年服务机构。其中较普遍的如：护理之家（nursing house）、老年公寓、老年服务公司、老年疗养所等。护理之家或称休养所，它形式多样，有福利性的、半福利性的和营利性的；在服务内容上有纯休养性的，有附加治疗业务的；在时间上也有短时期性和长期性的等多种不同。老年公寓则是专门设立的为便于老年人或老年人家庭居住的套房。由老年公寓形成的老年社区还有专为便利老年人生活而设立的老年商店及其他服务性部门或机构。老年服务公司是为老年人服务的包含多项业务的企业，如为老年人搬运重物，提供交通工具，接受订制老年人特体服装以及其他满足老年人生活中特殊需要的服务等。

中国自 20 世纪 70 年代以来，已建立的老年性服务机构，主要是由国家及地方兴建的为离休干部（也包括少部分退休干部）居住的各级干部休养所。至 80 年代后期这样的干休所已发展至数千所。这种干休所除备有为老干部家庭居住的套房外，还多附设有卫生诊所、车队及提供多种生活服务的"后勤"部门。此外，进入 80 年代后期，老年疗养院、老年服装商店等也开始在城市中少量出现。

（毕可生、李晨主编：《老年学基础》，甘肃人民出版社，1991 年）

老龄化社会与老年未来

本章以前各章都是以描述、说明老年人个体的生理、病理、心理以及社会的诸种机制、变量与因素的规律、原则以及措施等为中心。个人的种种特征和机制，在一个社会中必然形成或者说必将最终导致一种群体的特征和机制。就一个人口来说，这就是人口的老龄化；而就一个社会来说，就是老龄化社会的实现。因此，本章将重点探讨人口老龄化和老龄化社会的有关问题。

第一节 平均寿命、平均预期寿命与长寿水平

人个体的长寿，一直是人类群体和个人追求的一种理想与幸福的目标。尽管不论哪一种社会中都有人选择了自杀这种手段来结束自己的宝贵生命。但在人类历史的长河中和庞大的群体洪流中，它仍然是一个微不足道的极小数量。而且，也不论这种自杀是为了什么崇高的目的或私人的恩怨，都无从改变人类对长寿的渴慕和对夭折的惋惜。也正是由于同样的道理，人类诅咒战争，诅咒嗜杀成性的屠夫民贼，憎恶导致大量死亡的天灾人祸，诸如：地震、饥饿等等，而向往和平、人道、富裕和长生不老。不过人的这种良好愿望的实现，却是经历了异常漫长道路和多少代人的持续地努力和奋斗，而且，无疑这种努力和奋斗将无止境地持续下去，直至与人类的生存相始终。人类的寿命的逐渐地延长，就正是这种奋斗的结果。

一、平均寿命

古代人类的寿命相当短暂。衡量人的寿命实际上只能使用人的死亡年龄表示,而当说到一个人口的寿命时,也只能使用已知的这个人口中某些人的死亡年龄的简单的平均数表示。我们通常就称这个平均数为该人口的平均寿命。

根据西方人类学家的研究,15 万至 10 万年以前的尼安德特人(Homo-neanderthalensis)①的估计平均寿命不超过 20 岁。对周口店北京猿人 20 余具骸骨的年龄分析,14 岁以下的占 69.2%,15-30 岁占 11.7%,40-50 岁占 14%,50 岁以上占 5.1%,仅有一例可能大于 60 岁。按这种统计估算当时人的平均寿命也只在 20 岁左右。因此,东西方原始人的平均寿命大约在 18~20 岁之间,是现在人类学较科学的估计的一致结论。以后,35000 年至 8000 年前的旧石器时代晚期,就现有的资料看,人的寿命也还没有多大的变化。美国的考古学家研究了公元前 500 年至公元 500 年 1000 年间,居住在肯塔基州的 1100 余具印第安人的遗骸,发现其中没有 65 岁以上者,超过 50 岁者也只有约百分之一。这些骨骸的平均寿命大体也只在 18~20 岁之间。还根据其他的类似的资料证明,直至人类文明社会的开始,人的平均寿命一直没有显著的增长,基本上维持在 20 岁左右。这种现象是完全可以理解的。因为当时的人类还没能从异常低下的生产力困境中解脱出来。许多传说、神话都反映了当时人类为生存而付出的艰苦努力和当时人极为困难的生活条件。不少民族都有关于古代遗弃老年人的传说,正是这种低下生产力和艰难的生活状况的一种真实的反映。另

---

①尼安德特人(Homo-neanderthalensis)是 1856 年在德国杜塞尔多夫,尼安德特河流域附近洞穴内发现的古人类化石。广义的尼人泛指上古人类。

外，人类当时也缺乏抵御各种疾病侵袭和预防野兽毒虫伤害的有效办法与医药知识。

进入文明社会，古代希腊人的估计平均寿命大约已上升到20~30岁之间。古罗马时代，欧洲人的平均寿命约为29岁左右。中世纪欧洲由于战乱频繁，人的平均寿命可能有所下降，不过幅度也并不显著。据英国的有关资料测算中世纪英格兰人的估计平均寿命是33岁。17世纪美国马萨诸塞州英国殖民地时期的人口统计表明，当时美国人的平均寿命也仅只达到35岁。下表列出了欧洲不同时期人的平均寿命估算数据：

表 10–1　欧洲人不同历史时期平均寿命表

历史时期	平均寿命（岁）
生铁、青铜时代	18
古希腊时代	20—30
罗马帝国时代	29
文艺复兴时代	35
十八世纪	36

资料来源：广州老年病研究所资料

中国古代人的寿命除前述对北京猿人骸骨的研究以外，并无可资依据的研究和统计，虽然有如彭祖八百岁的传说，其实也只是一种不可靠的个别案例。从科学的观点看是不足为凭的。所以，中国整个2000多年封建时期，人的平均寿命大约仍不会脱离欧洲的模式。

二、平均预期寿命

由古代和中世纪欧洲人的平均寿命变化可以看出人类随着生产力的发展、生活条件的改善、社会的发达与进步以及医药科学的发

展,人的平均寿命在逐步有所延长。过去使用的以死亡年龄为基础,横跨一个时代的简单的平均寿命指标,已经完全不足以反映人类寿命延长的种种复杂实际情况。随着近代人口学的发展和人口统计资料的完备,人口学家建立了一个新的人口平均寿命的统计指标——平均预期寿命(average of life expectancy)。平均预期寿命虽是一种带有理论性的数值,但它更接近于实际情况。它所反映的是某一短期如五年,甚至一年某一人口的社会经济以及医药卫生条件下,该人口平均个人可以预期达到的寿命水平。

平均预期寿命的计算较为复杂,首先需具有某人口分年龄人数统计资料和较详细的分年龄死亡率资料。据此编制生命表(亦称寿命表)。生命表可计算出一个人口分年龄的生存人年数(即根据该人口当年分死亡概率和分年龄尚存人数求得)。该人口分年龄生存人数的人年总和以该人口总数平均即得该人口某年(或某一短期)的平均预期寿命①。

平均预期寿命指标的出现,使人的寿命的长短有了较科学的可比性。从现在已有的统计数字不仅可以明显地看出人类社会发展过程中,人的寿命的时代差异,而且,地域、民族、社区、国别以至性别间的人寿命的不同也可一览无遗,据根据已有资料对欧洲所做的回顾测算表明欧洲于 18 世纪末人的平均预期寿命已达到 40 岁。19 世纪末达到 50 岁。进入 20 世纪,欧洲人口平均预期寿命增长的幅度相当大。20 年代为 55 岁,30 年代 60 岁,至 1952 年已达 68.5 岁。世界范围的平均预期寿命的测算,直至 60 年代才由联合国有关机构完成。按联合国《社会统计概览》公布的资料,1960 年世界人口的平均预期寿命为 52.2 岁。其中男子为 50.9 岁;女子为 53.5 岁。1985 年世界人

①平均预期寿命的详细计算方法可参考《人口统计学》。

口的平均预期寿命可上升至 60.7 岁，其中男子 59.2 岁；女子 62.2 岁。下表 10-2 是全世界按国别和地区 1960 年和 1985 年分性别的人口平均预期寿命表，由表中可以看出人口平均预期寿命的变化至少具有以下的一些较显著的特征：

（一）男性与女性的平均预期寿命显著不同,绝大多数情况都是女性较男性长寿,一般长寿 3 岁左右。但北温带发达国家女性比男性长寿可达到 5 岁以上,如北美的巴巴多斯、加拿大、美国,亚洲的日本,欧洲的英国、法国、冰岛、荷兰、比利时等。与这种普遍情况相反的则是南亚次大陆三国,印度、孟加拉和巴基斯坦。这里的女性的平均预期寿命均普遍低于男性。造成这种特殊的反常现象原因,可能是因为三国妇女生育期较早以及相应的医疗卫生条件不足的缘故。

（二）1960 年至 1985 年 25 年间,就全世界范围而言人的平均预期寿命增加了约 8 岁。但发达国家和地区、发展中国家和地区与不发达国家和地区的增长幅度并不一致。大体上是发达和原来人口寿命较长国家增长的幅度较小,如法国（增加 4.3 岁）、英国（增加 2.6 岁）、瑞士（增加 2.3 岁）、加拿大（增加 1.4 岁）和冰岛（增加 0.2 岁）等。不发达国家增长一般,如孟加拉国（增加 7 岁）、冈比亚（增加 7.4 岁）、古巴（增加 7 岁）、老挝（增加 8 岁）等。而发展中国家增长幅度最大,如菲律宾（增加 11.9 岁）、中国（增加 11.1 岁）、印度（增加 12.2 岁）、肯尼亚（增加 12.2 岁）、埃及（增加 12.3 岁）、利比里亚（增加 12.8 岁）等。

（三）就 1980 年水平看,发达国家人口平均预期寿命已经达到 70 岁左右。发展中国家人口平均预期寿命为五六十岁之间。不发达国家的人口平均预期寿命一般只在四五十岁之间。

（四）人的平均预期寿命似乎也与地理环境有一定的关系。

表10-2　全世界按国别和地区 1960 年、1985 年分性别人口平均预期寿命表①

国 别	1960 男	1960 女	1985 男	1985 女	国 别	1960 男	1960 女	1985 男	1985 女	国 别	1960 男	1960 女	1985 男	1985 女
非洲					毛里求斯	58.8	62.0	67.9	71.5	智利	55.0	60.4	64.5	70.9
阿尔及利亚	46.9	49.4	58.3	62.2	摩洛哥	46.7	49.2	58.1	62.0	哥伦比亚	55.0	58.2	66.4	70.2
安哥拉	32.5	35.5	44.4	47.6	莫桑比克	36.9	40.1	49.3	52.7	厄瓜多尔	52.9	55.7	64.8	68.1
贝宁	34.4	37.6	46.9	50.2	纳米比亚	42.5	45.0	55.0	57.5	圭亚那	60.2	64.7	70.1	73.9
博茨瓦纳	37.7	39.1	49.3	52.7	尼日尔	42.6	44.7	54.4	57.9	巴拉圭	55.3	58.8	64.9	68.6
布隆迪	34.4	37.6	46.9	50.2	斯威士兰	37.2	39.6	49.3	52.7	秘鲁	49.6	52.5	61.5	65.0
佛得角	43.4	46.6	55.6	59.2	多哥	34.4	37.6	46.9	50.2	苏里南	59.7	63.4	67.7	72.8
中非	35.5	38.6	46.9	50.2	突尼斯	47.3	50.0	59.1	63.0	乌拉圭	65.3	71.4	68.2	74.2
乍得	34.4	37.6	42.2	45.6	乌干达	43.4	46.6	55.6	59.2	委内瑞拉	58.4	62.2	67.2	71.4
喀麦隆	36.5	39.1	47.4	50.7	喀麦隆	36.9	40.1	46.9	50.2	阿富汗	34.9	35.6	46.4	48.7
刚果	36.9	40.1	49.3	52.7	坦桑尼亚	37.6	40.9	50.3	53.8	孟加拉	41.0	40.5	48.0	47.5
埃及	46.2	48.6	58.5	61.1	上沃尔特	33.4	34.6	40.4	44.6	不丹	36.9	39.4	49.7	60.5

续表

国　别	1960 男	1960 女	1985 男	1985 女
赤道几内亚	36.9	40.1	49.3	52.7
埃塞俄比亚	35.0	38.1	41.4	44.6
加蓬	34.4	37.6	46.9	50.2
冈比亚	36.0	39.1	43.4	46.6
加纳	37.3	40.7	49.3	52.7
几内亚	34.4	37.6	46.69	50.2
几内亚—比绍	32.0	35.0	44.4	47.6
象牙海岸	36.9	40.1	49.3	52.7
肯尼亚	43.4	46.6	55.6	59.2
莱索托	40.1	41.7	51.8	55.3
利比里亚	36.5	40.1	49.3	52.7
利比亚	36.9	40.1	42.4	45.6

国　别	1960 男	1960 女	1985 男	1985 女
扎伊尔	39.0	42.1	49.3	52.7
赞比亚	39.4	42.6	50.3	53.8
北美				
巴巴多斯	63.5	68.5	70.2	75.1
加拿大	68.5	74.6	69.9	75.8
哥斯达黎加	61.3	64.4	71.1	74.6
古巴	63.0	67.3	70.0	73.5
多米尼加	51.4	54.8	63.0	67.1
萨尔瓦多	50.0	53.2	63.4	67.4
瓜得罗普	63.5	67.4	70.5	75.3
危地马拉	46.5	48.1	60.2	62.3
海地	45.9	49.0	55.5	58.8

国　别	1960 男	1960 女	1985 男	1985 女
缅甸	43.6	46.5	55.7	59.2
中国②	53.9	57.2	65.0	69.6
塞浦路斯	67.3	71.2	71.2	75.2
民柬	42.0	44.9	51.9	55.0
东蒂汶	34.4	35.6	46.4	48.7
中国香港	62.5	70.0	70.3	75.9
印度	45.3	44.0	57.5	56.9
印尼	41.7	43.4	53.6	56.5
伊朗	46.2	47.1	57.8	59.0
伊拉克	46.5	49.0	58.0	61.9
以色列	68.1	70.7	71.5	75.6
日本	66.5	71.6	72.1	77.5

续表

国别	1960 男	1960 女	1985 男	1985 女
尼日利亚	34.4	37.6	46.9	50.2
留尼旺丹	56.1	59.2	66.0	69.6
卢旺达	36.9	40.1	46.9	50.2
塞内加尔	37.4	38.7	43.4	46.6
塞拉里昂	36.9	40.1	49.3	52.7
索马里	35.2	38.4	46.9	50.2
南非	47.4	49.8	56.8	60.5
南罗得西亚	45.2	48.5	56.8	60.5
苏丹	46.7	49.2	58.1	62.0
马达加斯加	36.9	40.1	49.3	52.7
马拉维	35.0	38.1	46.9	50.2
马里	35.2	36.7	42.4	45.6

国别	1960 男	1960 女	1985 男	1985 女
洪都拉斯	43.6	46.6	60.1	63.2
牙买加	63.8	67.9	70.9	73.7
马提尼	63.5	67.4	71.5	75.3
墨西哥	58.1	61.1	66.4	70.3
尼加拉瓜	46.4	49.6	58.1	62.0
巴拿马	61.5	64.5	68.7	71.9
波多黎各	66.7	72.4	71.4	76.6
特立尼达和多哥巴	63.8	67.9	70.9	74.6
美国	66.7	73.4	68.7	75.8
南美				
阿根廷	63.1	69.1	67.1	73.5
波利维亚	42.8	44.7	51.9	54.7

国别	1960 男	1960 女	1985 男	1985 女
约旦	47.0	49.5	58.4	62.3
南北朝鲜	53.6	56.9	64.4	69.0
民主朝鲜	53.6	56.9	64.4	69.0
南朝鲜	53.6	56.9	64.4	69.0
科威特	59.1	62.5	69.4	73.3
老挝	39.1	41.8	47.1	50.0
黎巴嫩	56.9	60.6	66.6	70.5
马来西亚	52.5	56.0	63.6	68.0
蒙古	52.9	56.2	64.4	68.8
尼泊尔	36.9	39.4	49.7	52.5
巴基斯坦	45.0	44.7	57.4	57.1
菲律宾	51.0	54.1	62.9	66.9

续表

国别	1960 男	1960 女	1985 男	1985 女
毛里塔尼亚	36.9	40.1	42.4	45.6
新加坡	64.1	67.6	70.5	75.2
斯里兰卡	63.3	63.7	69.8	73.8
叙利亚	47.5	50.2	59.1	63.0
泰国	49.9	55.3	61.7	67.5
土耳其	50.3	53.2	61.8	65.5
越南	40.4	43.2	51.1	54.3
也门	38.9	40.5	50.8	53.8
民主也门	38.9	40.5	50.8	53.8
欧洲				
阿尔巴尼亚	62.4	64.7	69.3	72.2
奥地利	66.1	72.6	69.7	76.5
巴西	55.2	60.8	64.9	70.6
芬兰	65.3	72.5	68.2	75.7
法国	67.6	74.5	71.9	77.3
东德	67.3	72.2	69.5	75.4
西德	67.2	72.9	70.6	76.1
希腊	67.9	71.1	71.1	75.3
冰岛	70.8	76.2	71.0	77.5
爱尔兰	68.4	72.3	71.0	76.1
意大利	67.4	72.2	71.1	76.5
卢森堡	65.7	72.1	69.9	75.9
马耳他	66.9	71.0	70.3	75.7
荷兰	71.2	75.8	70.9	77.4
沙特阿拉伯	38.9	40.5	51.3	54.4
西班牙	67.1	72.0	70.8	76.3
瑞典	71.6	75.6	72.3	77.8
瑞士	69.0	74.6	71.3	76.3
联合王国 英国	68.1	74.1	77.0	77.1
南斯拉夫	61.7	66.8	67.7	71.4
大洋洲				
澳大利亚	68.2	74.4	70.1	76.3
斐济	64.1	67.3	71.1	75.2
新西兰	69.1	74.6	70.1	76.2
巴布亚新几内亚	43.0	42.4	55.0	55.5

续表

国　别	1960 男	1960 女	1985 男	1985 女
比利时	67.9	73.9	71.2	76.8
保加利亚	68.2	71.9	70.9	75.9
捷克斯洛伐克	67.6	73.2	68.9	74.5
丹麦	70.4	74.4	71.9	77.4
挪威	71.1	75.9	72.3	77.8
波兰	65.8	71.0	69.4	74.8
葡萄牙	61.4	67.2	67.9	74.6
罗马尼亚	65.0	68.7	69.3	73.1
苏联	65.5	73.2	68.3	75.6

资料来源：联合国《社会统计概览》

注：①本表包括全世界147个国家和地区的有关资料。
②中国公布的数字与此略有出入。

北欧相对于中欧和南欧为长寿。寒带国家相对于热带国家长寿。高山地区的居民相对于低温地区为长寿。以上这些人口的平均预期寿命的特征大体均可从表 10—1 中所列资料中找到例证。

中国人的平均预期寿命的统计和研究约始于 20 世纪 30 年代。1931 年医师袁贻瑾先生于当时的《人类生物学》期刊上发表了中国第一个平均预期寿命的研究统计,统计《1365–1849 年间一个华南家族的生命表》一文。这项研究对广东中山县李姓家谱中自公元 1365 至 1849 年间的男性 3748 人,女性 3752 人编制了他们出生死亡年龄的生命表。进而对他们各个时期的平均预期寿命进行了测算。得出了他们各个时期的平均预期寿命以 20 岁为起算点约在 50 至 65 岁之间的结果。1929—1933 年南京金陵大学根据 17 个省的部分农村所汇集的资料,测算出的平均预期寿命为男 34.85 岁,女 34.63 岁。1953 年为男 61.2 岁,女 60.5 岁,这是中国最早的全国性数字。1964 年上海市区的数字表明过去女子低于男性寿命的情况已经根本改变,当时男子平均预期寿命 69.3 岁, 女子 72.3 岁。1982 年全国人口普查中, 中国才取得了更确切而全面的人口平均预期寿命数字为 67.88 岁,其中男子 66.43 岁,女子为 69.35 岁。1986 年国家统计局人口司公告, 中国人口的平均预期寿命 1985 年已达 68.92 岁, 其中男子 66.96 岁,女子 70.98 岁。至 1988 年国家统计局公布的 1987 年人口抽样调查结果中国人的平均预期寿命已达到 70 岁。至此,中国传统的一句流行广泛的俗语"人生七十古来稀"已成为历史的过去了。

三、长寿水平

随着人的平均预期寿命的增长, 老年人口统计又创造了一个新的指标,来考查长寿的统计特征,这就是长寿水平。长寿水平是考查 60 岁以上的老人中有多少人可以活过 80 岁。其计算公式是:长寿水平%=(80岁以上人口/60岁以上人口)×100%。下表是根据1982年人口普查的数字计算的我国各省市自治区老年人口长寿水平。

由下表可以发现，长寿可能与地理环境和种族遗传或者有一定关系。例如地处内陆的新疆的长寿水平竟然高出全国水平很多，而其邻省甘肃却在全国各地长寿水平中居于末位。新疆和甘肃这种差别很大的原因，很可能首先是地理环境的原因。因为，世界上三个著名的长寿地区，即：巴基斯坦克什米尔北部的罕萨、苏联的高加索山区和南美厄瓜多尔的维利巴姆巴山区，基本上都是内陆山区，而新疆与罕萨恰处于葱岭之南北。

表10-3 中国各地区老年人口长寿水平

地 区	长寿水平 (%)	地 区	长寿水平 (%)	地 区	长寿水平 (%)
29省市自治区	6.6	10.西藏	7.1	20.贵州	5.6
1.新疆	11.8	11.天津	6.9	21.黑龙江	5.6
2.浙江	9.0	12.福建	6.8	22.内蒙古	5.6
3.广东	8.6	13.吉林	6.5	23.江西	5.4
4.上海	7.9	14.河北	6.5	24.云南	5.2
5.辽宁	7.7	15.安徽	6.4	25.青海	4.4
6.江苏	7.6	16.河南	6.4	26.宁夏	4.4
7.广西	7.3	17.四川	6.2	27.山西	4.3
8.山东	7.2	18.湖南	6.0	28.陕西	3.4
9.北京	7.1	19.湖北	5.6	29.甘肃	3.3

资料来源：《中国统计年鉴》(1987)

总之，人的长寿很可能是一种综合性的诸因素作用的结果，但是我们也可以较确切地指出，它至少是与地理环境、遗传、社会发达程

度和医药卫生条件的进步有更为密切的关系。由于使用了平均预期
寿命和长寿水平这样的指标使我们对人口总体的长寿发展的观察研
究有了可资衡量的标准，也可以对总体人口的寿命状况有一个更具
体的可比性概念。

第二节　人口老龄化与老龄化社会

人的寿命究竟可以延长到多少年？法国的生物学家布丰（Buffon）
根据对哺乳动物寿命的观察做出推论，认为人的自然寿命应为生长
发育的 5~7 倍。这也就是说应在 110—150 岁之间。以后又有科学家
根据哺乳动物的性成熟期推算其自然寿命，从而得出人的自然寿命
为人的性成熟的 8-10 倍。人的性成熟期在 14—15 岁，所以，自然寿
命应为 110—150 岁。这样一来，生物学医学科学家都已普遍认为如
果没有天灾、人祸和疾病细菌的伤害，人大约可以活到 100—150 岁。
目前，人的平均预期寿命最高也只有 70 岁左右。所以，人类社会对于
长寿的努力和斗争的目标，还是相当遥远的。不过，随着人对于持续
提高自己健康水平、延长寿命的努力，而且在全人口平均寿命不断提
高的情况下，整个人口的年龄结构必然会发生变化，在老年人口学
上，这种变化被称为"人口老龄化"。

一、人口老龄化

人口老龄化是由于人的寿命普遍延长和出生率降低而引起的一
种人口内部年龄结构的变化，年龄结构变化的总趋势是人口中少年
人口比重减少和老年人口比重增加。这种变化曾被一些人耸人听闻
地称之为"灰色浪潮的冲击"。但是事实上，并没有什么浪潮，也无所
谓"冲击"，不需要对此大惊小怪、惊慌失措。人口老龄化与人个体的
老龄化是性质截然不同的两种客观事物。人个体的老龄化将导致人

个体的衰老,以致最后死亡。不管人个体的寿命将延长多少年,人总是要死的。这是人个体老龄化发展带来的一种必然的结果。但是人口老龄化绝不意味着人口的"衰老"以至死亡,而是人口的多种因素向最佳状态发展的一个过程。人口老龄化将给整个人口带来的是人口本身的发达、文明、素质良好的最佳状态。这是在研究人口老龄化时,应该了解的最基本的知识。

人口的诸种内部因素,诸如文化素质、生育状况、死亡率等随着社会的发达、进步和医药卫生条件的改善,也将随之向最佳状态转化,从而产生人口类型的变化,在老年人口学中,通称之为"人口类型的转换"。人口类型转换的规律,通常都是从高出生率和高死亡率向高出生率低死亡率转化,最终达到长期比较稳定的低出生率和低死亡率的状态。高出生率和高死亡率表明了社会的一种较不发达状态,高出生率和低死亡率多半代表了社会的发展中状态,而长期的稳定的低出生率和低死亡率则代表了社会的发达状态。附图 10-1 是中国人口类型自 1949—1986 年的转换示意图。据图 50 年代中国人口的死亡率开始由高向低转换,但出生率则一直保持了较高昂的水平。这种状态正表明了社会的不发达状态开始向发展中的状态转化。大饥饿的 1960 年和"文革"初期都是中国人口类型转换的一个特殊时期,表现了社会的畸形状态。1960 年的高死亡率和低出生率反映了饥饿年代的反常现象。1963 年和 1967—1969 年的生育特大高峰最真实地反映出对文化的忽视与破坏的一种反弹状态。因为,在人口中育龄妇女的生育率是和社会的文化水平与她们的文化素养有一种奇妙的反相关联系。也就是说育龄妇女的文化素养和社会的文化风尚愈高则生育率愈低,反之,生育率就愈高。所以,1963 年的高出生率反映人们从饥饿中挣扎出来以后忙于谋生对文化的忽略。1967—1969 年是"文革"初对文化的大破坏与大倒退时期,高出生率正是这种社会诱因的一个必然恶果。至 70 年代初期和粉碎"四人帮"以后,国家大力推行节制生育型的计划生育政策,出生率才有了强制性的下降。这种波动型的低出生率和较长期的低死亡率,较确切地反映了中国社会的发展中状态。也可以说是社会主义初级阶段的标准人口类型。人口类型随着社会的发展的上述转换,是世界各国人口发展的通行规律,也是人口发展的必然过程。

附图 10-1

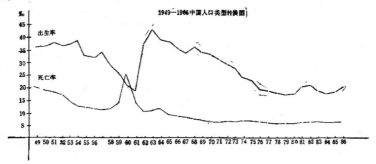

人口类型转换的结果,通常是低出生率导致的少年人口的减少和低死亡率导致的老年人口的增加。在人口学中这种人口年龄变化的过程,被称作"人口老龄化的趋势"。在国际上通常以人口年龄结构比重的不同数据划分人口老龄化趋势的不同阶段。下表是国际上通用的人口老龄化不同阶段类型指标数据。

表 10-4　国际通用人口老龄化发展阶段人口类型指标数据

	少年人口比重 (0~14 岁)%	老年人口比重 (65+岁)%	老年人口比重 (60+岁)%	老少 比%	年龄中 位数
年轻(型)人口	>40	<5	<7	<15	<20
成年(型)人口	30-40	5-7	7-10	15-30	20-30
年老(型)人口 老龄化人口	<30	>7	>10	>30	>30

按照这个系列标准，现在世界人口大致可以划分为如下表的各种不同阶段：

表 10-5 全世界不同地区人口老龄化类型指标

	地 区	少年人口比重 （0—14 岁）%	老年人口比重 （65+岁）%
年轻(型)人口	欠发达地区	38.30	4.15
	非洲	44.40	3.06
	拉丁美洲	40.00	4.24
	南亚	41.00	3.29
成年(型)人口	全世界	34.80	5.86
	东亚	28.40	6.83
	大洋洲	31.20	7.96
老龄化人口	苏联	25.91	9.09
	较发达地区	23.80	11.25
	北美	24.60	11.12
	欧洲	22.40	12.73

资料来源：联合国《社会统计年鉴》

由表中我们可以看出：(1)就全世界来说，人口属于才进入成年型人口；(2)欠发达地区和非洲、拉丁美洲、南亚等不发达地区人口均属于年轻型人口；(3) 发展中地区如大洋洲和东亚则属于成年型人口；(4)较发达地区以及北美和欧洲均属老龄化人口；(5)不发达地区其人口均属年轻型人口；发展中地区其人口多属于成年型人口；而较发达地区其人口则属于老龄化人口；(6)发达地区和不发达地区的不同类型人口的一个明显的标志是：发达地区少年人口比重相对较少，老年人口比重相对较多，而不发达地区少年人口比重相对较多而老年人口却相对较少；(7) 人口老龄化取决于两种互为消长的因素，其一是老年人口比重的增加,另一则是少年人口的减少。这也可以说是地区或国家中人的平均预期寿命的增长和出生率的降低的结果。这最后一点在人口老龄化的概念中是最为重要的。

就人口老龄化的发展进程看,据联合国《社会统计概览》,全世界范围 1960 年 65⁺岁人口比重为 5.25%,1990 年可达到 5.85%。30 年间全世界人口老龄化进程只增加了 0.61%。但如按地区的社会发展水平看,则发达地区 30 年间人口老龄化程度增加了 2.86%,即从 1960 年的老年人口比重 8.39% 至 1990 年的 11.25%;欠发达地区却只增加了 0.33%,即从 1960 年的老年人口比重 3.82% 至 1990 年的 4.15%。发达地区和欠发达地区人口老龄化的发展程度有十分明显的差异。

中国人口老龄化情况,据几次人口普查资料看,五六十年代进展迟缓,直至 70 年代全国推行节育型计划生育以后,人口老龄化进度开始加快起来。1953 年第一次全国人口普查时,65⁺岁人口比重为 4.41%;1964 年第二次人口普查时,正是我国一个出生高峰,65⁺岁人口比重降为 3.54%,1982 年第三次人口普查时 65⁺岁老年人口比重始增加至 4.9%,近 30 年间老年人口比重仅增加了 0.49%,在全世界范围中,略高于欠发达地区人口老龄化的发展速度。1987 年国家统计局公布老年人口比重达到 5.4%。5 年之间增加了 0.5%,即每 5 年老年人口比重增长 0.5%。按此速度,中国将于 2000 年左右,老年人口达到 7%,从而实现人口的老龄化,进入老龄化社会。

中国人口老龄化的速度,如果分省区和城乡看,发展并不平衡。根据第三次人口普查资料,如上海市 65⁺岁老年人口比重已经达到 7.43%,与这种情况相反的是,如黑龙江省老年人口比重还只有 3.42%,青海省则仅有 2.71%。至于城乡的差别也比较显著,大体上是城市人口老龄化程度高于乡村。但是,中国毕竟是一个人口大国,就老年人口的绝对数量来说还是相当可观的。据第三次人口普查资料,

1982年中国60⁺岁人口为7600多万,65⁺岁老年人口为4900余万。到2000年中国人口达到12亿,进入老龄化社会时,60⁺岁老年人口的绝对数量也将超过1亿。

二、老龄化社会

人口实现了老龄化的社会,就是老龄化社会。老龄化社会的最显著的人口特征就是社会中老年人口相对增加和少年人口相对减少。世界上第一个成为老龄社会的国家是法国。1865年法国实现了人口的老龄化,以后至1890年瑞典也进入了老龄化社会。20世纪初又有欧洲和北美一些国家先后进入老龄化社会。至1985年,全世界已有44个国家和地区先后进入老龄化社会。它们是:欧洲26国(按人口老龄化程度为序):即瑞典、丹麦、挪威、英国、西德、奥地利、比利时、卢森堡、瑞士、东德、意大利、法国、希腊、芬兰、荷兰、匈牙利、葡萄牙、爱尔兰、保加利亚、捷克斯洛伐克、西班牙、冰岛、罗马尼亚、波兰、马耳他、南斯拉夫;北美2国:加拿大、美国;南美2国:阿根廷、乌拉圭;中美5国:巴巴多斯、瓜多罗普、马提尼克、波多黎各、古巴;亚洲3国:日本、塞浦路斯、以色列;非洲2国:加蓬、塞舌尔;以及苏联。由以上国家和地区不难看出,进入老龄化社会的国家和地区囊括无遗地包括了当今世界所有经济发达、生活富裕和文化水平较高的国家和地区。与这种情况截然相反的是,几乎所有第三世界国家和不发达国家,以及大部分发展中国家都还没有达到进入老龄化社会的水平。这是一个十分值得研究和思考的客观现实! 为什么进入老龄化社会的国家和地区都是发达和富裕的? 而凡是不发达和贫困的国家和地区却都是年轻型人口社会? 为什么人口老龄化竟与人的老龄化概念所想象的结果会有如此大的差别,人的老龄化给人带来的是衰老、机体的退行性变化,但人口老龄化却给人类社会带来的是繁荣昌盛。为什么如此悬殊？这曾是一个普遍引起人口学家、老年学家以至社会上老年人、中青年人关心与议论以至争议的问题。

第三节　老龄化社会的宏观评估与老年未来

一、老龄化社会的宏观评估

对于人口老龄化和老龄化社会的到来曾有过多种估计，尤其是19世纪，人口老龄化现象在少数国家出现时，那时大多数国家和社会还没有社会保险，更没有社会保障制度的建立，对于人口老龄化现象，人们较多地持悲观态度，认为人口老龄化将带来人口的暮年，它将引起壮年劳动力的短缺、劳动人口负担的加剧，甚至导致社会经济发展的停滞不前。如此种种惶惶不安的谈论不一而足。但是，进入20世纪以来，尤其二次世界大战以后，随着社会的发展，社会保险和社会保障制度为世界各种社会制度的国家和社会所承认，人口老龄化趋势在一些发达国家得到不可遏止的发展，人们所担心的一些可能的"衰退"现象和严重社会问题和有些人预想的社会经济停滞现象并没有发生。活生生的客观现实开始引起一些悲观论者的重新思考，引起不少人口学家和老年学家的深入探讨。进入20世纪六七十年代，人们关于人的老龄化和人口老龄化的知识日臻全面，对人口老龄化和老龄化社会的认识日趋乐观。但是，不管先进的老年学研究结论已经达到什么水平，也不管较普遍的对人口老龄化的认识已发展至何等乐观的程度。随着人口老龄化在一些国家和地区出现，总会引发一些对人口老龄化新的疑虑和问题产生。这样一些问题，有些是由本地区本国家的特殊情况所产生的，有些则纯属于对人口老龄化一般规律的无知和陌生导致的误解。例如，我国20世纪80年代初就有人认为中国是社会主义制度国家，可以对出生率加以人为控制，因此不会出现人口老龄化。

我们在本章前节中曾经指出："人口老龄化是人口的多种因素向最佳状态发展的一种过程……是人口类型转换的一种必然趋势。"那么，如何认识人口老龄化社会，为什么人口老龄化社会将是一个繁荣昌盛的社会？这还得从一个人口学的流传普遍的公式说起。

人口负担系数及其公式是人口学中一个相延已久的公式。它的目的就在于企图反映人口发展的社会经济效果。

这个公式是：

人口负担系数=(少年人口+老年人口)/劳动人口

公式中的少年人口按国际惯例通常是指 0-14 岁人口（亦有按 0-16 岁或 0-18 岁计算者）。老年人口则是指 60^+ 岁或 65^+ 岁人口。劳动人口的上下限自然均需与少年人口和老年人口的年龄上下限相衔接，亦即指 15-59 或 15-64 岁人口。在具体计算时，多使用各种人口在总人口中所占比重以代替各类人口的实际数字。人口负担系数则或以小数表示之如：0.66，或以每 100 名劳动人口所负担的人口数表示之如：66.66。

但是这个公式，在实际上并不能反映人口年龄结构变化的社会经济效果，相反如果完全按照这个公式去套用当代的人口实际，就会或者得不出结论或者导致错误的结论。不少人口学家，就是在这个公式上走入了迷宫，甚至有些一直坚持他们的错误认识，散播错误的理论，其中还包括一些相当有声望的人口学家，如日本大学人口研究所名誉所长黑田俊夫先生。

这个公式如果用来套用上古原始社会的人口状况，还勉强可以说有些道理。因为那时人的生产能力极为低下，除了糊口以外，只能抚养儿童。甚至一个家族或一个部落，都难以有足够的剩余去供养丧失劳动能力的老年人。所以，在这种情形下，这个公式还是正确的，它能够比较真实地反映人口的年龄结构对于这个人口的社会经济的影响。但这仍然只是一种近似理论上的真实,实际上上古原始社会,人的平均寿命很短,究竟一个人口能有多少人可以活到够得上称之为"老人"的人,是很难说的。结果这种情况只给后世留下了有限的上古社会遗弃老人风俗的传说。从这样一种传说概念出发制订一个公式,用它去反映近代社会的人口负担状况,其结论之谬误自然是容易为人所理解的。但是有趣的是这个公式相延已久,而且,正如上面所说,有些学者仍在坚持使用这个公式,也许是由于日本的北部民族上古有着遗弃老人的风俗和传说,所以,老人被视为劳动人口的负担这种思想观念,甚至在现代某些日本人口学者中特别根深蒂固。

把老人视为劳动人口的负担,在近代至少在以下几点上是明显错误的。(1)近代老人的寿命延长,体质增强,大部分老年人除患病者外,仍然可以从事力所能及的劳动,可以养活自己。(2)随着生产力的发展、社会的进步,人的一生向社会提供的剩余劳动,相对于他个人生活所需的必要劳动来说是十分巨大的。也就是说,一个人在他的劳动年龄中已为社会作出了巨大贡献,所以在其年老时理应得到回报。或者我们可以说,今人报偿了前人,后人也就报偿今人,这是顺理成章的事。从而也就抵偿了当代劳动人口对老年人口的负担。(3)近代以来几乎全世界各国都建立了各自的社会保险制度。不论是北欧的国家福利形式,西方的社会保险还是东方的劳动保险型,以至社会保障制度,它们给予老年人的退休金、年金或社会保障、养老金等等,其基本性质,实际上都是一种储蓄。即在人们年轻劳动能力强盛时,向其征收一定的税金,以待其年老时支付其赡养费用。正是由于以上这些原因,所以在整个人口中,在现代将老年人口列为由劳动人口负担的人口,则基本上是一种错误。而且,在黑田俊夫先生的著作中甚至多次地使用"几个劳动人口或在职职工负担几个老年人口或退休职工"这样的错误提法。这样一来,至少从社会经济方面,使人们对人口老龄化产生许多误解,例如,人们可以从人口负担系数这个公式当然地认为人口老龄化将增加劳动人口的人口负担,甚至导致社会发展的迟缓这种错误的结论来。而且,更有甚者它将使老年人感到不安,劳动人口感到不满等等。这就是人口负担系数公式的第一个重要的误差效果。

作为人口负担系数公式差误的第二种情况,从一个长远时期看,人口负担系数的变化几乎近于一个常数。这里不妨就以日本 1979—1985 年人口年龄结构和人口负担系数的变化为例。

表 10–6　日本 1979—1985 年人口年龄构成和人口负担系数变化表

年代	少年人口 0—14(%)	劳动人口 15— 64(%)	老年人口 65+(%)	人口负担系数(少年人口 + 老年人口 / 劳动人口)
1979	23.8	67.3	8.9	48.6
1980	28.5	67.4	9.1	48.4
1981	23.4	67.2	9.3	48.7
1982	23.0	67.5	9.6	48.2
1983	22.5	67.7	9.8	47.7
1984	22.0	68.0	9.9	47.0
1985	21.5	68.2	10.3	46.7

资料来源:《日本统计月报》1987.1.

由表中,不难看出人口负担系数几年间变化并不显著,同样地劳动人口的变化也不明显,与这种情况不同的是人口老龄化的结果,却最明显地表现为少年人口比重的减少。因此,从长远的相对角度看来,我们甚至可以说在人口的年龄构成中,少年人口和老年人口几乎是一个互补的数字。亦即所谓的负担人口的总数在总人口中的比重大体是不变的，而少年人口比重的减少则将导致老年人口比重的增加，反之亦然。另一方面既然负担人口的总数比重不变，那么劳动人口的比重也就不会产生明显的变化。因此，认为人口老龄化将导致劳动人口比重的减少这也是一种错误的估计。当然，出生率降低了，劳动人口的总数是会减少的，但就一个人口来说，"劳动力缺乏"这一现象或概念，当然应是指劳动力的相对数而言，不能仅仅是指劳动人口的绝对数量。更进一步说，人口老龄化的结果，将导致人口负担系数的减低，尽管减低的幅度并不很大，而且，由于就一个人口来说不可能一个人不出生，也不可能老年人不死亡，一般除特殊情况外，人口不可能长期出现负增长，因此，人口负担系数减低到一定程度也就停止了。同时，相应说来劳动人口绝对数的降低也达到一定程度就不再降低了。下面我们就以中国过去、现在和将来的系列数字作为例证加以说明。

表 10-7　中国选定年份人口年龄结构比重变化表

年代	0—14 岁人口（%）	15—64 岁人口（%）	65+岁人口（%）
1953	36.3	59.3	4.4
1964	40.7	55.7	3.6
1978	35.8	59.4	4.8
1982	33.6	61.5	4.9
1985	28.4	66.0	5.6
1990	24.4	69.4	6.2
1995	23.6	69.6	6.8
2000	23.8	68.7	7.5
2010	18.8	72.3	8.9
2020	15.3	73.0	11.7

续表

年代	0—14岁人口(%)	15—64岁人口(%)	65⁺岁人口(%)
2030	18.8	65.4	15.9
2040	15.4	64.4	20.2
2050	16.4	63.8	19.8
2060	21.2	60.1	18.7
2070	17.2	63.0	18.8

资料来源:①1953、1964、1982年均据人口普查数字
②其他年份均据田雪原:《中国人口预测》(中位)

从上表中国将近80年的实查和估算数字中,不难验证上面所述的那种人口年龄构成变化的规律。劳动人口始终在60%~70%之间的范围内波动。甚至少年人口比重减低到百分之十几时,劳动人口比重也并不因而大幅度下滑。这样一来,我们要正确地把握人口负担系数的真实值,就应该从实际上自人口负担系数的公式中,完全删除老年人口这一变量,亦即老年人口就经济上说既不是受供养者也不是供养他人者。因此,人口负担系数公式就应变为:

人口负担系数=少年人口/劳动人口

按照这个变换了的公式所计算出来的人口负担系数的各种变数值就可以更真实地反映一个社会一个人口中,人口负担系数的真实情况了。从当今世界各国,或中国各地区的人口实际中,也恰巧证明了这种变动后的公式的正确。以下我们即以世界各国人口年龄构成的变化情况分析一下人口负担的实际。

表 10-8　全世界部分国家人口年龄构成与两种人口负担系数表

国　别	资料年代	0—14岁人口%	15—64岁人口%	65⁺岁人口%	原公式计算人口负担系数	调整后公式计算人口负担系数
西德	1982	16.9	68.1	15.0	0.47	0.25
东德	1984	19.3	67.0	13.7	0.49	0.29
英国	1983	19.6	65.3	15.1	0.53	0.30
加拿大	1984	21.7	68.1	10.2	0.47	0.32
美国	1984	21.9	66.2	11.9	0.51	0.33
日本	1983	22.5	67.7	9.8	0.48	0.33
意大利	1981	21.6	65.4	13.0	0.53	0.33
匈牙利	1983	21.9	65.7	12.4	0.52	0.33
保加利亚	1982	22.1	66.4	11.5	0.51	0.33
法国	1983	21.8	65.0	13.2	0.54	0.34
新加坡	1984	24.7	70.2	5.1	0.42	0.35
南斯拉夫	1981	24.6	66.3	9.1	0.51	0.37
澳大利亚	1983	24.4	65.6	10.0	0.52	0.37
苏联	1985	24.8	65.6	9.6	0.53	0.38
捷克	1982	24.4	63.9	11.7	0.56	0.38
波兰	1983	25.0	65.4	9.6	0.53	0.38
罗马尼亚	1982	27.0	63.0	10.0	0.59	0.43
阿根廷	1980	30.3	61.5	8.2	0.62	0.49
中国	1982	33.4	61.7	4.9	0.62	0.54
泰国	1984	37.1	59.6	3.3	0.68	0.62
巴西	1983	37.7	58.3	4.0	0.72	0.65
印度	1981	39.1	57.4	3.5	0.74	0.68
印度尼西亚	1984	39.5	57.2	3.3	0.75	0.69

续表

国　别	资料年代	0—14岁人口%	15—64岁人口%	65+岁人口%	原公式计算人口负担系数	调整后公式计算人口负担系数
埃及	1976	39.9	56.5	3.8	0.77	0.71
菲律宾	1983	41.0	55.6	3.4	0.80	0.74
巴基斯坦	1981	44.5	51.3	4.2	0.91	0.87
墨西哥	1979	46.2	50.5	3.3	0.98	0.91

资料来源:①中国统计年鉴1987年度
②苏联数字系据联合国社会统计概览补充

由表10-8不难看出有以下几点情况:(1)如果按照调整的人口负担公式看来,少年人口比重越高的国家则人口负担系数越高,反之也越低,而且,这种与少年人口直接有关的人口负担情况,也导致一个国家的发达与不发达。凡是少年人口比重较低的国家,劳动人口比重反而较高,老年人口比重也较高,人口负担系数也较低,而国家的社会经济状况也都较发达。反之,则少年人口比重较高,劳动人口比重和老年人口比重都较低,人口负担系数也较高,国家的社会经济状况相对而言都比较不太发达。(2)如果按照旧的人口负担系数的变化追寻人口年龄结构的变化以及人口或国家的社会经济情况,则很难看清它们之间的关系。也就是说旧的人口负担公式不能反映人口负担的实际情况,反而使人们对情况和规律的认识更为糊涂而已。

因此,我们基本上可以说,旧的人口负担系数公式并不反映人口负担的实际,原因就在于它错误地把老年人口视为劳动人口的负担,结果自然是错误的,引起情况的混乱。所以,人口的老龄化,首先并不增加劳动人口的负担。黑田俊夫先生所一再倡导的人口老龄化将增加劳动人口或在职劳动者负担的说法,实际上就不正确了。与他的理论相反,人口老龄化的结果,将导致人口负担实际上的减轻,劳动人口比重早期的增加和国家社会经济状况的发达和好转。法国自 19 世纪 60 年代,即开始步入人口老龄化社会,至今已百余年。老年人口比重一直保持较高水平,但法国并不因此而出现劳动力缺乏或社会经济停滞的现象,也并不因而明确显出劳动人口负担过重的情况。同样,在 20 世纪初先后步入老龄化社会的欧洲国家、北美国家,以至 60 年代也随后步入老龄化社会的日本,也都保持着社会经济发达兴旺的势头,绝不因而走向衰败。

从近 20 年中国老龄化的趋势看,亦复如此。中国自 20 世纪 70 年代初,实行节制人口的计划生育以来,年人口自增率由 1970 年的 25.83‰急速下降至 14‰~15‰上下,最低达到 10‰。这样一来至 80 年代末,近 20 年间人口少增加了约两亿,尽管由此使人口老龄化加速了 1 个百分点。但前者是实数,而后者则是虚数。因为,现在的老年人都是 20 世纪二三十年代出生的人,所以绝对数基本上不变,所谓"加速"只是老年人口的相对比重加了而已。但是,实际少出生或少增加的两亿人口,却为中国的社会经济负担带来了巨大的好处。按照 80 年代中期,城乡持平的估计,一个幼儿成长至 15 岁大约总共至少需花费人民币 6000 元,两亿人就是 1.2 万余亿。而我们 1988 年的国民生产总值只是 1.3 万多亿,国民收入也不过 1.1 千余亿而已。因此,人口老龄化和计划生育给社会经济发展带来的好处是不言而喻的。这也就是为什么,凡是人口老龄化的社会几乎无一例外的都是社会经济发达的社会的重要原因之一。

总括说来,人口老龄化的前景是光明的,这正如美国老年学家里查得·C.克伦塔尔在其《老年学》一书的序言中所讲的那样:"在我看来,有关老年人的新知识总的来说具有一种乐观的性质。新的研究成果已经剔除了许多悲观的'神话'和偏见,从而使得老龄化和老年人

的面貌不再像过去的文献所描述的那样令人不寒而栗……"①所以，对于老龄化社会的未来作种种悲观的估计是大可不必的，诸如提出人口负担将因人口老龄化而增加，劳动力缺乏，社会经济发展停滞或延缓，以至认为社会制度下不会发生人口老龄化，而视人口老龄化为社会发展的灾害都是非科学的理论和估计。

二、迎接老龄化社会的准备

任何事物的美好结局都是经过努力才能获得的。俗语说没有天上掉下来苹果的事。人口老龄化的实现正是一方面人类对长寿的多年努力追求的结果；一方面又是人类自觉控制生育的收获。没有这两方面的努力，人口老龄化就不可能实现。同时，我们在前面已经提到，对人口的老龄化或老龄化社会的到来，大可不必持惊慌失措的态度，更无须以为将对人类社会产生严重的不利影响。但是，这也并不意味着坐待良机或者在人口老龄化的过程中无所作为。为了迎接人口老龄化的到来，我们必须做好多方面的准备工作。这些准备既是实现人口老龄化的必要条件，又是进入老龄化社会以后，使社会经济正常运转的必不可少的机制。这些准备概括起来基本上可以分为经济的准备和社会的准备。

就经济的准备说来最重要的是养老保险基金的建立。不论这种养老保险基金是包括在劳动保险、社会保险，还是社会保障制度以内都是一样的。我国是一个人口大国。我国的老年人口如以 60$^+$岁为界限，90 年代将达到近 1 亿人口。在这 1 亿人口中，从经济上说已获得养老保障的还只是较小的一部分。亦即城镇中离退休职工约两千万

---

①里查得·C.克伦塔尔：《老年学·序言》中译本，甘肃人民出版社，1986 年。

人,另有城乡五保老人约 300 万人。余下的 7700 万广大农村老年人口,则在经济上还处于养老无保障状态。这是一个十分庞大的数字。当然随着人口老龄化的发展,如不及时解决他们的养老经济保障,这部分人口的总数还会增加。同时,就目前国内的实际情况看,部分地方国营企业和街道企业,由于十年动乱中没有筹集起劳动保险基金或将劳动保险基金破坏移作他用,现在再来偿付退休职工的退休金就都有相当的困难。而且,近年来乡镇纷纷设立的乡镇企业大多都还没有考虑到设立劳保基金问题。另外,对于已领取退休金的城市老人也还有一个退休金不能与物价同步增值的问题。所有以上这些问题,都使我国进入老龄化社会以前面临着艰巨的经济准备工作有待完成。因此,首先应从现在起就着手完善已有的劳动保险制度,成立管理劳动保险基金的专职机构,按时结算劳动保险基金的收支情况,确定劳动保险基金的征集标准,研究解决已发放的退休金标准如何随物价增长的同步增值问题,以保证使已离退休的老年人生活收入得到保障。这都是完善已有的劳动保险制度迫在眉睫的重要工作。其次,则应该积极地在全国广大农村推行以养老保险为主的社会保险,以便使中国数量最多的农村老人,逐步获得稳妥可靠的经济保障。这项工作甚至可以采取边吸收投保边支付养老金的办法推行,以立竿见影的效果树立社会养老保险的信誉,争取较快地扩大投保面。这是使广大农村老年人取得经济生活保障的唯一有效的途径。当然,要建立规模庞大的农村社会养老保险,需要投入相当的人力与财力,但保险事业终是一项既具有社会福利性质又具有经济效益的事业,是既有必要又值得大力推行的。

在进行上述经济准备工作同时,还应进行社会性的准备工作。首先则是伴随老有所养的实例,克服计划生育工作中最主要的“养儿防老”这种思想障碍。实现国家计划生育的要求指标,按人口发展的政策要求减少出生率,使之达到国家计划的水平。这样人口老龄化的进程就可取得较稳步的发展。同时,由于出生率的减少实际上减轻了劳动人口的社会负担,从而随着老龄化社会的到来,使整个社会更加富裕起来。所以,大力有效地推行计划生育政策是迎接老龄化社会的一项重要社会准备工作。其次,随着人口老龄化的到来,老年人口日益增多,相应的政策、措施都应及时出台,以满足老年人四有保障的实现。为了保障"老有所养"就应规定有关的劳动保险法令或社会保险法令,以保证老年人有可靠的经济生活收入。同时,也应规定有关老年人合法权益的切实可行的保障条令或法规。以使老年人一切合法权益受到侵犯时,得到有效的处理。为了使离休退休老人能从事力所能及的"老有所为"的活动,应当制定相应的规定,以明确老年人社会参与的活动范围。并考虑建立相应的基金,创建老年人企业,或进行组织向老年人提供可行的社会参与的机会。再次,则是解决有关"老有所乐"的各种设施、活动组织和经费。目前,虽有各种层次的老年娱乐和体育活动中心的设施,但受益面较小,还远远不能满足日益增加老年人口的活动要求。为此,应筹集一定的社会经费,以满足上述要求。

除了上述一些准备外,尚有更重要的社会准备,可以统称之为服务性社会准备。它们首先应该包括老年医药保健的各种准备。如加强对老年医学的研究,开设老年医疗门诊,以减轻老年人的病痛,延长人的寿命。建立老年人的各种疗养机构以增进老年人的体质健康。其次,尤其是在城市中,由于现代城市化和都市化的发展,家庭规模必然产生核心家庭化变化。因此,有关老年人的种种社会服务必然日益增长。诸如:开设老年公寓以便集中为老年人提供方便的食宿,兴建老年社区、老年单一或综合社区使老年家庭集中居住,以适应老年家庭的特殊需要,或者在社区(居委会)中,设立为老年人生活服务的机构,诸如老人粮店、老人保姆站等等。这些机构和人员其实都可以由原来为少年人口服务的机构和人员经过训练而转业和转化过来。

在上述的经济和社会准备之外,也还有舆论和教育的准备。创办老人报纸杂志,普及有关老年人的各种知识,宣传有关人口老龄化、有关老年人和老龄化社会的正确认识等,都是必不可少的思想准备工作。开办老人大学向老人传授新的知识、生活情趣技能等,都应列入准备工作的日程。

总之,在我国进入老龄化社会之前尚有近十年时间。用十年时间去完成上述诸种准备工作,时间并非十分充裕。但是只要我们具有对老龄化社会和有关老年人的种种问题的正确认识,并能循着正确的途径努力工作下去,一个繁荣富强而且充裕的老龄化社会一定会顺利到来!

(毕可生、李晨主编:《老年学基础》,甘肃人民出版社,1991 年)

附录

毕可生先生论著目录

一、论文类

1.《社会学前景刍议》,《兰州学刊》1980 年第 3 期。

2.《甘肃省少数民族人口初探》,《全国少数民族人口论文资料选编》,中国人口学会、甘肃省人口学会编,1982 年。

3.《七〇九例城市老人调查》,《社会科学》1984 年第 6 期。(原文署名:凌霄、毕克)

4.《上海市的老人家庭》,《社会学研究》1986 年第 4 期。(原文署名:凌毕)

5.《人口老龄化究竟是一种什么性质的社会现象》,《社科纵横》1992 年第 4 期。

6.《汉字的社会学研究》,《汉字文化》1993 年第 2 期。

7.《汉字应否改革? ——文字改革的社会学考察》,《上海教育科研》1994 年第 8 期。

8.《商榷的商榷——也与吴世富先生商榷》,《汉字文化》1994 年第 4 期。

9.《汉字发展规律社会学考辨——兼答聂鸿音先生》,《汉字文化》1995 年第 3 期。

10.《走出西方语言学的误区》,《东方文化》1995 年第 6 期。

11.《社会学研究的新领域:汉字社会学》,《兰州大学学报》1996

年第 2 期。

12.《东方明珠——汉字——异彩重光》,《东方文化》1996 年第 1 期。

13.《一部具有划时代意义的法律》,《甘肃行政学院学报》2001 年第 1 期。

14.《为汉字欢呼》,《汉字文化》2001 年第 1 期。

15.《流水无弦》,《书屋》2005 年第 3 期。

16.《中文是世界上最适合电脑应用的文种》,《汉字文化》2012 年第 1 期。

二、书序、书评类

1.《〈社会学原理〉序》,宋超英、曹孟勤主编《社会学原理》,警官教育出版社,1991 年。(并载于《兰州晚报》1991 年 4 月 22 日)

2.《让文字回归伟大与光荣》(张朋朋著《文字论》代序),华语教学出版社,2007 年。

3.《我的中国心——读〈横行的英文〉》,《汉字文化》2007 年第 2 期。

三、编著、译著类

1. 主译[美]克伦塔尔著:《老年学》,甘肃人民出版社,1986 年。

2. 主编《老年学基础》,甘肃人民出版社,1991 年。

(1993 年获得甘肃省第三届哲学社会科学优秀成果三等奖)

四、辞书类

1.《中国大百科全书社会学卷》"家庭婚姻及青年、老年、妇女等研究"分部副主编,中国大百科全书出版社,1991 年。

2.《英汉辞海》执行编委,国防工业出版社,1991 年。

3.《英汉大学辞典》编委,科普出版社出版,1986 年。

4.《社会学词典》副主编,山东人民出版社,1988 年。

5.《老年学辞典》副主编,甘肃人民出版社,1988 年。

五、其他

1.《社会学人才是空白,对口归队谈何易？》,《人民日报》1980 年
8 月 24 日。

2.《我的父亲毕庶澄将军》,《威海文史资料第 7 辑——威海人物》,
1992 年。

3.《我的父亲毕庶澄》,《文登文史资料第 6 辑》,1991 年。

4. 主译(美)埃德加·赖斯·伯勒斯著《人猿泰山系列》,中国青年
出版社,2015 年。

《陇上学人文存》已出版书目

第一辑

《马　通卷》马亚萍编选　　《支克坚卷》刘春生编选
《王沂暖卷》张广裕编选　　《刘文英卷》孔　敏编选
《吴文翰卷》杨文德编选　　《段文杰卷》杜琪　赵声良编选
《赵俪生卷》王玉祥编选　　《赵逵夫卷》韩高年编选
《洪毅然卷》李　骅编选　　《颜廷亮卷》巨　虹编选

第二辑

《史苇湘卷》马　德编选　　《齐陈骏卷》买小英编选
《李秉德卷》李瑾瑜编选　　《杨建新卷》杨文炯编选
《金宝祥卷》杨秀清编选　　《郑　文卷》尹占华编选
《黄伯荣卷》马小萍编选　　《郭晋稀卷》赵逵夫编选
《喻博文卷》颜华东编选　　《穆纪光卷》孔　敏编选

第三辑

《刘让言卷》王尚寿编选　　《刘家声卷》何　苑编选
《刘瑞明卷》马步升编选　　《匡　扶卷》张　堡编选
《李鼎文卷》伏俊琏编选　　《林径一卷》颜华东编选
《胡德海卷》张永祥编选　　《彭　铎卷》韩高年编选
《樊锦诗卷》赵声良编选　　《郝苏民卷》马东平编选

第七辑

《常书鸿卷》杜　琪编选　　《李焰平卷》杨光祖编选
《华　侃卷》看本加编选　　《刘延寿卷》郝　军编选
《南国农卷》俞树煜编选　　《王尚寿卷》杨小兰编选
《叶　萌卷》李敬国编选　　《侯丕勋卷》黄正林　周　松编选
《周述实卷》常红军编选　　《毕可生卷》沈冯娟　易　林编选